**AI교실,
성적이
달라진다**

# AI교실, 성적이 달라진다

학생과 선생님, 학부모용 AI 프롬프트 가이드북

**초판 1쇄 발행** 2026년 1월 21일

**지은이 |** 김경란 김경진　　　**펴낸이 |** 황윤억

**편집 　|** 윤석빈 김순미 황인재　　　**마케팅 |** 김예연　　　**디자인 |** 엔드디자인

**발행처 |** 인문공간/(주)에이치링크

**주소 　|** 서울 서초구 남부순환로333길 36, 4층(서초동, 해원빌딩)

**전화 　|** 마케팅 02)6120-0258　　편집 | 02)6120-0259　　**팩스 |** 02) 6120-0257

ISBN 979-11-994016-2-4　43370

글 ⓒ 김경란 김경진, 2026

• 열린 독자가 인문공간 책을 만듭니다.
• 독자 여러분의 의견에 언제나 귀를 열고 있습니다.

**전자우편 |** pacademy@kakao.com　　**영문명 |** HAA(Human After All)

학생과 선생님, 학부모용 AI 프롬프트 가이드북

# AI교실, 성적이 달라진다

김경란 김경진 공저

인문공간

# AI교실,
# 26조원 사교육비 바꿀 교육혁명

**전통적 교육의 한계인 학습 격차 극복**
**초보자 누구나 쉽게 활용 가능한 실용서**
**초중고 단계별 개인 맞춤형 학습플랫폼**
**구체적인 프롬프트 예시와 활용 사례**

우리는 지금 인류 역사상 가장 극적인 기술 혁명의 한가운데 서 있습니다. 2022년 말 ChatGPT가 등장한 이후, 전 세계 교육계는 전례 없는 변화의 소용돌이에 휘말리고 있습니다. 어떤 교육자들은 이 변화를 두려워하며 저항하고 있고, 또 다른 이들은 무작정 받아들이며 혼란스러워하고 있습니다. 하지만 중요한 것은 이 기술적 대전환이 단순한 유행이 아니라, 교육의 본질을 다시 묻게 하는 근본적인 패러다임 변화라는 점입니다.

전 세계적으로 교육 현장은 심각한 도전에 직면해 있습니다. 코로나19 팬데믹은 기존 교육 시스템의 취약점을 적나라하게 드러냈고, 교사 부족 문제는 갈수록 심각해지고 있습니다. 미국에서는 매년 30만 명 이상의 교사가 부족하다고 추산되며, 우리나라 역시 저출산으로 인한 학생 감소에도 불구하고 교사 수급 불균형 문제가 지속되고 있습니다. 동시에 학습 격차는 점점 벌어지고 있고, 전통적인 일방향적 교육 방식으로는 개별 학생의 다양한 학습 속도와 스타일을 충족시키기 어려운 상황입니다.

우리나라는 세계에서 가장 높은 사교육비 부담에 시달리고 있습니다. 2023년 통계청 발표에 따르면 전국 초중고 사교육비 총액이 26조 원을 넘어섰으며, 1인당 월평균 사교육비는 43만 원에 달합니다. 이는 많은 가정에 경제적 부담을 주고 있을 뿐만 아니라, 사교육을 받을 수 없는 저소득층 학생들에게는 교육 기회의 불평등으로 이어지고 있습니다. 학부모들은 자녀가 뒤처질까 봐 불안해 하며 과도한 사교육비를 지출하고 있고, 이는 가계 경제를 압박하여 사회 전체의 지속 가능한 발전을 저해하는 악순환을 만들어 내고 있습니다.

하지만 인공지능은 이러한 사교육비 문제에 대한 혁신적인 해결책을 제시하고 있습니다. AI 기반 개인 맞춤형 학습 플랫폼은 학생 개인의 학습 수준과 속도에 맞춰 최적화된 교육을 제공할 수 있습니다. 이는 비싼 일대일 과외나 학원 수업을 대체할 수 있는 경제적이면서도 효과적인 대안이 될 수 있습니다. 실제로 AI 튜터는 24시간 언제든지 이용 가능하며, 학생의 약점을 정확히 파악하여 맞춤형 문제를 제공하고, 반복학습이 필요한 부분을 자동으로 식별해 효율적인 학습을 도와줍니다.

이 책을 쓰게 된 가장 큰 동기 중 하나는 바로 이 문제를 해결하는 데 기여하고 싶다는 마음에서 출발했습니다. 경제적 배경에 관계없이 양질의 교육을 받을 수 있는 환경을 만들고, 학부모들이 과도한 사교육비 부담 없이도 자녀의 학습을 효과적으로 지원할 수 있는 방법을 제시하고자 합니다. AI는 이러한 교육 민주화의 핵심 도구가 될 수 있습니다.

동시에 AI 시대는 우리에게 전통적인 평가 방식에 대한 근본적인 재고를 요구하고 있습니다. 학생들이 언제든지 AI의 도움을 받을 수 있는 환경에서, 단순히 정보를 암기하거나 검색해서 찾을 수 있는 내용을 묻는 평가는 더 이상 의미가 없어졌습니다. 이제 우리는 학생이 진정으로 무엇을 이해하고 있는지, 그리고 그 지식을 어떻게 활용할 수 있는지를 평가해야 합니다.

새로운 평가 방식의 핵심은 학생들이 외부 도구나 자료의 도움 없이 자신의 생각을 명확하게 표현할 수 있는지를 확인하는 것입니다. 학생에게 아무런 자료도 주지 않고 자리에서 일어나 특정 주제에 대해 직접 설명하도록 하는 것입니다. 이때는 인공지능이나 참고 자료의 도움을 받을 수 없으며, 오직 자신이 내재화한 지식과 이해를 바탕으로 설명해야 합니다. 또한 준비된 자료 없이 진행되는 즉석 토론을 통해 학생들의 비판적 사고력과 논리적 표현 능력을 평가하는 것도 중요한 방법입니다. 이러한 평가 방식은 학생들이 단순히 정보를 복사하거나 AI가 생성한 답변을 베끼는 것이 아니라, 진정으로 자신만의 사고력을 기르도록 유도합니다.

인공지능은 교육의 고질적 문제들에 대한 새로운 해답을 제시하고 있습니다. 아프가니스탄에서는 탈레반 정권의 여성 교육 금지 정책으로 고통받는 소녀들이 AI 기반 학습 플랫폼을 통해 은밀히 교육을 받고 있습니다. 아프리카의 외딴 지역에서는 인터넷 연결 없이도 작동하는 AI 교육 도구가 수백만 명의 아이들에게 양질의 교육 기회를 제공하고 있습니다. 콜롬비아의 한 학교에서는 AI 기반 맞춤형 학습을 도입하여 학생들이 하루 2시간만 공부해도 기존의 8시간 수업과 같은 효과를 거두고 있습니다.

이 책은 이러한 전 세계적인 교육 혁신의 흐름 속에서, 우리나라 교육 현장에서 AI를 어떻게 현명하고 효과적으로 활용할 수 있는지에 대한 실용적인 가이드를 제공하고자 합니다. 초등학교부터 고등학교까지 각 교육 단계의 특성을 고려한 맞춤형 AI 활용 전략을 상세히 다루고 있습니다. 학습 과정에서는 AI를 적극 활용하되, 평가에서는 학생 개인의 진정한 역량을 측정할 수 있는 새로운 방법들을 제시합니다.

하지만 이 책은 단순히 AI 도구 사용법을 나열하는 매뉴얼이 아닙니다. AI가 무엇인지, 어떻게 작동하는지, 그리고 교육에서 어떤 역할을 할 수 있는지에 대한 근본적인 이해를 바탕으로, 교육자들이 AI를 진정한 교육적 파트너로 활용할 수 있도록 돕는 것이 목표입니다. 각 장마다 구체적인 프롬프트 예시와 실제 활용 사례를 풍부하게 제시하여, 초보자도 쉽게 따라할 수 있도록 구성했습니다.

무엇보다 중요한 것은 AI가 교사를 대체하는 것이 아니라 '증강'하는 역할을 한다는 점입니다. AI는 반복적이고 기계적인 업무를 자동화하여 교사들이 학생들과의 의미 있는 상호작용, 창의적 사고 촉진, 정서적 지원과 같은 진정으로 인간적인 역할에 더 집중할 수 있게 해 줍니다. 학생들에게는 개인 맞춤형 학습 경험을 제공하여 각자의 속도와 방식으로 배울 수 있는 기회를 열어 주면서도, 동시에 인간 고유의 사고력과 표현력을 기를 수 있도록 균형을 맞춰야 합니다.

동시에 이 책은 AI 활용의 어두운 면도 솔직하게 다룹니다. 환각 현상으로 인한 잘못된 정보, 데이터 편향성, 개인정보 보호 문제, 학업 부정행위 등 AI 시대 교육이 직면한 윤리적 도전들을 깊이 있게 분석하고, 이에 대한 실질적인 대응 방안을 제시합니다.

이 책을 통해 독자들이 AI를 두려워하지 않고 현명하게 활용하여, 더 공정하고 효과적이며 인간적인 교육을 실현할 수 있기를 희망합니다. AI 시대의 교육은 기술과 인간이 조화롭게 협력하는 새로운 형태의 '공생적 지능'을 향한 여정입니다. 이 여정에 함께하는 모든 교육자, 학생, 학부모, 그리고 교육 정책 관계자들에게 이 책이 유용한 나침반이 되기를 바랍니다.

2026년 1월
광주여대 연구실에서 김경란
동대문도서관에서 김경진

# 1부 AI가 교실에 왔어요!
## – 변화의 바람과 기초 이해하기

# 2부 초등학생과 함께하는 AI 모험
## – 호기심이 쑥쑥 자라는 교실

# 3부 중학생의 AI 파트너
# – 깊이 있게 배우고 미래를 준비해요

# 4부 고등학생과 AI의 진지한 만남
## – 미래 인재로 성장하기

# 5부 전 세계 교실의 대변화
# —AI 성공 스토리와 미래 그림

# 6부 에필로그
# – AI와 함께 만들어 가는 교육의 밝은 미래

# 1부

# AI가 교실에 왔어요!
## – 변화의 바람과 기초 이해하기

**[그림 1] 대화형 AI는 개인별 학습 속도 맞춤형**

AI가 시험 문제까지 척척 답을 해내면서 부정적인 시각이 있었지만, 지금은 학습자의 잠재력을 극대화하는 교육 파트너로 인식하기 시작하고 있습니다. Claude나 ChatGPT 같은 대화형 AI는 학생 개개인의 학습 속도와 이해 수준에 맞춰 설명 방식을 조정할 수 있고, 24시간 언제든지 질문에 답할 수 있는 개인 교사 역할이 가능하게 진화되고 있습니다.

# 1
# 장

교실 속
# AI 혁명이 시작됐다

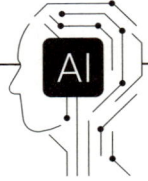

## 1. 위기일까, 기회일까? AI 교육의 두 얼굴

전 세계가 코로나19 팬데믹(사람들이 면역력을 갖고 있지 않은 질병이 전 세계로 전염·확산되는 현상)을 겪으며 교육 현장은 그 어느 때보다 극적인 변화를 맞이했습니다. 하루아침에 교실 문이 닫히고, 온라인 학습으로 전환되면서 우리는 교육의 본질적 한계와 가능성을 동시에 목격하게 되었습니다. 이러한 위기 상황에서 인공지능은 단순한 기술적 도구를 넘어 교육의 새로운 패러다임을 제시하는 혁신적 해결책으로 부상하고 있습니다.

2022년 11월 ChatGPT의 등장은 교육계에 일종의 '빅뱅'과 같은 충격을 가져왔습니다. 불과 5일 만에 100만 사용자를 돌파하며 역사상 가장 빠르게 확산된 기술이 된 ChatGPT는 학생들이 에세이를 대신 작성하고, 수학 문제를 순식간에 해결하며, 심지어 시험 문제까지 척척 답해 내는 모습을 보여주었습니다. 이에 많은 교육자들이 당황했고, 일부 학교에서는 AI 사용을 전면 금지하는 조치를 취하기도 했습니다.

하지만 이러한 초기 반응은 점차 보다 균형 잡힌 시각으로 발전하고 있습니다. AI를 단순히 '부정행위를 돕는 도구'로만 바라볼 것이 아니라, 학습자의 잠재력을 극대화할 수 있는 강력한 교육 파트너로 인식하기 시작한 것입니다. 예를 들어, Claude나 ChatGPT 같은 대화형 AI는 학생 개개인의 학습 속도와 이해 수준에 맞춰 설명 방식을 조정할 수 있으며, 24시간 언제든지 질문에 답할 수 있는 개인 교사 역할을 수행할 수 있습니다.

구체적인 활용 예시를 살펴보면, 중학생이 역사 수업에서 조선시대 정치 제도를 이해하기 어려워할 때 다음과 같은 프롬프트를 사용할 수 있습니다:

**프롬프트 예시:**

나는 중학교 2학년 학생이야. 조선시대의 의정부와 6조 제도가 너무 복잡해서 이해가 안 돼. 현재 우리나라 정부 조직과 비교해서 쉽게 설명해 줄 수 있어? 그리고 왜 그런 제도를 만들었는지도 알고 싶어.

이런 질문에 AI는 현재의 대통령—국무총리—각 부처 체계와 조선시대 체계를 비교하여 설명하고, 시각적 도표까지 제안할 수 있습니다. 더 나아가 학생의 이해도를 확인하기 위한 퀴즈나 추가 탐구 주제까지 제시할 수 있어, 단순한 정보 전달을 넘어선 능동적 학습을 유도합니다.

그러나 이러한 기회와 함께 새로운 도전 과제들도 등장하고 있습니다. 가장 큰 우려는 학생들의 비판적 사고 능력 저하입니다. AI가 너무 쉽게 답을 제공하다 보니, 학생들이 스스로 고민하고 탐구하는 과정을 생략할 위험이 있습니다. 또한 AI가 생성한 정보의 정확성을 검증하지 않고 그대로 수용하는 경우, 잘못된 지식이 학습될 가능성도 있습니다.

많은 교육 전문가들은 'AI 리터러시' 교육의 중요성을 강조하고 있습니다. 학생들이 AI를 단순히 사용하는 것을 넘어, AI의 작동 원리를 이해하고, 생성된 정보를 비판적으로 평가하며, 윤리적으로 활용할 수 있는 능력을 기르는 것이 필수가 되었습니다.

## 2. 모든 아이가 똑똑해질 수 있다 – 교육 격차를 줄이는 AI의 힘

전 세계 교육 현실을 들여다보면, 여전히 심각한 불평등이 존재합니다. 유네스코에 따르면, 전 세계적으로 약 2억 4,000만 명의 아동과 청소년이 학교에 다니지 못하고 있으며, 이 중 상당수가 경제적 빈곤, 지리적 접근성, 성별 차별, 전쟁이나 재해 등으로 인해 교육 기회를 박탈당하고 있습니다.

아프가니스탄에서는 탈레반 정권의 여성 교육 금지로 수백만 명의 여학생들이 학습 권리를 박탈당했습니다. 이러한 위기 상황에서 AI 기술은 중요한 대안으로 부상하고 있습니다. SOLAx와 같은 디지털 교육 플랫폼은 아프가니스탄 여학생들에게 가정에서 안전하게 학습할 기회를 제공하며, 스마트폰과 최소한의 인터넷 연결만으로도 접근이 가능합니다. 연구에 따르면 AI 기반 개인화 학습은 열악한 환경에서 교육 장벽을 극복하는 데 효과적이며, 특히 인터넷 접속이 불안정한 지역을 위해 저대역폭 환경에 최적화된 설계가 이루어지고 있습니다.

한국 상황에서도 교육 불평등 문제는 여전히 중요한 이슈입니다. 수도권과 지방 간의 교육 격차, 사교육비 부담으로 인한 계층 간 교육 기회 차이, 다문화 가정 학생들의 언어 장벽 등이 대표적인 예입니다. AI 기술은 이러한 문제들을 해결하는 데 중요한 역할을 할 수 있습니다.

강원도 산간 지역의 소규모 학교에 다니는 학생이 고급 수학을 배우고 싶어 한다면, 전통적으로는 전문 교사가 부족하거나 원거리 이동의 어려움으로 인해 학습 기회가 제한될 수밖에 없었습니다. 하지만 이제는 GPT, Gemini, Claude, Khan Academy의 AI 튜터인 Khanmigo 등을 활용하여 개인 맞춤형 수학 학습을 받을 수 있습니다. 다음과 같은 프롬프트로 시작할 수 있습니다:

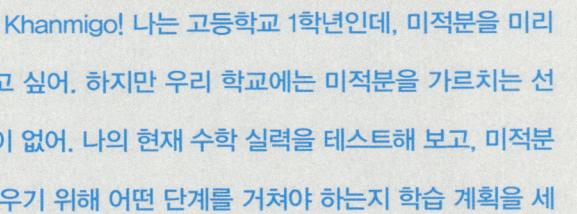

**Khanmigo 활용 프롬프트 예시:**

안녕, Khanmigo! 나는 고등학교 1학년인데, 미적분을 미리 배우고 싶어. 하지만 우리 학교에는 미적분을 가르치는 선생님이 없어. 나의 현재 수학 실력을 테스트해 보고, 미적분을 배우기 위해 어떤 단계를 거쳐야 하는지 학습 계획을 세워 줄 수 있어?

AI 튜터는 학생의 현재 수준을 진단하고, 부족한 부분을 보완할 수 있는 맞춤형 학습 경로를 제시합니다. 더 나아가 실시간으로 학습 진도를 모니터링하여 필요시 학습 방법을 조정하거나 추가 설명을 제공합니다.

다문화 가정 학생들을 위해서는 AI 번역 및 언어 학습 도구가 큰 도움이 되고 있습니다. Claude, ChatGPT, Gemini와 같은 대화형 AI들은 단순한 문자 번역을 넘어 문맥을 고려한 자연스러운 번역을 제공하며, 학습자의 수준에 맞춰 설명을 조정할 수 있는 능력을 갖추고 있습니다. 또한 Duolingo AI는 개인의 학습 패턴을 분석하여 가장 효과적인 언어 학습 방법을 제안합니다.

### 다문화 학생 지원 프롬프트 예시:

안녕하세요, Claude! 저는 베트남에서 온 중학교 1학년 학생입니다. 한국어로 과학 용어를 이해하는 것이 어려워요. '광합성'에 대해 배우고 있는데, 베트남어로 설명하고, 한국어 과학 용어도 함께 알려주실 수 있나요? 그리고 이해를 돕는 간단한 실험이나 예시도 부탁드려요.

주목할 만한 것은 AI가 제공하는 접근성 향상입니다. 시각 장애 학생들은 AI 음성 인식 및 텍스트 음성 변환 기술을 통해 더 쉽게 학습 자료에 접근할 수 있고, 청각 장애 학생들은 실시간 자막 생성 AI를 통해 수업 내용을 더 잘 이해할 수 있습니다. 학습 장애를 가진 학생들에게는 AI가 개인의 인지적 특성을 파악하여 최적화된 학습 방법을 제안할 수 있습니다.

하지만 이러한 기술적 해결책이 완전한 만병통치약은 아닙니다. 디지털 격차라는 새로운 형태의 불평등이 나타날 수 있기 때문입니다. 최신 AI 도구에 접근할 수 있는 환경과 그렇지 못한 환경 사이의 격차가 오히려 교육 불평등을 심화시킬 우려도 있습니다. 따라서 AI 교육 도구의 보편적 접근성을 보장하는 정책적 노력이 병행되어야 합니다.

### 3. 선생님과 학생, 우리가 꿈꾸는 미래 교실은?

AI의 등장으로 교육의 근본적 목적과 방법에 대한 생각도 바뀌고 있습니다. 전통적으로 교육은 지식의 전달과 암기에 중점을 두었지만, AI가 방대한 정보를 즉시 제공할 수 있는 시대에는 단순한 지식 습득보다는 지식을 활용하고 응용하는 능력이 더욱 중요해졌습니다.

이러한 변화는 블룸의 교육목표 분류학(Bloom's Taxonomy)의 관점에서 잘 설명됩니다. 전통적으로 교육은 '기억'과 '이해' 단계에 많은 시간을 할애했지만, AI 시대에는 '적용', '분석', '평가', '창조' 단계에 더 많은 중점을 둘 수 있게 되었습니다. AI가 기본적인 정보 제공과 초기 분석을 담당하면, 학생들은 더 높은 차원의 사고 활동에 집중할 수 있기 때문입니다.

고등학교 문학 수업에서 셰익스피어의 『햄릿』을 다룬다고 가정해 보겠습니다. 전통적인 수업에서는 작품의 배경 설명,

등장인물 소개, 줄거리 파악에 상당한 시간을 소요했습니다. 하지만 AI를 활용하면 이러한 기초 정보는 빠르게 습득할 수 있고, 대신 다음과 같은 더 깊이 있는 탐구에 시간을 할애할 수 있습니다:

**문학 수업 심화 활용 프롬프트 예시:**

Claude, 햄릿의 '살아야 하나 죽어야 하나(To be or not to be)' 독백을 현대의 청소년 고민과 연결해서 분석해 보고 싶어. 현재 한국 청소년들이 겪는 진로 고민, 입시 스트레스, 관계 문제 등과 어떤 공통점과 차이점이 있을까? 그리고 이를 바탕으로 현대적 해석의 창작 작품을 만들어 보고 싶어.

이런 질문을 통해 학생들은 단순히 고전 문학을 암기하는 것이 아니라, 문학 작품과 현실을 연결하여 비판적으로 사고하고, 창의적으로 재해석하는 능력을 기를 수 있습니다.

AI는 또한 개인화 학습(Personalized Learning)의 새로운 차원을 열어 주고 있습니다. 전통적인 교실에서는 한 명의 교사가 20~30명의 학생을 동시에 가르쳐야 하므로, 개별 학생의 학습 속도나 이해 수준을 완벽하게 맞춰 주기는 어려웠습니다. 하지만 AI는 각 학생의 학습 패턴, 강점, 약점을 실시간으로 분석하여 최적화된 학습 경험을 제공할 수 있습니다.

Google의 LearnLM은 이러한 개인화 학습의 좋은 예시입니다. 이 AI 시스템은 학습 과학(Learning Science)의 원리를 바탕으로 각 학생에게 가장 적합한 학습 전략을 제안합니다. 예를 들어, 어떤 학생은 시각적 학습에 강하고, 다른 학생은 청각적 학습을 선호한다면, AI는 같은 내용을 서로 다른 방식으로 제시합니다.

### 개인화 학습 요청 프롬프트 예시:

안녕하세요! 저는 화학을 공부하고 있는 고등학생인데, 분자 구조를 이해하는 데 어려움이 있어요. 저는 그림이나 도표로 보는 것이 글로 읽는 것보다 이해가 잘 돼요. 메탄 분자의 구조를 시각적으로 설명하고, 3D 모델링이나 그림을 통해 학습할 수 있는 방법도 알려주세요.

미래 교육의 또 다른 핵심 변화는 '협력적 지능(Collaborative Intelligence)'의 발전입니다. 이는 인간과 AI가 각자의 장점을 살려 협력하는 새로운 형태의 지능을 의미합니다. 인간은 창의성, 감정적 지능, 윤리적 판단력을 제공하고, AI는 방대한 정보 처리, 패턴 인식, 반복적 작업을 담당하는 것입니다.

실제로 일부 혁신적인 학교들에서는 이미 이러한 협력적 지능을 활용한 프로젝트 기반 학습을 시도하고 있습니다. 예를 들어, 환경 문제 해결 프로젝트에서 학생들은 AI를 활용해 기후 데이터를 분석하고 패턴을 찾아내지만, 그 결과를 해석하고 실질적인 해결 방안을 창안하는 것은 학생들의 창의적 사고에 의존합니다.

### 프로젝트 기반 학습 프롬프트 예시:

우리 지역의 미세먼지 문제를 해결하는 프로젝트를 진행하고 있어. 지난 5년간의 미세먼지 데이터와 기상 데이터를 분석해서 패턴을 찾아 주고, 이를 바탕으로 우리가 실제로 실행할 수 있는 해결 방안 3가지를 제안해 줘. 단, 중학생 수준에서 실행 가능한 현실적인 방안이어야 해.

평가 시스템에서도 근본적인 변화가 일어나고 있습니다. AI가 언제든지 정답을 제공할 수 있는 상황에서는 전통적인 객관식 시험이나 단답형 평가의 의미가 퇴색될 수밖에 없습니다. 대신 과정 중심 평가, 포트폴리오 평가, 프로젝트 기반 평가가 더욱 중요해지고 있습니다. 학생이 어떤 결과를 도출했는지보다는 그 과정에서 어떤 사고를 했는지, 어떤 협력을 했는지, 어떤 문제 해결 능력을 보였는지가 더 중요한 평가 기준이 되고 있습니다.

교사의 역할도 크게 변화하고 있습니다. 정보 전달자에서 학습 촉진자(Learning Facilitator)로, 지식의 전수자에서 멘토와 코치로 역할이 확대되고 있습니다. AI가 개별 학생의 학습을 지원하는 동안, 교사는 학생들의 감정적 성장, 사회적 기술 발달, 창의적 사고 능력 향상에 더 많은 시간을 할애할 수 있게 되었습니다.

이러한 변화들은 단순히 기술적 혁신에 그치지 않고, 교육 철학의 근본적 전환을 의미합니다. AI 시대의 교육은 학생을 수동적 지식 수용자가 아닌 능동적 학습 주체로 바라보며, 개별성과 다양성을 존중하는 방향으로 나아가고 있습니다. 또한 학습이 학교라는 물리적 공간에 제한되지 않고, 언제 어디서나 일어날 수 있는 평생학습의 관점에서 접근하고 있습니다.

하지만 이러한 긍정적 변화와 함께 주의해야 할 점들도 있습니다. AI에 대한 과도한 의존은 학생들의 기본적인 사고 능력을 저하시킬 수 있고, 인간 간의 직접적 상호작용 감소로 인해 사회적 기술이 부족해질 우려도 있습니다. 따라서 AI를 교육에 도입할 때는 기술적 효율성과 인간적 가치 사이의 균형을 신중하게 고려해야 합니다.

결국 AI가 재정의하는 교육의 미래는 기술과 인간이 조화롭게 협력하는 새로운 학습 생태계를 만들어 나가는 것입니다. 이는 단순히 AI 도구를 교실에 도입하는 것을 넘어, 교육의 목적과 방법, 평가와 관계에 대한 근본적 성찰을 바탕으로 한 총체적 변화를 의미합니다. 이러한 변화를 성공적으로 이끌어가기 위해서는 교육자, 학습자, 정책 입안자, 기술 개발자 모두가 함께 노력해야 할 것입니다.

학습용 프롬프트는 Claude, ChatGPT, Gemini, Khanmigo 등 다양한 AI 모델에서 공통적으로 활용할 수 있습니다. 이러한 프롬프트의 범용성 덕분에 학생들은 하나의 프롬프트 전략만 익혀도 여러 AI 학습 도구를 자유롭게 사용할 수 있으며, 개인의 학습 스타일과 상황에 맞는 최적의 AI 멘토를 선택할 수 있습니다. 따라서 이 책에서 소개하는 프롬프트가 특정 인공지능을 위한 명령어처럼 보이더라도, 다른 인공지능에서도 동일하게 활용할 수 있다는 점을 염두에 두고 읽어 주시기 바랍니다.

인공지능의 답변이 너무 어렵거나 반대로 너무 간단해서 이해하기 어려운 경우에는 추가 요청을 통해 조절할 수 있습니다. "설명이 어려워서 이해가 잘 안 됩니다. 더 쉬운 내용과 단어로 설명해 주세요", "구체적인 예시를 들어 상세하게 설명해 주세요", "초등학교 5학년 수준으로 설명해 주세요"와 같이 답변의 난이도와 스타일을 다양하게 조절할 수 있습니다.

인공지능의 설명이 부족하거나 이해가 되지 않을 경우, 해당 부분 즉 부족하거나 이해되지 않는 부분을 지적하면서 끈질기게 질문하고 반복적으로 묻는 것이 가장 좋은 활용법입니다.

# AI가 뭔지 알아야
## 잘 쓸 수 있어요

AI

### 1. AI의 비밀: 패턴을 찾아내는 똑똑한 친구

인공지능을 이해하기 위해서는 먼저 우리 인간의 뇌가 어떻게 학습하고 판단하는지를 살펴보는 것이 도움이 됩니다. 여러분이 길을 걷다가 멀리서 친구를 발견하는 상황을 생각해 보세요. 비록 거리가 멀고 조명이 어둡더라도, 우리는 그 사람의 걸음걸이, 체형, 옷차림 등의 특징들을 종합하여 '아, 저 사람은 우리 반 민수구나'라고 인식할 수 있습니다. 이는 우리 뇌가 과거에 축적된 민수에 대한 다양한 시각적 정보들을 패턴으로 저장하고 있다가, 새로운 시각 정보와 매칭시켜 판단하기 때문입니다.

인공지능도 본질적으로는 이와 동일한 원리로 작동합니다. AI의 핵심은 바로 '패턴 감지 및 매칭(Pattern Recognition and Matching)'입니다. 수많은 데이터에서 공통된 특성이나 규칙을 찾아내고, 새로운 데이터가 입력되었을 때 기존에 학습한 패턴과 가장 유사한 것을 찾아 예측이나 분류를 수행하는 것이 AI의 기본 작동 방식입니다.

이를 교육 현장의 구체적인 예시로 설명해 보겠습니다. 초등학교에서 학생들의 글씨체를 자동으로 인식하여 채점하는 AI 시스템을 생각해 보세요. 이 시스템이 작동하려면 먼저 수천, 수만 개의 학생 필기 샘플을 학습해야 합니다. '가'라는 글자를 쓴 다양한 필적들을 보면서, 삐뚤빼뚤하게 쓰인 것도 있고, 반듯하게 쓰인 것도 있고, 크게 쓰인 것도 있고, 작게 쓰인 것도 있지만, 그 모든 변형 속에서도 '가'라는 글자가 갖는 공통된 특징들을 찾아냅니다. 이러한 특징들이 바로 '패턴'입니다.

**AI 패턴 인식 체험 프롬프트 예시:**

나는 초등학교 1학년 담임선생님이야. 학생들에게 받아쓰기 숙제로 '오늘은 맑은 날씨입니다.'라는 문장을 쓰게 했는데, 학생마다 글씨체가 달라서 채점이 어려워. 1) AI가 어떻게 서로 다른 글씨체를 인식할 수 있는지, 초등학생도 이해할 수 있도록 쉽게 설명해 줘. 2) 그리고 이런 기능을 실제 교실에서 어떻게 활용할 수 있을지도 알려 줘.

이런 질문을 통해 교사들은 AI의 패턴 인식 원리를 이해하고, 실제 교육 현장에서 어떻게 활용할 수 있는지 구체적인 아이디어를 얻을 수 있습니다.

AI의 패턴 인식은 크게 세 단계로 이루어집니다. 첫 번째는 '특징 추출(Feature Extraction)' 단계입니다. 원본 데이터에서 중요한 특성들을 뽑아내는 과정입니다. 예를 들어, 학생의 수학 문제 풀이 과정을 분석하는 AI라면, 문제를 푸는 데 걸린 시간, 중간 계산 과정에서의 실수 패턴, 특정 유형의 문제에 대한 정답률 등을 특징으로 추출할 것입니다.

두 번째는 '패턴 학습(Pattern Learning)' 단계입니다. 추출된 특징들 사이의 관계를 찾고, 이를 통해 일반적인 규칙이나 패턴을 도출하는 과정입니다. 수학 문제 풀이 AI의 경우, "이 학생은 곱셈은 잘 하지만 나눗셈에서 자주 실수한다.", "문제를 천천히 읽는 학생일수록 정답률이 높다." 같은 패턴들을 학습하게 됩니다.

세 번째는 '패턴 매칭(Pattern Matching)' 단계입니다. 새로운 데이터가 들어왔을 때, 기존에 학습한 패턴과 비교하여 가장 적합한 답을 찾는 과정입니다. 새로운 학생의 수학 풀이 과정을 보면서, "이 학생의 패턴은 A 유형과 85% 일치한다."라는 식으로 매칭하여 그 학생에게 가장 적합한 학습 방법을 추천하게 됩니다.

이러한 패턴 인식의 놀라운 능력은 2012년 ImageNet 대회에서 극적으로 입증되었습니다. 당시 토론토 대학의 알렉스 크리제브스키(Alex Krizhevsky) 팀이 개발한 AlexNet이라는 AI 모델이 이미지 인식 정확도에서 기존 방법들을 압도적으로 뛰어넘으며 AI 혁명의 신호탄을 쏘아 올렸습니다. 이 AI는 수백만 장의 이미지를 학습하여 고양이와 개를 구분하는 것은 물론, 수천 가지 사물을 정확하게 인식할 수 있게 되었습니다.

교육 분야에서도 이러한 패턴 인식 기술이 혁신적으로 활용되고 있습니다. 미국 조지아 공과대학교에서는 2016년부터 'Jill Watson'이라는 AI 교학 조교를 도입했습니다. 이 AI는 지난 몇 년간 축적된 수천 개의 학생 질문과 교수의 답변 데이터를 학습하여, 학생들이 온라인 게시판에 올리는 질문에 실시간으로 답변할 수 있게 되었습니다. 놀랍게도 학생들은 한 학기 내내 Jill Watson이 AI라는 사실을 전혀 눈치채지 못했습니다. 이는 AI가 인간 교수의 답변 패턴을 완벽하게 학습했기 때문입니다.

한국에서도 이런 기술이 점차 도입되고 있습니다. 서울시 교육청은 2023년부터 AI 기반 맞춤형 학습 시스템을 시범 운영하고 있습니다. 이 시스템은 학생들의 문제 풀이 패턴을 실시간으로 분석하여, 각 학생이 어떤 개념에서 어려움을 겪고 있는지를 정확히 파악합니다. 예를 들어, 분수 계산에서 실수하는 학생의 경우, 단순히 "분수를 더 공부하라."라고 하는 것이 아니라, "통분 과정에서 최소공배수 찾기에 어려움이 있다."라는 구체적인 패턴을 찾아내어 맞춤형 학습 콘텐츠를 제공합니다.

**학습 패턴 분석 활용 프롬프트 예시:**

안녕, ChatGPT! 나는 중학교 수학 선생님이야. 우리 반 학생 중에 연산은 잘하는데 문장제 문제만 나오면 틀리는 학생이 있어. 이 학생의 학습 패턴을 분석해서 어떤 부분에 문제가 있는지 알아보고, 맞춤형 학습 방법을 제안해 줄 수 있어? 그리고 비슷한 패턴의 다른 학생들을 어떻게 도울 수 있을지도 알려줘.

AI의 패턴 인식 능력은 언어 학습 분야에서도 혁신을 가져오고 있습니다. Duolingo의 AI 시스템은 전 세계 5억 명 이상의 사용자들이 언어를 학습하는 패턴을 분석합니다. 한국 사용자가 영어를 배울 때 어떤 문법 구조에서 자주 실수하는지, 어떤 단어를 기억하기 어려워하는지, 어떤 시간대에 학습 효과가 가장 좋은지 등의 패턴을 찾아내어 개인별 맞춤 학습 경로를 제공합니다.

중국의 스퀴럴 AI(Squirrel AI)는 더욱 정교한 패턴 분석으로 주목받고 있습니다. 이 시스템은 학생의 학습 과정을 200만 개 이상의 세부 지식 포인트로 분해하여 분석합니다. 예를 들어, '이차함수'라는 하나의 개념을 '이차함수의 정의', '그래프의 형태', '최댓값과 최솟값', '실생활 활용' 등 수십 개의 미세한 단위로 나누어 각각에 대한 이해도를 측정합니다. 이를 통해 학생이 이차함수를 이해하지 못하는 정확한 원인을 찾아내고, 그 부분만 집중적으로 학습할 수 있도록 돕습니다.

패턴 인식의 또 다른 놀라운 사례는 자폐 스펙트럼 장애 학생들을 위한 교육 AI입니다. 미국 스탠포드 대학교의 연구팀이 개발한 시스템은 자폐 학생들의 표정과 행동 패턴을 분석하여 감정 상태를 파악합니다. 이 학생들은 종종 자신의 감정을 언어로 표현하기 어려워하는데, AI가 미세한 표정 변화나 행동 패턴을 통해 학생의 스트레스 수준이나 집중도를 실시간으로 모니터링할 수 있습니다. 이를 바탕으로 교사는 적절한 시점에 휴식을 제공하거나 학습 방법을 조정할 수 있습니다.

**특수교육 AI 활용 프롬프트 예시:**

Gemini, 나는 특수교육 교사야. ADHD를 가진 학생이 수업 중에 집중하지 못하고 자리에서 일어나는 행동을 보여. AI가 이런 학생의 행동 패턴을 어떻게 분석해서 도울 수 있는지 설명해 줄 수 있어? 그리고 실제로 교실에서 사용할 수 있는 AI 도구가 있다면 추천해 줘.

하지만 AI의 패턴 인식에는 중요한 한계점들도 있습니다. 첫 번째는 '편향(Bias)' 문제입니다. AI는 학습 데이터에 포함된 편향을 그대로 학습합니다. 예를 들어, 과거의 입시 데이터로 학습한 AI가 특정 지역이나 학교 출신 학생들에게 유리한 예측을 할 수 있습니다. 이는 교육 불평등을 오히려 심화시킬 수 있는 위험한 결과를 초래할 수 있습니다.

두 번째는 '과적합(Overfitting)' 문제입니다. AI가 학습 데이터의 패턴을 너무 세밀하게 기억해서 새로운 상황에 대한 일반화 능력이 떨어지는 현상입니다. 예를 들어, 특정 학교의 학생들만으로 훈련된 AI는 다른 학교 학생들에게는 적합하지 않은 추천을 할 수 있습니다.

세 번째는 '블랙박스(Black Box)' 문제입니다. AI가 어떤 패턴을 바탕으로 특정 결론에 도달했는지 인간이 이해하기 어려운 경우가 많습니다. 교육 현장에서는 AI의 추천이나 평가에 대한 명확한 근거를 제시할 수 있어야 하는데, 이런 설명 가능성이 부족할 수 있습니다.

이러한 한계점들을 극복하기 위해 전 세계 연구자들은 '설명 가능한 AI(Explainable AI)', '공정한 AI(Fair AI)', '견고한 AI(Robust AI)' 등의 연구를 활발히 진행하고 있습니다. 교육 분야에서도 이런 연구 결과들이 점차 적용되어, 더욱 신뢰할 수 있고 투명한 AI 교육 시스템이 개발되고 있습니다.

**AI 한계점 이해 프롬프트 예시:**

Claude, 우리 학교에서 AI를 이용해서 학생들의 진로를 추천하는 시스템을 도입하려고 해. 하지만 AI가 잘못된 편견을 가지고 있을까 봐 걱정이 돼. AI의 편향성 문제가 뭔지 쉽게 설명해 주고, 교육 현장에서 이런 문제를 어떻게 예방할 수 있는지 알려 줘.

패턴 인식 기술의 미래는 더욱 흥미진진합니다. 최근에는 '메타 학습(Meta-Learning)' 기술이 발전하면서, AI가 새로운 패턴을 더 빠르게 학습할 수 있게 되었습니다. 이는 마치 '학습하는 방법을 학습하는' 것과 같습니다. 교육 현장에서는 이런 기술을 통해 개별 학생의 학습 패턴을 더 빠르게 파악하고, 실시간으로 최적화된 학습 경험을 제공할 수 있게 될 것입니다.

## 2. 기계가 배우고, 뇌를 흉내내고, 깊이 생각하기까지

AI 기술의 발전 과정을 이해하는 것은 마치 아이가 걸음마를 배우는 과정을 지켜보는 것과 같습니다. 처음에는 넘어지고 비틀거리면서도, 점차 안정적으로 걷게 되고, 나중에는 뛰고 춤을 출 수 있게 되는 것처럼, AI도 단순한 규칙 기반 시스템에서 시작해서 오늘날의 놀라운 지능을 보여주는 시스템으로 발전해 왔습니다.

머신러닝(Machine Learning)의 여정은 1950년대 앨런 튜링(Alan Turing)이 "기계가 생각할 수 있는가?"라는 질문을 던지면서 시작되었습니다. 하지만 진정한 돌파구는 1957년 프랭크 로젠블라트(Frank Rosenblatt)가 '퍼셉트론(Perceptron)'이라는 인공 뉴런을 개발하면서 열렸습니다. 이는 마치 우리 뇌의 뉴런이 작동하는 방식을 모방한 첫 번째 시도였습니다.

퍼셉트론의 작동 원리를 교실 상황으로 설명해 보겠습니다. 여러분이 학생들의 성적을 예측하는 간단한 시스템을 만든다고 상상해 보세요. 학생의 출석률, 숙제 제출률, 수업 참여도라는 세 가지 정보를 입력으로 받습니다. 퍼셉트론은 이 세 정보에 각각 가중치(weight)를 부여합니다. 예를 들어, 출석률에는 0.4, 숙제 제출률에는 0.3, 수업 참여도에는 0.3의 가중치를 줄 수 있습니다. 그리고 이 값들을 모두 더해서 특정 임계값을 넘으면 "성적이 좋을 것이다.", 넘지 않으면 "성적이 나쁠 것이다."로 판단합니다.

**퍼셉트론 이해 프롬프트 예시:**

ChatGPT, 나는 고등학교 교사인데 학생들의 학습 성과를 예측하는 간단한 AI 모델을 이해하고 싶어. 퍼셉트론이라는 것이 어떻게 작동하는지 우리 반 상황에 맞춰서 쉽게 설명해 줄 수 있어? 그리고 실제로 이런 원리를 교실에서 어떻게 활용할 수 있을지도 알려 줘.

하지만 단일 퍼셉트론은 매우 단순한 문제만 해결할 수 있었습니다. 1969년 마빈 민스키(Marvin Minsky)와 시모어 페퍼트(Seymour Papert)가 쓴 『퍼셉트론』이라는 책에서 이런 한계점들이 지적되면서, AI 연구는 첫 번째 겨울(AI Winter)을 맞게 됩니다.

그러나 1980년대에 들어서면서 '다층 퍼셉트론(Multi-Layer Perceptron)'과 '역전파(Backpropagation)' 알고리즘이 개발되면서 상황이 극적으로 바뀝니다. 이는 마치 한 명의 학생이 아니라 여러 명의 학생들이 팀을 이루어 복잡한 문제를 해결하는 것과 같습니다. 각각의 퍼셉트론(뉴런)이 서로 연결되어 네트워크를 형성하고, 더 복잡한 패턴을 학습할 수 있게 되었습니다.

신경망(Neural Network)의 개념을 이해하기 위해 학교 오케스트라를 생각해 보세요. 각각의 악기 연주자는 하나의 뉴런과 같습니다. 바이올린 연주자는 바이올린 소리만 만들어 내지만, 모든 연주자들이 협력할 때 아름다운 교향곡이 완성됩니다. 마찬가지로 개별 뉴런은 단순한 계산만 수행하지만, 수많은 뉴런들이 연결되어 협력할 때 복잡한 패턴 인식이나 예측이 가능해집니다.

1990년대에는 머신러닝의 다양한 접근법들이 개발되었습니다. 서포트 벡터 머신(Support Vector Machine), 랜덤 포레스트(Random Forest), k-평균 클러스터링(k-means Clustering) 등이 등장하면서 각각의 고유한 장점을 가지고 다양한 문제들을 해결하기 시작했습니다.

교육 분야에서 이런 기술들이 어떻게 활용되었는지 살펴보면, 2000년대 초반 카네기 멜론 대학교에서 개발한 'Cognitive Tutor'가 대표적인 예입니다. 이 시스템은 학생들이 수학 문제를 푸는 과정을 단계별로 분석하여, 각 학생의 인지적 특성을 모델링했습니다. 예를 들어, 어떤 학생이 분수 덧셈에서 실수를 한다면, 그것이 통분 과정에서의 실수인지,

기약분수로 만드는 과정에서의 실수인지를 정확히 파악하여 맞춤형 피드백을 제공했습니다.

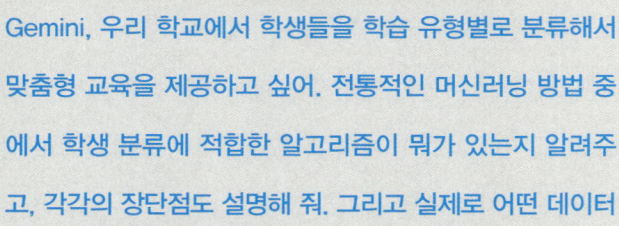

2006년은 AI 역사에서 매우 중요한 해입니다. 토론토 대학교의 제프리 힌튼(Geoffrey Hinton) 교수가 '딥 빌리프 네트워크(Deep Belief Network)'라는 개념을 제시하면서 딥러닝(Deep Learning) 시대의 문이 열렸습니다. 딥러닝은 말 그대로 '깊은 학습'을 의미하며, 여러 층의 신경망을 쌓아 올린 구조를 갖습니다.

딥러닝을 이해하기 위해 학생이 복잡한 수학 문제를 해결하는 과정을 생각해 보세요. 예를 들어, "한 변의 길이가 5cm인 정육면체의 부피를 구하고, 이를 구의 부피와 비교하여 분석하시오."라는 문제가 있다고 합시다. 학생은 다음과 같은 단계를 거칩니다:

첫 번째 층에서는 문제를 읽고 핵심 정보를 추출합니다 (정육면체, 한 변 5cm, 부피). 두 번째 층에서는 정육면체 부피 공식을 떠올립니다 ($V = a^3$). 세 번째 층에서는 계산을 수행합니다 ($5^3 = 125$). 네 번째 층에서는 구의 부피와 비교하기 위해 동일한 부피를 갖는 구의 반지름을 계산합니다. 다섯 번째 층에서는 두 도형의 특성을 비교 분석합니다.

딥러닝도 이와 유사하게 입력 데이터를 여러 층의 처리 과정을 거쳐 점차 높은 수준의 추상화된 특징을 추출해 냅니다. 각 층은 이전 층에서 전달받은 정보를 바탕으로 더 복잡하고 의미 있는 패턴을 찾아냅니다.

2012년 ImageNet 대회에서 AlexNet의 우승은 딥러닝의 실용성을 전 세계에 증명했습니다. 이 CNN(Convolutional Neural Network) 모델은 기존 이미지 인식 방법들을 압도적으로 뛰어넘는 성능을 보여주었습니다. 교육 분야에서도 이런 기술이 바로 적용되기 시작했습니다.

핀란드의 'MathBridge' 프로젝트는 딥러닝을 활용하여 학생들의 수학 학습 과정을 분석합니다. 학생이 손으로 쓴 수학 계산 과정을 실시간으로 인식하고, 각 단계에서의 사고 과정을 분석하여 개인화된 피드백을 제공합니다. 예를 들어, 학생이 이차방정식을 풀 때 근의 공식을 잘못 적용한다면, 시스템은 즉시 이를 감지하고 올바른 방법을 제시합니다.

**딥러닝 교육 활용 프롬프트 예시:**

Claude, 딥러닝이 전통적인 머신러닝과 어떻게 다른지 교실 상황으로 쉽게 설명해 줘. 그리고 우리 학교에서 딥러닝을 활용할 수 있는 구체적인 사례를 3가지 정도 제안해 줄 수 있어? 초보자도 이해할 수 있도록 단계별로 설명해 줘.

2014년에는 GAN(Generative Adversarial Network)이라는 혁신적인 기술이 등장합니다. 이언 굿펠로우(Ian Goodfellow)가 개발한 이 기술은 두 개의 신경망이 서로 경쟁하면서 학습하는 구조입니다. 한쪽은 가짜 데이터를 만들어 내고(생성자), 다른 한쪽은 진짜와 가짜를 구분하려고 합니다(판별자). 이는 마치 위조지폐범과 수사관의 경쟁과 같습니다. 위조지폐범은 더 정교한 가짜를 만들려고 하고, 수사관은 더 정확하게 가짜를 찾아내려고 합니다. 이런 경쟁을 통해 두 시스템 모두 점점 더 정교해집니다.

교육 분야에서 GAN 기술은 매우 흥미로운 방식으로 활용되고 있습니다. 미국 MIT의 연구팀은 GAN을 사용하여 역사 교육용 가상 인물을 만들어 냈습니다. 예를 들어, 조선시대 세종대왕과 대화할 수 있는 AI 캐릭터를 만들어, 학생들이 직접 역사적 인물과 대화하면서 그 시대의 정치, 사회, 문화를 체험할 수 있게 했습니다.

**GAN 교육 활용 프롬프트 예시:**

ChatGPT, 우리 학교 역사 수업에서 학생들이 이순신 장군과 직접 대화할 수 있는 AI를 만들고 싶어. GAN 기술을 사용해서 어떻게 이런 시스템을 구현할 수 있는지 단계별로 설명해 줘. 그리고 실제로 교실에서 활용할 때 주의해야 할 점들도 알려줘.

2017년에는 'Transformer' 구조가 등장하면서 자연어 처리 분야에 혁명이 일어납니다. 구글의 연구팀이 발표한 "Attention is All You Need"라는 논문에서 제시된 이 구조는 기존의 RNN(Recurrent Neural Network)이나 LSTM(Long Short-Term Memory)의 한계를 극복했습니다. Transformer의 핵심은 '어텐션(Attention)' 메커니즘입니다.

어텐션 메커니즘을 교실 상황으로 설명해 보겠습니다. 선생님이 "조선시대 과학 기술의 발전이 현대 한국 사회에 미친 영향을 분석해 보세요."라는 질문을 했다고 가정해 봅시다. 이 문장을 이해하기 위해서는 '조선시대', '과학 기술', '발전', '현대 한국 사회', '영향', '분석' 등의 단어들 사이의 관계를 파악해야 합니다. 어텐션 메커니즘은 각 단어가 다른 단어들과 얼마나 밀접한 관련이 있는지를 계산하여, 문장 전체의 의미를 정확하게 파악할 수 있게 합니다.

이 기술은 교육 분야에서 언어 학습과 읽기 이해 영역에서 큰 발전을 가져왔습니다. 중국의 'VIPKID'는 Transformer 기반의 AI를 활용하여 실시간 영어 발음 교정 서비스를 제공합니다. 학생이 영어 문장을 읽으면, AI가 각 단어의 발음뿐만 아니라 문장 전체의 리듬과 억양까지 분석하여 개선점을 제시합니다.

### Transformer 활용 프롬프트 예시:

Gemini, Transformer 기술이 언어 학습에 어떻게 도움이 되는지 구체적인 예시로 설명해 줘. 우리 학교 영어 수업에서 이 기술을 활용할 수 있는 방법을 초보자도 이해할 수 있게 단계별로 알려줘. 학생들의 읽기 이해력 향상에 어떻게 적용할 수 있는지 궁금해.

2018년 구글이 발표한 BERT(Bidirectional Encoder Representations from Transformers)는 자연어 이해의 새로운 지평을 열었습니다. BERT의 혁신은 문장을 양방향으로 읽는다는 점입니다. 기존의 모델들이 왼쪽에서 오른쪽으로만 문장을 읽었다면, BERT는 앞뒤 맥락을 모두 고려하여 각 단어의 의미를 파악합니다.

이를 독해 문제로 설명해 보겠습니다. "나는 은행을 보았다."라는 문장에서 '은행'이 금융기관을 의미하는지, 가을에 노랗게 물드는 은행나무를 의미하는지는 앞뒤 문맥을 모두 살펴야 알 수 있습니다. BERT는 이러한 중의적 표현을 문맥에 따라 정확하게 해석할 수 있는 능력을 갖추고 있습니다.

한국의 '아이스크림 에듀'는 BERT 기반의 AI를 활용하여 학생들의 독해 능력을 평가하고 개선하는 시스템을 개발했습니다. 학생이 글을 읽고 답한 내용을 분석하여, 어떤 부분에서 이해가 부족한지를 정확히 파악합니다. 예를 들어, 비유적 표현을 문자 그대로 이해했는지, 인과관계를 제대로 파악했는지 등을 세밀하게 분석합니다.

2019년 OpenAI가 발표한 GPT-2는 텍스트 생성 능력에서 놀라운 성과를 보여주었습니다. 이 모델은 몇 개의 단어나 문장을 입력으로 받아서 자연스러운 후속 텍스트를 생성할 수 있었습니다. 당시 이 기술이 너무 강력해서 오남용될 가능성 때문에 OpenAI는 전체 모델을 공개하지 않기로 결정했을 정도였습니다.

교육 분야에서는 이런 텍스트 생성 기술이 창작 교육에 활용되기 시작했습니다. 미국의 여러 학교들에서는 학생들이 AI와 협력하여 창작 활동을 하는 프로그램을 도입했습니다.

학생이 이야기의 시작 부분을 쓰면, AI가 몇 가지 가능한 전개 방향을 제시하고, 학생은 그 중에서 선택하거나 자신만의 방향으로 이야기를 이어갑니다.

**창작 교육 AI 활용 프롬프트 예시:**

Claude, 우리 학교 국어 시간에 학생들과 함께 단편소설을 쓰는 프로젝트를 진행하려고 해. AI를 활용해서 학생들의 창작 활동을 도울 수 있는 구체적인 방법들을 제안해 줘. 단, 학생들의 창의성을 해치지 않으면서도 도움이 될 수 있는 방향으로 부탁해.

2020년 GPT−3의 등장은 전 세계를 놀라게 했습니다. 1750억 개의 매개변수를 가진 이 거대한 모델은 번역, 요약, 질문 응답, 심지어 프로그래밍까지 다양한 작업을 수행할 수 있었습니다. few−shot learning 능력, 즉 몇 개의 예시만으로도 새로운 작업을 학습할 수 있는 능력이 주목받았습니다.

교육 분야에서 GPT−3는 맞춤형 학습 콘텐츠 생성에 혁신을 가져왔습니다. Khan Academy는 GPT−3를 기반으로 한 'Khanmigo'라는 AI 튜터를 개발했습니다. 이 시스템은 각 학생의 수준에 맞는 문제를 자동으로 생성하고, 학생의 답변에 따라 적절한 힌트나 설명을 제공합니다.

2022년 ChatGPT의 출시는 AI의 대중화를 이끌었습니다. 사용자 친화적인 인터페이스와 뛰어난 대화 능력을 바탕으로, 일반 사용자들도 쉽게 AI의 도움을 받을 수 있게 되었습니다. 교육 현장에서도 이 기술이 빠르게 도입되고 있습니다.

한국의 여러 학교들에서는 ChatGPT를 활용한 다양한 교육 실험이 진행되고 있습니다. 서울의 한 고등학교에서는 학생들이 역사적 인물의 입장에서 ChatGPT와 토론하는 수업을 진행했습니다. 학생들은 세종대왕의 입장에서 한글 창제의 필요성을 논증하고, AI는 당시 신하들의 반대 의견을 제시하는 역할을 맡았습니다.

**ChatGPT 교육 활용 프롬프트 예시:**

ChatGPT, 나는 중학교 역사 교사야. 학생들이 임진왜란에 대해 배우고 있는데, 당시 상황을 더 생생하게 이해할 수 있도록 역할극 수업을 하고 싶어. 학생들이 이순신, 선조, 의병장 등의 역할을 맡고 너와 대화하면서 당시의 상황과 고민을 체험할 수 있게 도와줄 수 있어?

최근에는 멀티모달(Multimodal) AI가 새로운 가능성을 열어주고 있습니다. GPT-4V, Claude 3, Gemini Ultra 등은 텍스트뿐만 아니라 이미지, 오디오, 비디오까지 처리할 수 있습

니다. 이는 교육에서 더욱 풍부하고 다양한 학습 경험을 제공
할 수 있게 합니다.

예를 들어, 학생이 수학 문제를 손으로 풀어서 사진을 찍어
AI에게 보여주면, AI는 풀이 과정을 분석하고 틀린 부분을
정확히 지적할 수 있습니다. 또한 과학 실험 동영상을 분석하
여 실험 과정에서의 오류를 찾아내거나, 미술 작품을 분석하
여 기법과 특징을 설명할 수도 있습니다.

### 멀티모달 AI 활용 프롬프트 예시:

Gemini, 학생이 그린 세포 구조 그림을 사진으로 찍어서 보
여줄 테니까, 그림을 분석해서 어떤 부분이 정확하고 어떤
부분을 수정해야 하는지 알려줘. 그리고 더 정확한 세포 구
조 그림을 그리는 방법도 단계별로 설명해 줘.

현재 우리는 AI 기술 발전의 전환점에 서 있습니다.
LLM(Large Language Model)들이 점점 더 커지고 있고, 새로
운 아키텍처들이 계속해서 등장하고 있습니다. MOE(Mixture
of Experts), Retrieval-Augmented Generation(RAG),
Constitutional AI 등의 기술들이 AI의 능력을 더욱 향상시키
고 있습니다.

교육 분야에서는 이런 최신 기술들이 더욱 정교하고 개인

화된 학습 경험을 제공할 것으로 기대됩니다. 앞으로 AI는 단순히 정보를 제공하는 것을 넘어서, 각 학생의 학습 스타일, 인지적 특성, 감정 상태까지 종합적으로 고려한 맞춤형 교육을 제공할 수 있을 것입니다.

### 3. 사람의 칭찬으로 더 똑똑해지는 AI 이야기

강화 학습(Reinforcement Learning)을 이해하기 위해서는 먼저 아이가 자전거 타는 법을 배우는 과정을 생각해 보는 것이 좋습니다. 아이는 처음에 자전거에 올라타서 넘어지고, 다시 시도하고, 또 넘어지는 과정을 반복합니다. 넘어질 때마다 "아, 이렇게 하면 안 되는구나."를 학습하고, 조금이라도 균형을 유지했을 때는 "이렇게 하면 좋구나."를 학습합니다. 이렇게 시행착오를 통해 점차 자전거를 잘 탈 수 있게 되는 것이 바로 강화 학습의 기본 원리입니다.

강화 학습은 에이전트(Agent)가 환경(Environment)과 상호작용하면서 최적의 행동(Action)을 학습하는 과정입니다. 에이전트는 특정 상태(State)에서 행동을 취하고, 그 결과로 보상(Reward)이나 처벌(Penalty)을 받습니다. 이런 피드백을 통해 에이전트는 어떤 행동이 좋은 결과를 가져오는지를 학습하게 됩니다.

교육 현장에서 강화 학습을 적용한 사례를 살펴보겠습니

다. 미국 카네기 멜론 대학교에서 개발한 수학 학습 시스템은 학생이 문제를 풀 때마다 그 결과를 분석합니다. 학생이 올바른 방법으로 문제를 해결하면 긍정적인 피드백을 제공하고 (보상), 잘못된 접근을 했을 때는 힌트를 주거나 다른 방법을 제안합니다(가이던스). 이런 과정을 통해 AI 시스템은 각 학생에게 가장 효과적인 교수법이 무엇인지를 학습하게 됩니다.

**강화 학습 기반 교육 시스템 체험 프롬프트 예시:**

ChatGPT, 강화 학습 원리를 활용해서 우리 반 학생들의 영어 단어 암기를 도와주는 시스템을 만들고 싶어. 학생이 단어를 맞히거나 틀릴 때마다 시스템이 어떻게 반응해야 하는지, 그리고 점차 학습 난이도를 조절하는 방법을 구체적으로 설명해 줘.

강화 학습의 핵심 개념 중 하나는 '탐험과 활용의 균형 (Exploration vs Exploitation)'입니다. 이를 학습 상황으로 설명해 보겠습니다. 학생이 수학 문제를 풀 때, 이미 알고 있는 방법으로 계속 풀 것인지(활용), 아니면 새로운 방법을 시도해 볼 것인지(탐험)의 선택에 직면합니다. 너무 안전한 방법만 고수하면 성장이 없고, 너무 무모하게 새로운 것만 시도하면 실패가 많아집니다. 강화 학습 시스템은 이런 균형을 최적화하여 학습 효과를 극대화합니다.

2013년 구글 딥마인드가 개발한 DQN(Deep Q-Network)은 강화 학습과 딥러닝을 결합한 혁신적인 기술이었습니다. 이 시스템은 아타리 게임을 인간보다 잘 플레이할 수 있게 되면서 강화 학습의 가능성을 전 세계에 증명했습니다. 더 놀라운 것은 시스템에게 게임 규칙을 미리 알려주지 않았는데도, 스스로 게임을 플레이하면서 규칙을 터득하고 전략을 개발했다는 점입니다.

교육 분야에서도 이런 접근법이 적용되고 있습니다. 핀란드의 'GraphoGame'은 강화 학습을 활용하여 난독증 아동들의 읽기 능력을 향상시키는 프로그램입니다. 이 시스템은 각 아동의 반응 시간, 정확도, 학습 패턴을 실시간으로 분석하여 난이도를 자동으로 조절합니다. 아동이 너무 쉬운 문제만 맞히면 조금 더 어려운 문제를 제시하고, 너무 많이 틀리면 더 기본적인 단계로 돌아갑니다.

**적응형 학습 시스템 활용 프롬프트 예시:**

Gemini, 우리 학교에 학습 장애를 가진 학생이 있어. 강화 학습 원리를 사용해서 이 학생의 읽기 능력을 점진적으로 향상시킬 수 있는 개인 맞춤형 학습 계획을 세워줄 수 있어? 어떤 방식으로 피드백을 주고, 난이도를 조절해야 하는

AlphaGo의 등장은 강화 학습의 새로운 가능성을 보여주었습니다. 2016년 이세돌 9단과 AlphaGo의 대국은 전 세계인의 주목을 받았고, AI가 인간의 직관과 창의성이 필요한 영역에서도 뛰어난 성과를 낼 수 있음을 증명했습니다. 더욱 놀라운 것은 AlphaGo Zero가 인간의 기보 없이 스스로 바둑을 학습하여 기존 AlphaGo를 압도했다는 점입니다.

이런 자기 학습(Self-Learning) 능력은 교육에서 매우 중요한 의미를 갖습니다. 학생들도 마찬가지로 스스로 학습하고 발견하는 능력이 중요한데, AI가 어떻게 자기 주도적으로 학습하는지를 이해하면 인간의 학습 과정을 더 잘 이해할 수 있습니다.

중국의 'Squirrel AI'는 강화 학습을 활용하여 학생 개개인의 학습 경로를 최적화합니다. 이 시스템은 학생이 문제를 풀 때마다 그 결과를 분석하여, 다음에 어떤 문제를 제시할지를 결정합니다. 마치 숙련된 개인 교사가 학생의 반응을 보고 수업 방향을 조절하는 것과 같은 방식입니다.

**개인화 학습 경로 설계 프롬프트 예시:**

Claude, 강화 학습을 활용해서 우리 반 학생 개개인에게 최하지만 전통적인 강화 학습에는 중요한 한계가 있었습니다. 보상 함수(Reward Function)를 정확하게 설계하기가 매우 어렵다는 점입니다. 예를 들어, 학생의 학습 성과를 평가할 때 단순히 시험 점수만으로는 충분하지 않습니다. 학습 과정에서의 노력, 창의적 사고, 협력 능력, 문제 해결 과정 등 다양한 요소들을 고려해야 하는데, 이런 복합적인 가치를 수치로 표현하기는 매우 복잡합니다.

이런 문제를 해결하기 위해 등장한 것이 바로 '인간 피드백으로부터의 강화 학습(Reinforcement Learning from Human Feedback, RLHF)'입니다. RLHF는 인간이 직접 AI의 출력을 평가하고 피드백을 제공하여, AI가 인간의 가치와 선호도에 맞춰 학습할 수 있도록 하는 기술입니다.

RLHF의 작동 과정을 교실 상황으로 설명해 보겠습니다. AI 교사가 학생의 창작 글에 대해 피드백을 주는 상황을 가정해 봅시다. 전통적인 방식에서는 맞춤법, 문법, 글자 수 등 객관적으로 측정 가능한 요소들만 평가할 수 있었습니다. 하지만 RLHF를 활용하면, 숙련된 인간 교사들이 "이 글의 창의성은 어떤가?", "논리적 전개는 자연스러운가?", "감정 표현이 진정성 있는가?" 등의 주관적이지만 중요한 요소들을 평가하고, 이런 평가를 바탕으로 AI가 학습하게 됩니다.

**RLHF 기반 글쓰기 지도 프롬프트 예시:**

ChatGPT, 학생들의 창작 글쓰기를 지도할 때 RLHF 방식을 활용하고 싶어. 인간 교사의 피드백을 어떻게 구조화해서 AI에게 학습시킬 수 있는지 설명해 줘. 창의성, 독창성, 감정 표현 같은 주관적 요소들을 어떻게 평가하고 개선할 수 있을까?

ChatGPT의 성공에는 RLHF가 핵심적인 역할을 했습니다. OpenAI는 수천 명의 인간 평가자들에게 AI의 다양한 응답을 보여주고, 어떤 응답이 더 도움이 되는지, 더 정확한지, 더 안전한지를 평가하도록 했습니다. 이런 인간 피드백을 바탕으로 ChatGPT는 사용자에게 더 유용하고 안전한 응답을 제공할 수 있게 되었습니다.

교육 분야에서 RLHF의 적용 사례를 살펴보면, 영국의 'Century Tech'라는 교육 플랫폼이 주목할 만합니다. 이 시스템은 교사들이 AI가 생성한 학습 자료나 평가 문항을 검토하고 피드백을 제공하면, 그 피드백을 바탕으로 더 나은 교육 콘텐츠를 생성합니다. 예를 들어, 교사가 "이 수학 문제는 너무 어렵다."라거나 "이 설명은 학생들이 이해하기 어려울 것 같다."라는 피드백을 주면, AI는 이를 학습하여 다음에는 더 적절한 난이도와 설명 방식을 사용합니다.

미국의 'Grammarly'도 RLHF를 활용하여 글쓰기 지원 서비스를 개선하고 있습니다. 사용자들이 AI의 문법 수정 제안을 수락하거나 거부하는 패턴을 분석하여, 더 정확하고 맥락에 맞는 수정 제안을 할 수 있게 되었습니다. 학술적 글쓰기와 창작 글쓰기에서 요구되는 톤앤매너의 차이를 학습하여, 상황에 맞는 적절한 제안을 제공합니다.

**Grammarly 스타일 글쓰기 지원 활용 프롬프트 예시:**

Gemini, 우리 반 학생들이 영어 에세이를 쓸 때 실시간으로 피드백을 받을 수 있는 시스템을 만들고 싶어. RLHF 방식으로 어떻게 학생들의 글쓰기 패턴을 학습하고, 개인별 맞춤 피드백을 제공할 수 있는지 구체적인 방법을 알려줘.

RLHF의 중요한 장점 중 하나는 AI를 인간의 가치와 정렬(Alignment)시킬 수 있다는 점입니다. 교육에서는 단순히 정답을 맞히는 것을 넘어서, 비판적 사고, 창의성, 협력, 윤리적 판단 등의 복합적인 능력을 기르는 것이 중요합니다. RLHF

를 통해 AI는 이런 교육적 가치들을 학습하고, 학생들의 전인적 성장을 지원할 수 있게 됩니다.

한국의 '아이스크림 홈런(HomeLearn)'은 RLHF를 활용하여 학습 동기 부여 시스템을 개선했습니다. 기존에는 단순히 문제를 많이 풀거나 학습 시간이 길면 보상을 주는 방식이었지만, 교사와 학부모의 피드백을 바탕으로 '진정한 학습'이 일어났을 때 보상을 주는 시스템으로 발전시켰습니다. 예를 들어, 학생이 어려운 문제를 포기하지 않고 끝까지 해결하려고 노력하거나, 자신의 실수를 스스로 찾아 수정하는 행동을 보일 때 더 높은 보상을 제공합니다.

**동기 부여 시스템 설계 프롬프트 예시:**

Claude, RLHF 원리를 사용해서 학생들의 내재적 동기를 높이는 학습 시스템을 설계하고 싶어. 단순한 점수나 외적 보상이 아니라, 학습 과정에서 보이는 노력, 창의성, 협력 등을 어떻게 인식하고 격려할 수 있을까? 구체적인 피드백 방식을 제안해 줘.

일본의 'Atama Plus'는 RLHF를 활용하여 학생들의 학습 스타일을 더 정교하게 파악합니다. 단순히 정답률만 보는 것이 아니라, 교사들이 관찰한 학생의 학습 행동 패턴(예: 차근차근 단계별로 접근하는 타입, 직관적으로 문제를 해결하는 타입 등)을 AI 시스템에 입력하여, 각 학생에게 가장 적합한 문제 제시 방식과 설명 방법을 찾아냅니다.

RLHF의 또 다른 중요한 응용 분야는 창의성 평가입니다. 전통적으로 AI는 창의적인 작품을 객관적으로 평가하기 어려웠습니다. 하지만 미술 교사들이 학생들의 작품을 다양한 관점에서 평가한 데이터를 바탕으로 RLHF를 적용하면, AI도 창의성, 독창성, 기술적 완성도 등을 종합적으로 평가할 수 있게 됩니다.

미국 로드아일랜드 디자인 스쿨(RISD)에서는 RLHF 기반 미술 교육 AI를 실험하고 있습니다. 학생이 그림을 그리는 과정을 실시간으로 관찰하며, 숙련된 미술 교수들의 평가 기준에 따라 "이 부분의 색채 조화가 흥미롭다.", "구도에서 좀 더 대담한 시도를 해 보면 어떨까?" 같은 건설적인 피드백을 제공합니다.

**창의성 평가 AI 활용 프롬프트 예시:**

ChatGPT, 학생들의 미술 작품을 AI가 평가할 때 RLHF 방식을 어떻게 적용할 수 있는지 설명해 줘. 기술적 완성도뿐만 아니라 창의성, 감성 표현, 독창성 등을 어떻게 평가하고 피드백할 수 있을까? 실제 미술 수업에서 활용할 수 있는 방법을 제안해 줘.

RLHF는 언어 학습 분야에서도 혁신적인 변화를 가져오고 있습니다. Duolingo의 최신 AI 시스템은 원어민 교사들의 발음 평가와 문법 설명에 대한 피드백을 학습하여, 학습자의 발음을 더 정확하게 교정하고, 문법 오류에 대해 더 자연스럽고 이해하기 쉬운 설명을 제공합니다.

한국어를 배우는 외국인 학습자들을 위한 시스템에서는, 한국어 교사들이 제공한 "이 표현은 격식체 상황에서는 부적절하다.", "이 발음은 의미 전달에 문제가 있다." 같은 문화적, 맥락적 피드백을 학습하여 더 실용적인 언어 교육을 제공합니다.

### 언어 학습 RLHF 적용 프롬프트 예시:

Gemini, 외국인 학생들이 한국어를 배울 때 RLHF 기반 AI 튜터를 활용하고 싶어. 발음, 문법, 문화적 맥락 등을 종합적으로 고려한 피드백을 어떻게 제공할 수 있는지 구체적인 시스템 설계 방법을 알려줘.

RLHF의 교육적 가치는 단순히 기술적 성능 향상에 그치지 않습니다. 인간 교사의 전문성과 가치 판단을 AI 시스템에 전

수함으로써, AI가 단순한 도구를 넘어서 진정한 교육 파트너가 될 수 있게 해 줍니다. 이는 AI가 교사를 대체하는 것이 아니라, 교사의 전문성을 확장하고 증폭시키는 역할을 한다는 점에서 매우 의미가 있습니다.

하지만 RLHF에도 주의해야 할 점들이 있습니다. 첫째, 인간 평가자의 편향이 AI 시스템에 그대로 전달될 수 있습니다. 예를 들어, 특정 문화적 배경을 가진 교사들만 평가에 참여한다면, 그들의 문화적 편견이 AI에 학습될 수 있습니다. 둘째, 인간 피드백의 일관성 문제입니다. 같은 상황에 대해 다른 교사들이 상반된 평가를 내릴 수 있고, 이런 불일치가 AI의 학습을 방해할 수 있습니다.

이런 문제들을 해결하기 위해 다양한 연구가 진행되고 있습니다. 'Constitutional AI'는 명시적인 헌법(Constitution) 같은 원칙들을 정의하여 AI의 행동을 가이드하는 방법입니다. 교육 분야에서는 "학습자의 자율성을 존중한다.", "다양한 학습 스타일을 인정한다.", "공정하고 편견 없는 평가를 한다." 같은 교육 헌법을 만들어 AI 시스템에 적용할 수 있습니다.

**교육 AI 헌법 설계 프롬프트 예시:**

Claude, 교육용 AI 시스템이 지켜야 할 윤리적 원칙들을 헌법 형태로 만들고 싶어. 학습자의 인권, 공정성, 다양성 존

최근에는 'Anthropic'이 개발한 Claude와 같은 AI들이
RLHF와 Constitutional AI를 결합한 방식으로 훈련되고 있습
니다. 이런 AI들은 도움이 되고(Helpful), 무해하며(Harmless),
정직한(Honest) 응답을 제공하도록 설계되어, 교육 현장에서
더 안전하고 신뢰할 수 있는 도구로 활용될 수 있습니다.

교육에서 RLHF의 미래는 더욱 정교하고 개인화된 방향으
로 발전할 것으로 예상됩니다. 각 학생의 학습 이력, 성향, 목
표 등을 종합적으로 고려한 개인별 맞춤형 피드백 시스템이
개발될 것이고, 교사들의 전문적 지식과 경험이 AI를 통해 더
많은 학생들에게 전달될 수 있을 것입니다.

**미래 교육 RLHF 시나리오 프롬프트 예시:**

ChatGPT, 10년 후 RLHF 기술이 완전히 성숙했을 때 교실
의 모습을 상상해서 설명해 줘. 학생 개개인에게 맞춤화된
AI 튜터가 있고, 전 세계 최고의 교사들의 전문성이 AI에 융
합된 미래 교육 시나리오를 구체적으로 그려 줘.

지금까지 살펴본 AI 기술의 발전 과정은 교육 분야에 엄청난 변화를 가져오고 있습니다. 패턴 인식부터 시작해서 머신러닝, 딥러닝, 그리고 RLHF까지, 각각의 기술적 진보는 교육의 새로운 가능성을 열어주고 있습니다.

하지만 이런 기술들이 교육에 진정한 가치를 가져다주려면, 단순히 기술적 성능만 추구할 것이 아니라 교육의 본질적 목적과 가치를 이해하고 이를 구현하는 방향으로 발전해야 합니다. AI는 결코 교육의 주체가 될 수 없으며, 인간 교사와 학습자의 관계를 보완하고 지원하는 도구로서의 역할에 충실해야 합니다.

앞으로 우리가 마주할 AI 교육의 미래는 기술과 인간성이 조화를 이루는 새로운 형태의 학습 환경일 것입니다. 이런 환경에서 학생들은 AI의 도움을 받아 더 개인화되고 효과적인 학습을 경험할 수 있을 것이고, 교사들은 AI와 협력하여 더 창의적이고 의미 있는 교육을 제공할 수 있을 것입니다. 이러한 변화를 성공적으로 이끌어가기 위해서는 기술에 대한 이해와 함께 교육에 대한 깊은 성찰이 병행되어야 할 것입니다.

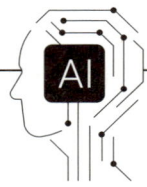

**3장**

# 예전 AI vs 요즘 AI
## – 뭐가 이렇게 달라졌을까?

## 1. 옛날 AI: 규칙만 따르던 로봇 같은 존재

현재 우리가 목격하고 있는 인공지능의 혁명적 변화는 단순한 기술 발전을 넘어선 패러다임의 근본적 전환을 의미합니다. 2020년대 초반까지만 해도 AI는 대부분 특정 문제를 해결하거나 정해진 규칙에 따라 작동하는 도구였습니다. 그러나 ChatGPT의 등장과 함께 우리는 전혀 새로운 차원의 AI, 즉 창조하고 상상하며 인간과 자연스럽게 소통할 수 있는 생성형 AI의 시대로 접어들었습니다.

이러한 변화는 교육 현장에 깊은 영향을 미치고 있습니다.

과거의 AI가 주로 행정 업무나 단순 반복 작업을 지원하는 역할에 머물렀다면, 오늘날의 생성형 AI는 학생들의 창의적 사고를 자극하고, 개인 맞춤형 학습을 제공하며, 심지어 새로운 지식을 함께 창조하는 파트너로서 기능하고 있습니다. 이 장에서는 이러한 패러다임 변화의 본질을 깊이 이해하고, 교육자들이 어떻게 이를 효과적으로 활용할 수 있는지 구체적인 방법을 제시하겠습니다.

## 고전적 AI의 기본 개념과 작동 원리

고전적 인공지능은 1950년대부터 2010년대까지 주류를 이뤘던 AI 접근법으로, 명확한 규칙과 논리적 추론에 기반하여 작동했습니다. 이러한 시스템들은 전문가의 지식을 컴퓨터가 이해할 수 있는 형태로 체계화한 '전문가 시스템(Expert Systems)'이 대표적인 예였습니다.

고전적 AI의 핵심 특징은 '만약-그러면(If-Then)' 규칙의 연쇄로 문제를 해결한다는 점입니다. 예를 들어, 의료 진단 시스템이라면 "만약 환자의 체온이 38℃ 이상이고, 기침을 한다면, 감기일 가능성이 높다."와 같은 규칙들을 수백, 수천 개 조합하여 진단을 내리는 방식이었습니다. 이는 인간 전문가의 사고 과정을 모방하려는 시도였지만, 동시에 매우 제한적이고 경직된 접근법이기도 했습니다.

## 교육 분야에서의 고전적 AI 활용 사례

교육 현장에서 고전적 AI는 주로 다음과 같은 영역에서 활용되었습니다. 첫째, 컴퓨터 기반 훈련(Computer-Based Training) 시스템이 대표적이었습니다. 이러한 시스템들은 미리 정의된 학습 경로를 따라 학생들에게 정보를 제공하고, 간단한 퀴즈나 연습 문제를 통해 이해도를 측정했습니다. 예를 들어, 1990년대에 널리 사용된 수학 학습 소프트웨어들은 학생이 특정 문제를 틀리면 관련된 기초 개념으로 자동으로 돌아가는 방식으로 작동했습니다.

둘째, 지능형 교수 시스템(Intelligent Tutoring Systems)이 발전했습니다. 이 시스템들은 학생의 학습 패턴을 분석하여 개인별 맞춤형 학습 경로를 제공하려고 시도했지만, 여전히 미리 프로그래밍된 규칙 내에서만 작동했습니다. 예를 들어, Carnegie Learning의 수학 튜터링 시스템은 학생이 문제를 해결하는 과정에서 보이는 오류 패턴을 분석하여 적절한 힌트를 제공했지만, 이러한 힌트들은 모두 사전에 전문가들이 작성해 놓은 것들이었습니다.

## 고전적 AI의 한계와 제약

고전적 AI 시스템들의 가장 큰 한계는 유연성의 부족이었습니다. 이들은 미리 정의된 상황에서는 뛰어난 성능을 보였지만, 예상치 못한 상황이나 새로운 문제에 직면하면 적절히 대응하지 못했습니다. 교육 현장에서 이는 문제가 되었는데, 학생들의 학습 스타일과 사고 과정은 매우 다양하고 예측하기 어려웠기 때문입니다.

또한 고전적 AI는 '상식(Common Sense)' 추론에서 큰 어려움을 겪었습니다. 인간에게는 너무나 당연한 것들, 예를 들어 "물은 위에서 아래로 흐른다."라거나 "사람은 한 번에 두 곳에 있을 수 없다."와 같은 기본적인 지식을 시스템에 입력하고 관리하는 것이 매우 복잡하고 비효율적이었습니다.

## 고전적 AI 활용을 위한 실습 방법

현재도 교육 현장에서 활용 가능한 고전적 AI 도구들을 살펴보겠습니다. 가장 접근하기 쉬운 것은 Khan Academy의 적응형 학습 플랫폼들입니다. 그리고 ChatGPT, Claude, Gemini와 같은 플랫폼을 활용하려면 먼저 학생의 현재 수준을 정확히 파악하는 것이 중요합니다.

### 실습 예시 1: 적응형 수학 학습 시스템 활용

교사는 다음과 같은 단계로 고전적 AI 기반 학습 시스템을 활용할 수 있습니다:

1단계: 초기 진단 평가 실시

- 다양한 인공지능 플랫폼에 접속
- 기본 수학 개념 이해도 측정을 위한 진단 테스트 실시
- 시스템이 제안하는 학습 경로 확인

2단계: 개인별 학습 계획 수립

- 시스템 분석 결과 바탕, 각 학생의 강점과 약점 파악
- 목표 설정 및 학습 일정 계획
- 정기적인 진도 점검 일정 수립

3단계: 학습 과정 모니터링

- 주간 학습 리포트 검토
- 어려움을 겪는 영역 식별
- 필요시 오프라인 보충 학습 계획

**실습 예시 2: 언어 학습을 위한 규칙 기반 시스템**

영어 문법 학습을 위한 고전적 AI 시스템 활용법:

1단계: GPT, CLAUDE, GEMINI 등 플랫폼 접속

**〈다음과 같은 프롬프트로 시작〉**

너는 중학생을 위한 영어 글쓰기 도우미야.

아래 학생 들을 점검할 때 다음 조건을 지켜 줘:

1) 학생 수준에 맞게 검사 강도를 조절한다. (기초 수준 → 명확한 문법 오류만 지적)

2) 주요 문법 오류 유형(동사 시제, 주어–동사 일치, 관사 사용)

을 알려준다.

3) 학습 목표가 '문법 정확성 향상'이므로, 피드백은 간단하고 명확한 영어로 설명한다.

2단계: 체계적인 문법 연습

- 매일 10-15분간 정해진 문법 규칙 연습
- 시스템이 제공하는 오류 분석 결과 검토
- 반복되는 실수 패턴 기록 및 집중 학습

3단계: 진도 평가 및 조정

- 주간 문법 정확도 향상 정도 측정
- 새로운 문법 규칙 학습 계획 수립
- 실제 글쓰기 과제에서의 적용 연습

## 2. 요즘 AI: 그림도 그리고 글도 쓰는 창작 도우미

### 생성형 AI 혁명의 시작점과 배경

2022년 11월 ChatGPT의 공개는 AI 역사에서 가장 중요한 전환점 중 하나였습니다. 불과 5일 만에 100만 명의 사용자를 확보하며 역사상 가장 빠르게 성장한 소비자 애플리케이션이 되었고, 2개월 만에 월간 활성 사용자 1억 명을 돌파했습니다. 이는 단순한 숫자를 넘어서, 인공지능이 더 이상 전문가들만의 영역이 아니라 일반인도 쉽게 접근할 수 있는 도구가 되었음을 의미했습니다.

생성형 AI의 등장 배경에는 여러 기술적 돌파구가 있었습니다. 가장 중요한 것은 'Transformer' 아키텍처의 발명이었습니다. 2017년 구글 연구진이 발표한 "Attention is All You Need"라는 논문에서 소개된 이 기술은 AI가 텍스트를 이해하고 생성하는 방식을 근본적으로 바꿔 놓았습니다. 기존의 AI가 순차적으로 정보를 처리했다면, Transformer는 모든 정보를 동시에 고려하여 맥락을 이해할 수 있게 되었습니다.

## 창의적 행동 능력의 본질과 의미

생성형 AI의 가장 혁신적인 특징은 바로 '창의적 행동 능력'입니다. 이는 단순히 기존 정보를 조합하는 것을 넘어서, 전혀 새로운 아이디어나 콘텐츠를 만들어 내는 능력을 말합니다. 예를 들어, 생성형 AI는 셰익스피어 스타일의 새로운 소네트를 쓸 수 있고, 피카소 화풍의 새로운 그림을 그릴 수 있으며, 심지어 존재하지 않았던 과학 이론을 가설로 제시할 수도 있습니다.

이러한 창의성은 교육 현장에서 무한한 가능성을 열어줍니다. 학생들은 이제 AI와 함께 협력하여 소설을 쓰고, 수학 문제를 새로운 방식으로 해결하며, 역사적 사건을 다른 관점에서 분석할 수 있게 되었습니다. 이는 기존의 '정답을 찾는' 학습에서 '새로운 것을 만들어 내는' 학습으로의 패러다임 전환을 의미합니다.

### 교육 현장에서의 생성형 AI 활용 실제 사례

전 세계적으로 생성형 AI를 교육에 활용하는 사례들이 폭발적으로 증가하고 있습니다. 미국의 경우, 2023년 기준으로 교사의 약 51%가 수업 준비나 학생 지도에 ChatGPT를 활용하고 있다는 조사 결과가 있습니다. 주목할 만한 것은 학생들의 반응입니다. 기존의 딱딱한 교육용 소프트웨어와 달리, 생성형 AI는 마치 친구와 대화하듯 자연스럽게 소통할 수 있어 학습에 대한 흥미와 참여도가 크게 높아지고 있습니다.

### 실습 예시 1: ChatGPT를 활용한 창의적 글쓰기 수업

중학교 국어 수업에서 생성형 AI를 활용한 창의적 글쓰기 방법을 제시합니다:

#### <u>프롬프트 예시 1: 캐릭터 개발</u>

"나는 중학교 2학년 학생이고, 단편 소설을 쓰고 있어. 주인공은 평범한 고등학생인데, 어느 날 갑자기 시간을 5분씩 되돌릴 수 있는 능력을 갖게 돼. 이 캐릭터의 성격적 특징 3가지와 이 능력을 어떤 방식으로 활용할지 아이디어를 제안해 줘. 단,

너무 진부하지 않은 독창적인 아이디어였으면 좋겠어."

### 프롬프트 예시 2: 갈등 상황 만들기

"위의 캐릭터가 시간 되돌리기 능력을 사용하면서 겪을 수 있는 도덕적 딜레마 상황을 3가지 제안해 줘. 각 상황은 청소년이 실제로 경험할 법한 현실적인 것이어야 하고, 독자들이 '나라면 어떻게 했을까' 고민하게 만드는 것이었으면 좋겠어."

### 프롬프트 예시 3: 대화문 작성 연습

"위 캐릭터가 자신의 능력을 가장 친한 친구에게 처음 털어놓는 장면의 대화문을 써 줘. 친구는 처음에는 믿지 않다가 점점 진실임을 깨닫게 되는 과정을 자연스럽게 표현해 줘. 대화는 10-15줄 정도로, 실제 중학생들이 쓸 법한 자연스러운 말투로 작성해 줘."

## 실습 예시 2: 수학 문제 해결을 위한 AI 협력 학습

고등학교 수학 시간에 복잡한 함수 문제를 해결하는 과정:

### 프롬프트 예시 1: 문제 분석 및 접근 전략

"다음 함수 문제를 단계별로 분석해 줘: 'f(x) = x³ − 6x² + 9x + 1의 극값을 구하고 그래프를 그리시오.' 먼저 이 문제를 해결하기 위해 어떤 개념들을 알아야 하는지, 그리고 어떤 순서로 접근해야 하는지 설명해 줘. 나는 고등학교 2학년 수준이야."

### 프롬프트 예시 2: 단계별 해결 과정

"위 함수의 1차 도함수를 구하는 과정을 단계별로 설명해 줘. 각 단계에서 어떤 미분 공식을 사용하는지도 함께 설명하고, 왜 그 공식을 사용하는지 이유도 알려줘. 그리고 내가 직접 계산해 볼 수 있도록 중간에 확인 질문도 해 줘."

### 프롬프트 예시 3: 개념 확장 및 연결

"이 문제를 통해 배운 극값 구하기 방법을 실생활 문제에 어떻게 적용할 수 있을까? 고등학생이 이해하기 쉬운 구체적인 예시 2-3개를 들어서 설명해 줘. 예를 들어 최적화 문제나 경제 문제 같은 것들로."

### 실습 예시 3: 역사 수업에서의 다중 관점 분석

고등학교 세계사 수업에서 역사적 사건을 다각도로 분석하기:

### 프롬프트 예시 1: 다중 관점 제시

"콜럼버스의 아메리카 대륙 발견(1492년)을 다음 세 관점에서 각각 설명해 줘:

1) 15세기 유럽인의 관점

2) 아메리카 원주민의 관점

3) 현대 역사학자의 관점

각 관점에서 이 사건이 어떤 의미를 갖는지, 어떤 감정을 불러일으켰을지 구체적으로 묘사해 줘."

### 프롬프트 예시 2: 가상 인물 인터뷰

"만약 당시 타이노족 족장과 콜럼버스가 현대의 토크쇼에 함께 출연한다면, 진행자가 어떤 질문을 할까? 그리고 각자는 어떻게 대답할까? 5분 정도의 대화를 대본 형식으로 작성해 줘. 역사적 사실에 기반하되, 감정적인 부분도 잘 드러나도록 해 줘."

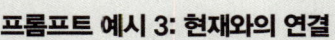

**프롬프트 예시 3: 현재와의 연결**

"콜럼버스의 아메리카 발견이 현재 우리가 살고 있는 세계에 미친 영향을 5가지 이상 들어 보고, 각각이 현재 우리 삶에 어떻게 연결되는지 구체적인 예시와 함께 설명해 줘. 긍정적 영향과 부정적 영향을 모두 포함해서."

## 생성형 AI의 창의성이 학습에 미치는 영향

생성형 AI의 창의적 능력은 학습 과정 자체를 근본적으로 변화시키고 있습니다. 과거에는 학생들이 정해진 정답을 찾는 것이 학습의 목표였다면, 이제는 AI와 함께 새로운 가능성을 탐색하고 창조하는 것이 중요해졌습니다. 이는 '수렴적 사고'에서 '발산적 사고'로의 전환을 의미하며, 학생들의 상상력과 창의력을 크게 자극하고 있습니다.

주목할 점은 생성형 AI가 제공하는 '무한한 피드백'입니다. 학생이 아이디어를 제시하면 AI는 즉시 다양한 관점에서 피드백을 제공하고, 새로운 아이디어를 제안하며, 심화 질문을 던집니다. 이는 마치 개인 교사가 24시간 옆에서 지도하는 것과 같은 효과를 만들어 냅니다.

### 3. 말도 알아듣고 그림도 보는 만능 AI의 등장

## 대규모 언어 모델의 기술적 혁신

대규모 언어 모델(Large Language Models, LLM)은 현재 생성형 AI 혁명의 핵심 기술입니다. 이들은 인터넷상의 방대한 텍스트 데이터를 학습하여 인간 수준의 언어 이해와 생성 능력을 갖추게 되었습니다. GPT-4의 경우 약 1조 7,000억 개의 매개변수를 가지고 있으며, 이는 인간 뇌의 시냅스 수와 비슷한 규모입니다.

LLM의 가장 놀라운 특징은 '창발적 능력(Emergent Abilities)'입니다. 이는 모델의 크기가 일정 임계점을 넘어서면 예상치 못한 새로운 능력들이 갑자기 나타나는 현상을 말합니다. 예를 들어, GPT-3에서는 볼 수 없었던 수학 문제 해결 능력이나 코딩 능력이 GPT-4에서는 갑자기 나타났습니다. 이는 단순히 데이터를 더 많이 학습한 결과가 아니라, 질적으로 다른 차원의 이해 능력이 등장한 것으로 보입니다.

## 교육 맥락에서의 LLM 활용 가능성

대규모 언어 모델은 교육 현장에서 전례 없는 가능성을 열어주고 있습니다. 가장 직접적인 활용은 개인 맞춤형 튜터링입니다. LLM은 각 학생의 학습 수준, 관심사, 학습 스타일을 파악하여 최적화된 설명과 예시를 제공할 수 있습니다. 또한 학생의 질문에 대해 즉시 응답하고, 이해하지 못한 부분을 다양한 방식으로 재설명할 수 있습니다.

**실습 예시 1: 개인 맞춤형 과학 개념 설명**

중학교 과학 시간에 '광합성' 개념을 서로 다른 수준의 학생들에게 설명하기:

### 수준별 맞춤 프롬프트 예시:

**기초 수준 학생용:**

"나는 중학교 1학년이고 과학을 어려워 해. 광합성이 뭔지 정말 쉽게 설명해 줘. 마치 초등학생에게 설명하듯이, 일상생활의 친숙한 예시를 들어서 설명해 줘. 그리고 왜 광합성이 우리 생활에 중요한지도 알려줘."

**중간 수준 학생용:**

"중학교 2학년이고 과학에 관심이 있어. 광합성의 전체 과정을 단계별로 설명해 주되, 각 단계에서 어떤 화학 반응이 일어나는지도 간단히 포함해 줘. 그리고 광합성과 호흡의 관계도 설명해 줘."

**심화 수준 학생용:**

"과학을 좋아하는 중학교 3학년이야. 광합성의 명반응과 암반응을 자세히 설명해 주고, 각 단계에서 일어나는 화학 반응식도 포함해 줘. 그리고 환경 요인(빛의 세기, 온도, $CO_2$ 농도)이 광합성에 미치는 영향도 설명해 줘."

**실습 예시 2: 수학 문제 해결 과정 안내**

고등학교 수학에서 복잡한 문제를 단계적으로 해결하도록 안내:

<u>**프롬프트 예시 – 소크라테스식 질문법 활용:**</u>

"다음 문제를 나와 함께 단계별로 풀어보자: '한 변의 길이가 5cm인 정육면체의 부피를 구하고, 이를 구의 부피와 비교하여 분석하시오.'

답을 바로 알려주지 말고, 다음과 같은 방식으로 도와줘:

　1) 먼저 내가 어떻게 접근할지 물어보고

　2) 내 답변을 듣고 맞는 방향인지 피드백해 줘

　3) 막히는 부분이 있으면 힌트를 줘

　4) 각 단계에서 왜 그렇게 해야 하는지 이유를 설명해 줘

　5) 마지막에 비슷한 문제를 하나 더 만들어서 연습하게

　　해 줘"

## 멀티모달 AI의 등장과 교육적 함의

2023년부터 본격적으로 등장한 멀티모달 AI는 텍스트뿐만 아니라 이미지, 음성, 동영상 등 다양한 형태의 정보를 동시에 처리할 수 있는 능력을 갖추고 있습니다. GPT, Google Gemini, Claude 등이 대표적인 예입니다. 이들은 학생이 그린 그림을 보고 수학 문제를 해결해 주거나, 실험 사진을 분석하여 과학적 설명을 제공할 수 있습니다.

교육 현장에서 멀티모달 AI의 활용 가능성은 무한합니다. 시각적 학습자를 위해서는 개념을 이미지로 설명하고, 청각적 학습자를 위해서는 음성으로 설명하며, 체험적 학습자를 위해서는 실습 과정을 시뮬레이션할 수 있습니다. 이는 '유니버설 디자인 학습(Universal Design for Learning)' 원칙과 완벽하게 부합하는 접근법입니다.

### 실습 예시 1: 이미지 기반 수학 문제 해결

학생이 손으로 그린 기하 문제를 사진으로 찍어 AI에게 분석 요청:

**프롬프트 예시:**

"사진 속 기하 문제를 보고 다음을 도와줘:

1) 내가 그린 도형이 정확한지 확인해 줘

2) 문제에서 주어진 조건들을 정리해 줘

3) 이 문제를 해결하기 위해 필요한 공식이나 정리를 알려줘

4) 풀이 과정을 단계별로 설명해 줘

5) 내가 실수할 수 있는 부분을 미리 알려줘

참고로 나는 고등학교 1학년이고, 기하를 배우기 시작한 지 얼마 안 돼서 기초적인 설명이 필요해."

## 실습 예시 2: 과학 실험 결과 분석

화학 실험 후 결과물 사진을 AI에게 보여주며 분석 요청:

### 프롬프트 예시:

"중학교 과학 시간에 산과 염기 중화반응 실험을 했어. 사진 속 실험 결과를 보고:

1) 실험이 제대로 되었는지 확인해 줘

2) 색깔 변화의 원리를 설명해 줘

3) 실험 과정에서 주의해야 할 점들을 알려줘

4) 이 실험과 관련된 실생활 예시를 들어줘

5) 다음에 해볼 수 있는 관련 실험을 추천해 줘

설명할 때는 중학교 2학년 수준에 맞춰서 쉽게 설명해 줘."

### 실습 예시 3: 역사 자료 분석 및 해석

역사 수업에서 사료 이미지를 분석하여 역사적 맥락 이해:

**프롬프트 예시:**

"조선시대 고문서 사진을 보고 다음을 도와줘:

1) 이 문서가 어떤 종류의 문서인지 추정해 줘

2) 문서에 나타난 주요 내용을 현대어로 번역해 줘

3) 이 문서가 작성된 시대적 배경을 설명해 줘

4) 당시 사회상을 엿볼 수 있는 부분들을 지적해 줘

5) 현재와 비교했을 때 어떤 차이점이 있는지 분석해 줘

고등학교 한국사 수준에서 이해할 수 있도록 설명해 줘."

## 미래 교육 환경에서의 LLM과 멀티모달 AI

대규모 언어 모델과 멀티모달 AI의 발전은 교육 환경을 근본적으로 변화시킬 것으로 예상됩니다. 가장 주목할 만한 변화는 '개인화의 극대화'입니다. 각 학생의 학습 스타일, 속도, 관심사에 완벽하게 맞춘 개인 교사가 모든 학생에게 제공될 수 있게 됩니다.

또한 '실시간 적응형 학습'이 가능해집니다. AI는 학생의 표정, 음성 톤, 타이핑 패턴 등을 실시간으로 분석하여 학생의

이해도와 집중도를 파악하고, 즉시 학습 방법을 조정할 수 있습니다. 이는 인간 교사도 하기 어려운 세밀한 수준의 개인화된 교육을 가능하게 합니다.

무엇보다 중요한 것은 '창의적 협력 학습'의 가능성입니다. 학생들은 AI와 함께 새로운 아이디어를 발굴하고, 복잡한 문제를 해결하며, 창의적인 작품을 만들어 낼 수 있게 됩니다. 이는 단순히 지식을 전달받는 수동적 학습에서 능동적으로 지식을 창조하는 학습으로의 전환을 의미합니다.

현재 우리가 목격하고 있는 AI 패러다임의 변화는 단순한 기술적 진보를 넘어선 교육 철학과 방법론의 근본적 전환을 요구하고 있습니다. 고전적 AI의 규칙 기반 접근법에서 생성형 AI의 창의적 협력으로, 그리고 대규모 언어 모델과 멀티모달 AI를 통한 개인화된 학습 환경으로의 진화는 교육의 미래를 새롭게 그려 나가고 있습니다.

교육자들은 이러한 변화를 단순히 기술적 도구의 도입으로 보지 않고, 학습자 중심의 새로운 교육 패러다임을 구현하는 기회로 받아들여야 합니다. AI는 교사를 대체하는 것이 아니라, 교사의 역할을 더욱 인간적이고 창의적인 방향으로 진화시키는 촉매 역할을 하고 있습니다. 앞으로 우리가 만들어 갈 AI 시대의 교육은 기술과 인간이 조화롭게 협력하여 모든 학습자의 잠재력을 최대한 발휘할 수 있는 환경이 될 것입니다.

# 4장

# AI도 완벽하지 않아요
## – 알아두면 좋은 한계들

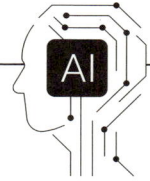

인공지능이 교육 분야에서 혁신적인 가능성을 보여주고 있지만, 동시에 우리가 반드시 인식하고 대비해야 할 여러 한계와 문제점들이 존재합니다. 마치 강력한 도구일수록 더욱 신중하게 다뤄야 하는 것처럼, AI 기술 역시 그 놀라운 능력만큼이나 주의 깊은 접근이 필요합니다.

전 세계적으로 교육 현장에서 AI 도입이 가속화되고 있는 현 시점에서, 이러한 문제점들을 제대로 이해하지 못한다면 오히려 학습자에게 해가 될 수 있습니다. 실제로 2023년 유네스코 보고서에 따르면, AI를 교육에 도입한 학교 중 약

40%가 예상치 못한 부작용을 경험했다고 합니다. 이 장에서는 AI 기술의 주요 한계점들을 솔직하게 살펴보고, 교육자들이 이를 어떻게 현명하게 대처할 수 있는지 구체적인 방법을 제시하겠습니다.

## 1. 가끔 거짓말하는 AI? – 잘못된 정보 주의보

### 환각 현상의 본질과 발생 원리

AI의 '환각(Hallucinations)'이란 인공지능이 그럴듯하지만 실제로는 틀린 정보를 자신 있게 제시하는 현상을 말합니다. 마치 사람이 꿈을 꿀 때 현실과 상상을 구분하지 못하는 것처럼, AI도 학습한 패턴을 바탕으로 새로운 정보를 생성하는 과정에서 실제 사실과 다른 내용을 만들어 내곤 합니다.

이 문제가 심각한 이유는 AI가 틀린 정보를 제시할 때도 매우 확신에 찬 어조로 답변한다는 점입니다. 예를 들어, ChatGPT에게 "1815년 워털루 전투에서 나폴레옹이 승리했나요?"라고 물으면, 때로는 "네, 나폴레옹이 승리했습니다."라고 단호하게 답변할 수 있습니다. 실제로는 나폴레옹이 패배한 전투임에도 불구하고 말입니다.

현재 주요 AI 모델들의 환각 발생률을 살펴보면, GPT-4의 경우 약 3~5%, Claude 3의 경우 약 2~4%, Gemini Pro의 경우 약 4~6% 정도로 측정되고 있습니다. 이는 100개의 질문 중 3~6개 정도는 틀린 답변을 할 가능성이 있다는 의미입니다.

## 교육 현장에서의 환각 문제 실제 사례

교육 현장에서 AI 환각 문제는 더욱 심각한 영향을 미칠 수 있습니다. 학생들은 AI를 권위 있는 정보원으로 받아들이는 경향이 있기 때문입니다. 실제로 미국의 한 고등학교에서는 학생이 AI에게 물어본 잘못된 화학 공식을 그대로 시험에 적어서 문제가 된 사례가 있었습니다.

## 구체적인 환각 문제 대응 방법

ChatGPT나 Claude, Gemini를 사용할 때 환각 문제를 최소화하는 프롬프트 기법을 소개합니다:

### 안전한 프롬프트 예시 1: 정보 검증 요청

"19세기 조선의 인구에 대해 알려주되, 다음 조건을 지켜줘:

1) 확실한 출처가 있는 정보만 제공해 줘

2) 추정치인 경우 반드시 '추정'이라고 명시해 줘

3) 불확실한 부분은 '정확한 정보를 확인할 수 없다'고 솔직히 말해 줘

4) 가능하면 참고할 수 있는 자료나 책을 함께 알려줘"

**안전한 프롬프트 예시 2: 다중 검증 방식**

"다음 수학 공식이 맞는지 확인해 줘: $(a+b)^2 = a^2 +$

$2ab + b^2$

1) 공식이 맞다면 증명 과정을 보여줘

2) 구체적인 숫자 예시를 들어서 검증해 줘

3) 만약 틀렸다면 어느 부분이 틀렸는지 지적해 줘

4) 관련된 다른 공식들도 함께 알려줘"

교사들이 AI 답변의 정확성을 검증하는 체계적인 방법도 필요합니다. 먼저 중요한 사실적 정보는 반드시 신뢰할 수 있는 출처를 통해 이중 확인해야 합니다. 또한 학생들에게도 "AI 답변 검증하기" 활동을 통해 비판적 사고력을 기를 수 있도록 지도해야 합니다.

## 2. 편견을 가진 AI - 공정하지 못한 판단의 위험
### 편향의 근본 원인과 발생 메커니즘

AI 시스템의 편향 문제는 학습 데이터 자체에 내재된 사회적 편견이 그대로 반영되면서 발생합니다. 마치 색안경을 끼고 세상을 보면 모든 것이 그 색으로 보이는 것처럼, AI도 편향된 데이터로 학습하면 편향된 결과를 출력하게 됩니다.

현재 대부분의 AI 모델들은 주로 영어권 데이터로 학습되었으며, 이 중에서도 미국과 유럽의 문화적 관점이 과도하게 반영되어 있습니다. 예를 들어, "간호사"라고 하면 여성을, "엔지니어"라고 하면 남성을 연상하는 편향이 나타날 수 있습니다.

### 교육에서의 편향 문제 구체적 사례

한국의 한 중학교에서 AI를 활용한 진로 상담 프로그램을 도입했을 때, 여학생들에게는 주로 간호사나 교사를 추천하고, 남학생들에게는 공학자나 의사를 추천하는 경향을 보인 사례가 있었습니다. 이는 AI가 학습한 데이터에 담긴 성별 고정관념이 그대로 반영된 결과였습니다.

### 편향 문제 해결을 위한 실용적 접근법

교육자들이 AI 사용 시 편향을 최소화할 수 있는 구체적인 방법들을 제시합니다:

### 편향 최소화 프롬프트 예시 1: 다양성 강조

"중학생 진로 탐색을 위해 과학자의 하루 일과를 설명해 줘. 단, 다음을 반드시 포함해 줘:

1) 다양한 성별의 과학자 사례 포함

2) 여러 문화권 출신의 과학자 언급

3) 서로 다른 전공 분야의 과학자들 소개

4) 신체적 제약이 있는 과학자들의 성공 사례도 포함"

**편향 최소화 프롬프트 예시 2: 균형잡힌 관점 요청**

"한국 전쟁에 대해 설명할 때 다음 관점들을 모두 포함

해서 균형있게 서술해 줘:

1) 한국의 관점

2) 북한의 관점

3) 미국의 관점

4) 중국의 관점

5) 중립적인 제3국의 관점

각 관점의 차이점과 공통점을 객관적으로 분석해 줘."

### 3. 내 개인정보는 안전할까? - 프라이버시 보호하기

**교육 데이터의 민감성과 보호의 중요성**

교육 분야에서 다루는 개인정보는 민감합니다. 학생들의

학습 패턴, 성취도, 관심사, 심지어 개인적인 고민까지도 AI

시스템과의 상호작용 과정에서 수집될 수 있습니다. 이러한

정보가 잘못 사용되거나 유출될 경우, 학생들에게 평생에 걸

쳐 영향을 미칠 수 있습니다.

유럽의 GDPR(일반데이터보호규정)과 미국의 FERPA(가족교육권리및개인정보보호법) 등이 교육 데이터 보호를 위해 엄격한 규제를 두고 있는 이유도 바로 이 때문입니다. 한국에서도 개인정보보호법과 정보통신망법을 통해 교육 기관의 개인정보 처리에 대한 특별한 보호 조치를 규정하고 있습니다.

**실용적인 데이터 보안 대책**

교육 현장에서 AI를 안전하게 사용하기 위한 구체적인 가이드라인을 제시합니다:

**안전한 AI 사용을 위한 데이터 보호 원칙:**

1) 개인정보 최소화 원칙

- AI에게 질문할 때 실명 대신 가명 사용
- 구체적인 개인 정보(주소, 전화번호 등) 입력 금지
- 민감한 가정 상황이나 개인적 고민은 일반화해서 질문

2) 안전한 프롬프트 작성 예시

"한 중학생이 수학을 어려워한다고 가정하고, 동기부여 방법을 알려줘"

(X) "우리 반 김철수가 수학을 못해서 자꾸 울어. 어떻게 도와줄까?"

3) 교육용 계정 분리 관리

- 개인 계정과 교육용 계정 별도 사용
- 학교 차원에서 교육용 AI 계정 통합 관리
- 정기적인 사용 기록 점검 및 삭제

## 4. AI에 조종당할 수도 있다고?

### AI 시스템의 예측 불가능성

현재의 AI 시스템, 대규모 언어 모델들은 "블랙박스"와 같은 특성을 가지고 있습니다. 즉, 입력과 출력은 관찰할 수 있지만, 그 사이에서 어떤 과정을 거쳐 결론에 도달했는지는 정확히 알 수 없습니다. 이는 마치 매우 똑똑하지만 자신의 사고 과정을 설명하지 않는 학생과 같습니다.

이러한 특성은 교육 현장에서 특별한 주의를 요구합니다. AI가 왜 특정한 답변을 했는지, 그 판단 근거가 무엇인지 명확하지 않기 때문에, 교육자가 그 답변의 적절성을 판단하기 어려울 수 있습니다.

### 조작과 오남용의 위험성

AI 기술의 발전으로 이제는 매우 정교한 허위 정보나 조작된 콘텐츠를 생성하는 것이 가능해졌습니다. 딥페이크 기술을 이용한 가짜 동영상, AI가 생성한 가짜 뉴스 기사, 심지어 존재하지 않는 역사적 사건에 대한 그럴듯한 설명까지 만들어 낼 수 있습니다.

교육 현장에서는 이러한 기술이 악의적으로 사용될 가능성도 있습니다. 예를 들어, 학생이 과제를 위해 AI로 생성한 가짜 인터뷰나 조작된 실험 데이터를 제출할 수도 있고, 심지어 AI를 이용해 표절을 감추는 교묘한 방법들도 등장하고 있습니다.

### AI 오남용 방지를 위한 교육적 접근

이러한 문제들에 대응하기 위해서는 기술적 해결책뿐만 아니라 교육적 접근이 필요합니다:

### AI 윤리 교육을 위한 실습 활동 예시:

1) AI 탐지 게임

- 교사가 AI가 생성한 글과 사람이 쓴 글을 섞어서 제시
- 학생들이 어떤 것이 AI 작품인지 맞춰 보는 활동
- 판단 근거를 토론하며 AI 글의 특징 학습

2) 윤리적 딜레마 토론

"만약 AI가 여러분의 숙제를 완벽하게 해줄 수 있다면, 그것을 사용하는 것이 옳을까?"

- 찬반 토론을 통해 학습의 본질적 의미 탐구

- AI 도움 수준의 적절한 선 논의

3) 정보 검증 프로젝트

- AI가 제공한 정보를 다른 출처와 비교 검증
- 신뢰할 수 있는 정보원 구분법 학습
- 비판적 사고력 함양

## 미래를 위한 균형 잡힌 접근

AI 기술의 한계와 문제점들을 인식하는 것은 이 기술을 거부하기 위함이 아니라, 더 현명하고 안전하게 활용하기 위함입니다. 마치 자동차의 위험성을 알고 안전벨트를 매고 교통법규를 지키며 운전하는 것처럼, AI 역시 그 한계를 이해하고 적절한 안전장치를 마련한 상태에서 사용해야 합니다.

교육자들은 AI의 놀라운 가능성과 현실적인 한계 사이에서 균형점을 찾아야 합니다. 학생들에게는 AI를 비판적으로 사용하는 능력을 기르도록 도와주고, 동시에 이 강력한 도구가 제공하는 학습의 기회를 최대한 활용할 수 있도록 지도해야 합니다.

결국 AI 기술의 문제점들을 해결하는 가장 효과적인 방법은 더 나은 기술 개발과 함께, 사용자인 우리의 리터러시와 윤리 의식을 높이는 것입니다. 교육 현장에서는 이러한 디지털 시민성과 AI 윤리 교육이 더욱 중요해질 것입니다.

[그림 2] 'AI 윤리 교육'이 중요

AI 기술의 한계와 문제점에 대한 인식은 기술 거부가 아니라, 더 현명하고 안전하게 활용하기 위함입니다. 교육 현장에서는 디지털 시민성과 AI 윤리 교육이 더욱 중요해질 것입니다.

# 2부

# 초등학생과 함께하는 AI 모험
## – 호기심이 쑥쑥 자라는 교실

**[그림 3] 호기심이 자라는 교실**

전통적인 교육은 '기억'과 '이해' 단계에 많은 시간을 할애했습니다. 그러나 AI 시대에는 '적용', '분석', '평가', '창조' 단계 등 호기심에 더 중점을 두고 있습니다. AI가 기본적인 정보 제공과 초기 분석을 담당하면, 학생들은 더 높은 차원의 사고 활동에 집중할 수 있기 때문입니다.

# 국어·영어 시간이 이렇게
# 재미있다니!

AI

## 1. AI 선생님과 함께 또박또박 읽기 연습

읽기 유창성은 아이들의 전반적인 학습 능력에 결정적인 영향을 미칩니다. 유창하게 읽을 수 있는 아이는 내용에 집중할 수 있지만, 그렇지 못한 아이는 글자를 읽는 것 자체에 에너지를 모두 소모하게 됩니다. 마치 자전거를 타는 것과 같습니다. 처음에는 균형을 잡는 데만 신경 쓰다가 익숙해지면 경치를 보며 즐길 수 있게 되는 것처럼 말입니다.

Microsoft AI Reading Coach는 이러한 읽기 유창성 향상을 위해 개발된 혁신적인 도구입니다. 이 시스템은 음성 인식 기술을 활용하여 아이들의 읽기 속도, 정확성, 표현력을 실시간으로 분석하고 개인별 맞춤 피드백을 제공합니다. 무엇보다 중요한 것은 아이들이 부담스러워하지 않도록 게임화된 환경에서 학습이 진행된다는 점입니다.

## Microsoft AI Reading Coach 활용 실습 가이드

### 1단계: 초기 설정 및 학습자 분석

먼저 Microsoft Teams for Education 계정을 통해 AI Reading Coach에 접근할 수 있습니다. 교사는 학급 전체 또는 개별 학생을 위한 읽기 활동을 설정할 수 있습니다.

초기 설정에서 가장 중요한 것은 학생의 읽기 수준을 정확히 파악하는 것입니다. AI Reading Coach는 학생이 처음 텍스트를 읽을 때의 성능을 분석하여 적절한 난이도의 텍스트를 추천합니다. 이때 교사는 다음과 같은 사항을 고려해야 합니다.

학생의 한국어 읽기 수준을 먼저 파악한 후, 영어 읽기 수준을 측정하는 것이 좋습니다. 일반적으로 제2언어 읽기 능력은 모국어 읽기 능력보다 1~2학년 정도 낮은 수준에서 시작하는 것이 적절합니다. 예를 들어, 한국어로 3학년 수준의 책을 유창하게 읽는 아이라면 영어는 1~2학년 수준의 텍스트부터 시작하는 것이 효과적입니다.

2단계: 체계적인 읽기 연습 프로그램 구성

AI Reading Coach를 활용한 체계적인 읽기 프로그램은 다음과 같이 구성할 수 있습니다. 주 3회, 각 15~20분씩 진행하는 것이 초등학생에게 적합합니다.

월요일 활동에서는 새로운 텍스트를 소개합니다. 이때 AI 코치는 학생이 모르는 단어나 어려운 발음을 미리 예측하여 사전 학습 기회를 제공합니다. 예를 들어, "The butterfly flies in the garden."이라는 문장에서 'butterfly'의 발음이 어려울 것으로 예상되면, 이 단어를 따로 연습할 수 있도록 안내합니다.

수요일 활동에서는 반복 읽기를 통한 유창성 향상에 집중합니다. AI 코치는 학생의 읽기 속도와 정확성을 측정하여 개선점을 제시합니다. 중요한 것은 속도만을 강조하지 않고 이해와 표현력도 함께 평가한다는 점입니다.

금요일 활동에서는 창의적 읽기 활동을 진행합니다. 학생이 읽은 텍스트를 바탕으로 자신만의 이야기를 만들어 보거나, 등장인물의 감정을 표현하며 읽어보는 활동을 할 수 있습니다.

3단계: AI 피드백 해석 및 활용

AI Reading Coach가 제공하는 피드백을 교육적으로 활용하는 것이 중요합니다. 단순히 점수나 통계만 보는 것이 아니라, 아이의 성장 과정을 이해하고 격려하는 자료로 활용해야 합니다.

발음 정확도 분석에서는 아이가 어려워하는 음소를 파악할 수 있습니다. 한국어를 모국어로 하는 아이들이 영어에서 흔히 어려워하는 'th', 'r', 'v' 소리 등을 집중적으로 연습할 수 있도록 개별 지도 계획을 세울 수 있습니다.

읽기 속도 분석에서는 적절한 속도를 유지하면서도 이해도가 떨어지지 않도록 균형을 맞추는 것이 중요합니다. 너무 빠르게 읽으려고 서두르다가 내용 이해가 부족해지지 않도록 지도해야 합니다.

**[그림 4] AI 선생님과 또박또박 읽기 연습**

읽기 유창성은 아이들의 전반적인 학습 능력에 결정적인 영향을 미칩니다. 유창하게 읽을 수 있는 아이는 내용에 집중할 수 있습니다. 반면 그렇지 못한 아이는 글자를 읽는 것 자체에 에너지를 모두 소모하게 됩니다.

## ChatGPT와 Gemini를 활용한 읽기 유창성 향상

Microsoft AI Reading Coach가 없는 환경에서도 ChatGPT 나 Gemini 같은 범용 AI를 활용하여 읽기 유창성을 향상시킬 수 있습니다.

### 읽기 지도를 위한 실용적 프롬프트

ChatGPT나 Gemini에게 다음과 같이 요청할 수 있습니다: "초등학교 3학년 수준의 영어 읽기 텍스트를 만들어 주세요. 조건은 다음과 같습니다: 1) 100–150 단어 길이 2) 동물이 주인공인 재미있는 이야기 3) 반복되는 문장 패턴 포함 4) 한국 아이들이 어려워할 수 있는 발음 연습 단어 5개 포함 5) 이야기 후 간단한 이해 확인 질문 3개 추가"

AI가 제공한 텍스트를 바탕으로 교사는 다음과 같은 활동을 진행할 수 있습니다. 먼저 아이들과 함께 텍스트를 소리내어 읽으며 어려운 단어들을 함께 연습합니다. 그 다음 개별적으로 읽게 하면서 교사가 직접 피드백을 제공합니다. 마지막으로 아이들이 텍스트의 내용을 자신의 말로 요약해 보도록 하여 이해도를 확인합니다.

### 발음 교정을 위한 구체적 방법

AI를 활용한 발음 교정에서는 시각적 자료와 청각적 자료를 함께 활용하는 것이 효과적입니다. ChatGPT에게 "한국 초등학생이 영어 'th' 소리를 정확하게 발음하는 방법을 단계별로 설명하고, 재미있는 연습 문장 5개를 만들어 주세요."라고 요청하면 체계적인 발음 지도 자료를 얻을 수 있습니다.

중요한 것은 아이들이 발음 교정을 부담스러워하지 않도록 놀이 요소를 포함하는 것입니다. 예를 들어, 'th' 소리 연습을 할 때 "혀끝을 앞니에 살짝 대고 바람을 불어보세요. 뱀이 'ssss' 소리를 내는 것처럼요."와 같이 구체적이고 재미있는 설명을 활용할 수 있습니다.

## 2. 챗봇 친구와 이야기 만들기 놀이

스토리텔링은 아이들의 언어 발달에 매우 중요한 역할을 합니다. 이야기를 만들고 들려주는 과정에서 아이들은 어휘력을 확장하고, 문장 구조를 자연스럽게 익히며, 창의적 사고력을 기를 수 있습니다. 무엇보다 중요한 것은 이야기를 통해 언어가 단순한 의사소통 도구가 아니라 상상력과 감정을 표현하는 예술적 매체임을 깨닫게 된다는 점입니다.

AI 챗봇과의 스토리텔링 활동은 기존의 일방적인 이야기 듣기와는 전혀 다른 경험을 제공합니다. 아이들은 AI와 함께 이야기를 만들어 가는 과정에서 능동적인 창작자가 되며, 즉시 피드백을 받을 수 있어 학습 동기가 크게 향상됩니다.

### (1) 내가 만든 캐릭터로 신나는 이야기 짜기

등장인물 만들기는 스토리텔링의 첫 번째 단계이자 가장 중요한 부분입니다. 아이들이 자신만의 독특한 캐릭터를 만들어 내는 과정에서 창의성과 상상력이 크게 발달합니다.

### 단계별 캐릭터 개발 활동

ChatGPT나 Gemini를 활용한 캐릭터 개발 활동은 다음과 같이 진행할 수 있습니다. 먼저 기본적인 캐릭터 설정부터 시작합니다.

"나는 초등학교 3학년이고, 새로운 동화 캐릭터를 만들고 싶어. 다음 조건으로 캐릭터를 함께 만들어 줘: 1) 동물 캐릭터 2) 특별한 능력 하나 3) 좋아하는 것과 싫어하는 것 4) 살고 있는 곳 5) 가장 큰 꿈. 질문을 하나씩 해서 내가 직접 정할 수 있게 도와줘."

이런 방식으로 AI와 대화하면서 아이들은 체계적으로 캐릭터를 개발할 수 있습니다. AI는 "어떤 동물로 캐릭터를 만들고 싶나요? 하늘을 나는 동물, 바다에 사는 동물, 아니면 숲에 사는 동물 중에서 골라 보세요"와 같이 구체적인 선택지를 제공하여 아이들의 결정을 도울 수 있습니다.

캐릭터가 완성되면 다음 단계는 이야기의 구조를 만드는 것입니다. 초등학생에게는 복잡한 플롯보다는 간단하고 명확한 구조가 적합합니다. "시작-문제발생-해결-끝"의 4단계 구조를 활용하는 것이 좋습니다.

**구체적인 스토리 구성 프롬프트**

"위에서 만든 캐릭터로 짧은 이야기를 만들어 보자. 다음 순서로 함께 만들어 줘: 1) 캐릭터가 평소에 어떻게 지내는지 (시작) 2) 어떤 문제나 어려움이 생겼는지 (문제) 3) 캐릭터가 어떻게 문제를 해결하려고 했는지 (해결 시도) 4) 결국 어떻게 되었는지 (결말). 각 단계마다 내 의견을 물어보고, 내가 생각할 시간을 줘."

이러한 과정을 통해 아이들은 단순히 이야기를 듣는 수동적인 독자가 아니라, 능동적으로 플롯을 구성하는 작가가 됩니다. 또한 AI와의 대화 과정에서 자연스럽게 "왜 그렇게 생각하나요?", "다른 방법은 없을까요?"와 같은 질문을 받으면서 논리적 사고력도 함께 기를 수 있습니다.

### (2) AI와 함께 동화책 작가 되어 보기

동화 창작은 아이들의 언어 능력을 종합적으로 발달시키는 활동입니다. 창작 과정에서는 어휘력, 문법, 문장 구성 능력이 모두 필요하며, 완성된 동화를 구연하는 과정에서는 발음, 억양, 표현력이 중요합니다.

### 체계적인 동화 창작 프로젝트

AI와 함께하는 동화 창작 프로젝트는 2-3주에 걸쳐 진행하는 것이 적합합니다. 첫 주에는 아이디어 발전과 기본 줄거리 구성, 둘째 주에는 세부 내용 개발과 문장 다듬기, 셋째 주에는 구연 연습과 발표 준비를 진행합니다.

1주차 활동에서는 ChatGPT나 Gemini와 함께 브레인스토밍을 진행합니다. "초등학생이 재미있게 읽을 수 있는 동화 주제 10가지를 제안해 줘. 각 주제마다 간단한 설명도 함께 해 줘. 우정, 용기, 배려 등의 가치를 자연스럽게 배울 수 있는 내용이었으면 좋겠어."와 같이 요청할 수 있습니다.

주제가 정해지면 더 구체적인 설정을 만들어갑니다. "선택한 주제로 동화를 쓰려고 해. 주인공은 누구이고, 어디에서 살며, 어떤 성격인지 함께 정해 보자. 질문을 하나씩 해서 내가 직접 결정할 수 있게 도와줘."라고 요청하면 AI가 체계적으로 캐릭터와 배경 설정을 도와줍니다.

### 구연 동화를 위한 표현력 개발

동화를 창작한 후에는 이를 효과적으로 구연하는 방법을 배워야 합니다. AI는 이 과정에서도 유용한 도움을 제공할 수 있습니다.

"내가 쓴 동화를 친구들 앞에서 재미있게 들려주고 싶어. 등장인물별로 다른 목소리를 내는 방법과 감정을 잘 표현하는 방법을 알려줘. 초등학생도 쉽게 할 수 있는 방법으로 설명해 줘."와 같이 요청할 수 있습니다.

AI는 각 등장인물의 특성에 맞는 목소리 톤을 제안하고, 감정 표현을 위한 구체적인 기법들을 알려줄 수 있습니다. 예를 들어, "토끼 캐릭터는 조금 높은 톤으로, 빠르게 말해보세요. 곰 캐릭터는 낮고 느린 톤으로 말하면 됩니다."와 같은 실용적인 조언을 제공합니다.

중요한 것은 아이들이 부담을 느끼지 않도록 단계적으로 접근하는 것입니다. 처음에는 혼자서 연습하고, 그 다음에는 가족이나 친구 한두 명 앞에서 발표해 보며, 마지막에 학급 전체 앞에서 구연하도록 하는 것이 좋습니다.

## 3. 내 목소리로 만드는 오디북과 팟캐스트 - 음성 생성 AI의 교육적 가치

음성 생성 AI 기술은 초등학생들에게 완전히 새로운 창작 경험을 제공합니다. 자신이 쓴 글이 자연스러운 음성으로 변환되는 것을 들으면서 아이들은 큰 성취감과 자신감을 얻을 수 있습니다. 더 나아가 다양한 목소리와 감정 표현을 실험해 보면서 언어의 음성적 측면에 대한 이해도 깊어집니다.

하지만 음성 생성 AI를 교육에 활용할 때는 몇 가지 주의사항이 있습니다. 먼저 아이들의 개인정보 보호가 가장 중요합니다. 아이들의 실제 목소리를 AI 시스템에 입력하는 것은 피해야 하며, 대신 기본 제공되는 목소리를 활용하는 것이 안전합니다.

### (1) 범용 AI를 활용한 오디오북 제작

ElevenLabs나 Aconic 같은 전문적인 음성 생성 도구를 사용하기 전에, 먼저 ChatGPT나 Gemini 같은 범용 AI를 활용하여 오디오북 제작의 기초를 배워 보겠습니다.

### ChatGPT를 활용한 오디오북 스크립트 개발

"초등학교 2학년이 쓴 짧은 이야기를 오디오북으로 만들고 싶어. 다음 이야기를 오디오북용 스크립트로 바꿔줘: [아이가 쓴 이야기 내용]. 조건은 다음과 같아: 1) 나레이션과 대화 부분을 구분해서 표시 2) 감정 표현이나 효과음이 들어갈 부분 표시 3) 읽기 속도나 톤 변화 지시사항 포함 4) 초등학생이 직접 읽을 수 있도록 어려운 단어는 쉽게 변경"

이런 방식으로 AI의 도움을 받으면 아이들의 원작을 훨씬 풍부한 오디오 콘텐츠로 발전시킬 수 있습니다. AI는 단순한 이야기에 음향 효과나 감정 표현을 추가하여 더욱 생동감 있는 스크립트를 만들어 줍니다.

### 실제 오디오북 제작 과정

스크립트가 완성되면 실제 녹음 과정을 진행합니다. 이때 스마트폰의 기본 녹음 앱이나 간단한 오디오 편집 프로그램을 활용할 수 있습니다. 중요한 것은 완벽한 결과물보다는 과정에서의 학습과 성취감입니다.

아이들이 직접 내레이션을 녹음하면서 자신의 목소리를 객관적으로 듣게 되고, 이는 발음이나 억양 개선에 큰 도움이 됩니다. 또한 여러 번 녹음을 반복하면서 자연스럽게 유창성도 향상됩니다.

### (2) 팟캐스트 제작을 통한 종합적 언어 능력 개발

팟캐스트 제작은 오디오북보다 한 단계 더 발전된 활동입니다. 아이들은 기획, 대본 작성, 녹음, 편집의 전 과정을 경험하면서 종합적인 언어 능력을 기를 수 있습니다.

### 초등학생 맞춤형 팟캐스트 기획

ChatGPT나 Gemini에게 다음과 같이 요청할 수 있습니다: "초등학교 4학년 학생들이 만들 수 있는 10분짜리 팟캐스트 아이디어 5가지를 제안해 줘. 주제는 학교생활, 취미, 책 소개, 과학 실험 등 아이들이 관심을 가질 만한 것들이었으면 좋겠어. 각 아이디어마다 간단한 진행 방식도 함께 설명해 줘."

AI가 제안한 아이디어 중에서 아이들이 관심 있어 하는 주제를 선택한 후, 더 구체적인 기획을 진행합니다. "선택한 주제로 팟캐스트를 만들 때 필요한 준비물과 진행 순서를 알려 줘. 초등학생 2~3명이 함께 진행할 수 있는 방식으로 설명해 줘."라고 요청하면 실용적인 가이드를 얻을 수 있습니다.

### 대본 작성과 역할 분담

팟캐스트 대본 작성은 아이들의 글쓰기 능력을 크게 향상시킵니다. 단순한 일기나 독후감과 달리, 팟캐스트 대본은 청취자를 고려한 명확하고 흥미로운 구성이 필요하기 때문입니다.

"팟캐스트 대본을 쓰는 방법을 알려 줘. 시작 인사, 주제 소개, 본 내용, 마무리 인사 순서로 구성하고 싶어. 각 부분마다 어떤 내용을 포함해야 하는지, 그리고 듣는 사람이 지루하지 않게 하는 방법도 알려 줘."와 같이 AI에게 도움을 요청할 수 있습니다.

이렇게 완성된 대본은 단순히 읽고 끝나는 것이 아니라, Google AI Studio의 강력한 기능을 활용하여 실제 오디오 콘텐츠, 즉 오디오북으로 손쉽게 제작할 수 있습니다.

### Google AI Studio의 Gemini 음성 생성 기능 활용하기

아이들이 정성껏 작성한 팟캐스트 대본은 Gemini의 '음성 생성(Speech Generation)' 기능을 통해 생생한 목소리로 변환할 수 있습니다. 아이들의 대본 내용을 Gemini 음성 생성 인터페이스에 입력하고, 팟캐스트 분위기에 맞는 목소리를 다양한 옵션 중에서 선택하면 됩니다. 차분한 내레이션부터 활기찬 캐릭터 목소리까지, 실제 사람이 말하는 것처럼 자연스러운 오디오 파일을 생성할 수 있습니다.

이렇게 생성된 오디오 파일들을 편집하여 완성된 팟캐스트 에피소드나 오디오북으로 만들 수 있습니다. 이는 아이들의 목소리를 직접 녹음하기 어렵거나 좀 더 전문적인 느낌의 오디오를 제작하고 싶을 때 특히 유용합니다. 이 과정을 통해 아이들은 자신의 글이 실제 '소리'로 구현되는 마법 같은 경험을 하며, 이는 성취감과 창의력 향상에 크게 기여합니다.

### Gemini의 스토리북 만들기 기능으로 확장하기

팟캐스트 내용이 특정 이야기나 동화를 기반으로 한다면, Gemini의 '스토리북 만들기(Storybook Creation)' 기능을 활용하여 단순한 오디오를 넘어 시각적 요소까지 결합된 인터랙티브 스토리북을 제작할 수 있습니다.

팟캐스트 대본 중 핵심 내용을 입력하면 Gemini가 이를 바탕으로 다양한 그림과 이미지를 생성하여 스토리북 페이지를 구성합니다. 여기에 앞서 생성한 음성 파일을 각 페이지나 문단에 연결하면, 아이들이 만든 이야기가 그림과 함께 소리로 재생되는 풍부한 경험을 제공할 수 있습니다. 이는 오디오북을 넘어 보고 들을 수 있는 종합적인 디지털 콘텐츠로 확장하는 훌륭한 방법입니다.

이처럼 Google AI Studio의 기능을 활용하면 초등학생들도 자신의 아이디어와 글쓰기 능력만으로 전문적인 팟캐스트나 오디오북을 직접 제작하는 놀라운 경험을 할 수 있습니다. 이는 디지털 미디어 제작에 대한 이해를 높이고, 미래 사회에 필요한 창의적 문제 해결 능력을 키우는 데 큰 도움이 될 것입니다.

AI는 연령대에 맞는 구체적인 팁을 제공합니다. 예를 들어, "질문을 많이 활용해서 청취자의 관심을 끌어 보세요.", "개인적인 경험이나 재미있는 에피소드를 포함시키면 더 흥미롭습니다."와 같은 실용적인 조언을 해 줄 수 있습니다.

## 4. 그림일기가 살아난다! AI 일러스트 도우미 - 시각적 표현과 언어 능력의 상관관계

그림과 글은 서로 보완적인 관계에 있습니다. 아이들이 그림을 그리면서 떠오르는 아이디어를 글로 표현하고, 반대로 글을 쓰면서 상상한 장면을 그림으로 구현하는 과정에서 창의적 사고력과 표현력이 함께 발달합니다. AI 이미지 생성 도구는 이러한 과정을 더욱 풍부하게 만들어 줍니다.

하지만 초등학생에게 AI 이미지 생성 도구를 활용할 때는 교육적 목적을 명확히 해야 합니다. 단순히 예쁜 그림을 만드는 것이 목표가 아니라, 아이들의 상상력을 시각화하고 이를 통해 언어 표현력을 기르는 것이 핵심입니다.

### (1) 범용 AI를 활용한 이미지 설명 및 스토리 개발

Leonardo AI나 GenType 같은 전문 도구를 사용하기 전에, ChatGPT의 이미지 생성 기능이나 Gemini의 멀티모달 기능을 활용해 보겠습니다.

### ChatGPT를 활용한 그림일기 아이디어 개발

"오늘 학교에서 있었던 일을 그림일기로 쓰고 싶어. 다음 상황을 재미있는 그림으로 표현할 수 있는 방법을 알려줘: [아이가 경험한 상황 설명]. 그림에 포함하면 좋을 요소들과

색깔, 그리고 그림 옆에 쓸 수 있는 짧은 글의 예시도 함께 제
안해 줘."

이런 방식으로 AI와 대화하면서 아이들은 자신의 경험을
더욱 생생하고 창의적으로 표현하는 방법을 배울 수 있습니
다. AI는 단순한 경험도 흥미로운 시각적 요소로 발전시킬 수
있는 아이디어를 제공합니다.

### 삽화를 활용한 창작 동화 제작

아이들이 직접 쓴 동화에 어울리는 삽화를 AI와 함께 기획
해 볼 수 있습니다. "내가 쓴 동화에 들어갈 삽화를 계획하고
있어. 이야기의 중요한 장면 5곳을 골라서 각각 어떤 그림을
그리면 좋을지 설명해 줘. 초등학생이 직접 그릴 수 있을 정
도로 간단하면서도 이야기의 분위기를 잘 나타낼 수 있는 그
림이었으면 좋겠어."

AI는 이야기의 핵심 장면을 파악하고, 각 장면에 어울리는
구체적인 시각적 요소들을 제안합니다. 또한 아이들의 그리
기 능력을 고려하여 실현 가능한 수준의 아이디어를 제공합
니다.

### (2) 디지털 리터러시와 창의적 표현의 균형

AI 이미지 생성 도구를 교육에 활용할 때 가장 중요한 것은

기술과 창의성의 균형입니다. AI가 만든 이미지를 그대로 사용하는 것보다는, AI의 아이디어를 참고하여 아이들이 직접 그림을 그리거나 자신만의 스타일로 재해석하도록 격려하는 것이 좋습니다.

## AI와 함께하는 창의적 미술 활동

"AI가 만든 그림을 보고 내 스타일로 다시 그려보기" 활동을 통해 아이들은 다양한 표현 방식을 배울 수 있습니다. 또한 "AI가 그린 그림에 내 이야기 만들어 붙이기" 활동을 통해 주어진 시각적 자극을 언어로 표현하는 능력을 기를 수 있습니다.

이러한 과정에서 아이들은 자연스럽게 AI 도구의 가능성과 한계를 이해하게 되고, 기술을 창의적으로 활용하는 방법을 배우게 됩니다. 더 나아가 인간 고유의 창의성과 감성 표현의 중요성도 깨달을 수 있습니다.

초등학교 시기의 언어 교육에서 AI는 단순한 도구가 아니라 아이들의 창의적 파트너 역할을 할 수 있습니다. 중요한 것은 기술 자체에 매몰되지 않고, 아이들의 발달 단계와 개별적 특성을 고려하여 적절하게 활용하는 것입니다. AI와 함께하는 언어 학습 경험은 아이들에게 언어의 즐거움을 알려주고, 평생에 걸친 학습의 기초를 마련해 줄 것입니다.

# 수학·과학이
## 신기한 마법처럼 보여요

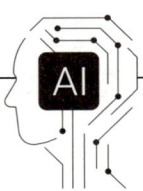

**[그림 5] 화면 속의 과학 실험실**

과학 교육에서 중요한 것은 추상적 개념을 구체적으로 이해하는 것입니다. 과학 원리는 직접 보고 경험해야 깊이 있는 이해가 가능합니다. AI 시뮬레이션은 교실에서 실제로 재현하기 어려운 현상들을 생생하게 보여줄 수 있는 혁신적인 도구입니다.

## 1. 화면 속에서 펼쳐지는 과학 실험실

과학 교육에서 가장 중요한 것은 추상적인 개념을 구체적으로 이해하는 것입니다. 마치 현미경으로 세포를 관찰해야 그 구조를 제대로 알 수 있는 것처럼, 과학의 원리도 직접 보고 경험해야 깊이 있는 이해가 가능합니다. AI 시뮬레이션은 교실에서 실제로 재현하기 어려운 현상들을 생생하게 보여줄 수 있는 혁신적인 도구입니다.

전 세계적으로 과학 교육에 AI 시뮬레이션을 도입하는 사례가 급속히 증가하고 있습니다. 네덜란드에서는 2023년부터 모든 초등학교에서 AI 기반 과학 시뮬레이션 프로그램을 의무적으로 도입했고, 학생들의 과학에 대한 이해도가 평균 25% 향상되었다고 보고했습니다. 이러한 성과는 단순히 기술의 도입 때문이 아니라, 아이들이 직접 조작하고 실험할 수 있는 가상 환경이 제공되었기 때문입니다.

Gemini Canvas나 범용 AI를 활용한 삼투압 실험을 예로 들어 보겠습니다. 실제 교실에서 삼투압을 관찰하려면 반투막, 농도가 다른 용액, 그리고 오랜 시간이 필요합니다. 하지만 AI 시뮬레이션을 활용하면 분자 수준에서 일어나는 변화를 실시간으로 관찰할 수 있습니다.

ChatGPT나 Gemini에게 "초등학교 5학년 학생이 삼투압 현상을 이해할 수 있도록 단계별 시뮬레이션 시나리오를 만들어 줘. 1단계에서는 농도가 다른 두 용액을 보여주고, 2단계에서는 반투막을 통한 물 분자의 이동을 애니메이션으로 설명하고, 3단계에서는 최종 평형 상태를 보여주는 방식으로 구성해 줘."라고 요청할 수 있습니다. AI는 각 단계별로 아이들이 쉽게 이해할 수 있는 비유와 함께 상세한 설명을 제공합니다.

더 나아가 날씨 변화 시뮬레이션에서는 AI의 진가가 더욱 발휘됩니다. "오늘 구름이 생기는 과정을 보여주는 가상 실험을 설계해 줘. 태양열로 인한 수증기 발생부터 응결, 구름 형성까지의 과정을 초등학생이 직접 조작할 수 있는 시뮬레이션으로 만들어 줘."라고 요청하면, AI는 온도, 습도, 기압 등의 변수를 조절할 수 있는 인터랙티브한 실험 환경을 제안합니다.

교사는 이러한 AI 시뮬레이션을 활용할 때 학생들이 단순히 결과만 보는 것이 아니라 과정을 이해하도록 지도해야 합니다. "왜 물 분자가 농도가 낮은 쪽으로 이동할까요?", "만약 온도가 더 높다면 어떻게 될까요?"와 같은 탐구 질문을 통해 아이들의 사고를 자극하는 것이 중요합니다. AI 시뮬레이션은 이러한 가정 상황을 즉시 보여줄 수 있어 아이들의 호기심을 충족시키고 과학적 사고력을 기를 수 있습니다.

## 2. 게임하듯 배우는 수학 개념들

수학 학습에서 반복 연습은 필수적이지만, 기계적인 반복은 아이들의 흥미를 떨어뜨릴 수 있습니다. 게임화된 학습은 이러한 문제를 해결하는 효과적인 방법입니다. 마치 게임에서 레벨을 올리며 성취감을 느끼는 것처럼, 수학 학습도 재미있는 도전으로 바꿀 수 있습니다.

Quiz Gecko 같은 전문 도구를 사용하기 전에, ChatGPT나 Gemini를 활용하여 맞춤형 수학 퀴즈를 만드는 방법부터 살펴보겠습니다. "초등학교 3학년 수준의 곱셈 구구단 퀴즈를 10문제 만들어 줘. 단, 다음 조건을 지켜 줘. 첫째, 점수가 올라갈수록 난이도가 높아지게 구성해 줘. 둘째, 각 문제마다 힌트를 하나씩 포함해 줘. 셋째, 틀렸을 때 왜 틀렸는지 설명하는 피드백을 제공해 줘. 넷째, 아이들이 좋아할 만한 재미있는 상황을 문제에 포함시켜 줘."라고 요청할 수 있습니다.

### Quiz Gecko 전문 도구 활용 가이드

Quiz Gecko는 교사가 쉽게 인터랙티브한 퀴즈를 만들 수 있는 AI 기반 플랫폼입니다. 이 도구의 가장 큰 장점은 텍스트, 이미지, 심지어 비디오까지 포함된 멀티미디어 퀴즈를 간단하게 제작할 수 있다는 점입니다. 교사는 단순히 주제를 입력하면 AI가 자동으로 다양한 형태의 문제를 생성해 줍니다.

Quiz Gecko를 사용하는 구체적인 방법을 살펴보겠습니다. 먼저 quizgecko.com에 접속하여 교사용 계정을 만듭니다. 기본 기능은 무료로 사용할 수 있지만, 월 10달러 정도의 프리미엄 요금제를 사용하면 더 많은 기능과 무제한 퀴즈 생성이 가능합니다. 계정을 만든 후 "Create Quiz" 버튼을 클릭하면 퀴즈 생성 화면이 나타납니다.

여기서 핵심은 효과적인 프롬프트 작성입니다. 예를 들어 "초등 4학년 분수 덧셈과 뺄셈에 관한 10문제 퀴즈를 만들어 주세요. 난이도는 쉬운 것부터 어려운 것까지 단계적으로 구성하고, 각 문제마다 시각적 도움이 되는 그림이나 도표를 포함시켜 주세요. 또한 틀린 답에 대해서는 왜 틀렸는지 설명하는 피드백을 제공해 주세요."라고 입력합니다.

Quiz Gecko의 AI는 이러한 요청을 분석하여 자동으로 다양한 유형의 문제를 생성합니다. 객관식, 주관식, 참/거짓, 드래그앤드롭 등 다양한 형태의 문제가 만들어지며, 각 문제마다 적절한 피드백이 자동으로 생성됩니다. 교사는 생성된 문제를 검토하고 필요에 따라 수정할 수 있습니다.

주목할 만한 기능은 학습자 분석 도구입니다. 학생들이 퀴즈를 풀면 Quiz Gecko는 각 학생의 정답률, 걸린 시간, 어려워하는 문제 유형 등을 자동으로 분석해 줍니다. 이를 통해 교사는 개별 학생의 학습 상황을 정확히 파악하고 맞춤형 지도 계획을 세울 수 있습니다.

AI는 단순한 계산 문제가 아니라 실생활 상황과 연결된 흥미로운 문제들을 제공합니다. 예를 들어, "동물원에 펭귄이 3줄로 서 있는데, 각 줄마다 6마리씩 있어요. 펭귄은 모두 몇 마리일까요?"와 같은 문제를 통해 아이들은 곱셈이 실제 생활에서 어떻게 사용되는지 자연스럽게 이해하게 됩니다.

게임화의 핵심은 적절한 도전과 보상 시스템입니다. AI를 활용하여 "수학 탐험가 게임"을 만들어 보겠습니다. "수학 개념을 모험 게임 형태로 만들어 줘. 주인공이 보물을 찾아가는 과정에서 각 단계마다 수학 문제를 해결해야 하는 구조로 만들어 줘. 4학년 분수 개념을 다루되, 스토리가 있어서 아이들이 계속하고 싶어하는 게임으로 만들어 줘."라고 요청하면, AI는 매력적인 스토리라인과 함께 체계적인 학습 과정을 제시합니다.

중요한 것은 게임적 요소가 학습 목표를 흐리지 않도록 하는 것입니다. 재미있는 게임이지만 동시에 수학적 사고력을 기르는 활동이어야 합니다. AI는 이러한 균형을 맞추는 데 큰 도움을 줍니다. 아이의 반응과 성취도를 분석하여 적절한 난이도를 제공하고, 부족한 부분을 보완할 수 있는 추가 활동을 제안할 수 있기 때문입니다.

개별 학습자의 수준에 맞춘 적응형 퀴즈 시스템을 구축하는 것도 가능합니다. "이 학생은 곱셈은 잘하지만 나눗셈을 어려워해. 나눗셈에 자신감을 가질 수 있도록 아주 쉬운 문제부터 시작해서 점진적으로 어려워지는 퀴즈를 만들어 줘."와 같이 구체적인 상황을 AI에게 설명하면, 개인 맞춤형 학습 경로를 설계해 줍니다.

## 3. 복잡한 실험 과정도 그림으로 쉽게!

과학 실험은 관찰과 기록이 핵심입니다. 하지만 모든 실험을 실제로 수행하기에는 시간, 비용, 안전상의 제약이 있습니다. AI 이미지 생성 기술은 이러한 한계를 극복하고 아이

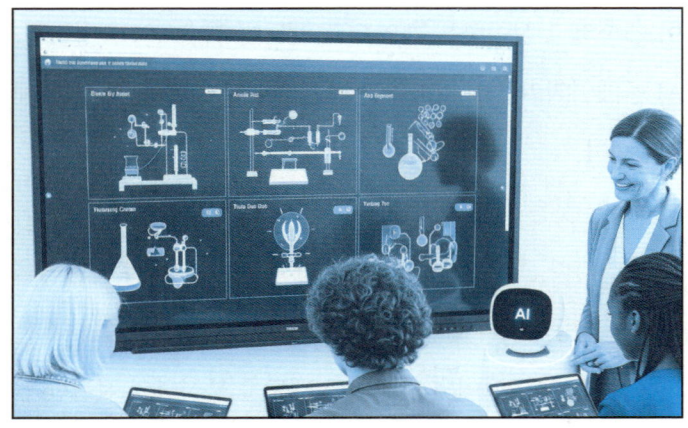

[그림 6] 복잡한 실험 과정도 그림으로 쉽게!

과학 실험은 관찰과 기록이 핵심입니다. 하지만 모든 실험을 실제로 수행하기에는 시간과 비용, 안전상의 제약이 있습니다. AI 이미지 생성 기술은 이러한 한계를 극복하고 아이들에게 풍부한 시각적 경험을 제공할 수 있는 혁신적인 도구입니다.

들에게 풍부한 시각적 경험을 제공할 수 있는 혁신적인 도구입니다.

### Flux Pro 활용 가이드

Flux Pro는 현재 가장 고품질의 이미지를 생성할 수 있는 AI 도구 중 하나입니다. 과학적 정확성이 요구되는 교육 자료 제작에 매우 유용합니다. Flux Pro에 접속하려면 Replicate.com이나 Hugging Face 플랫폼을 통해 이용할 수 있으며, 한 번의 이미지 생성에 약 0.003달러 정도의 비용이 들어 매우 경제적입니다.

Flux Pro를 사용할 때는 매우 구체적이고 과학적으로 정확한 프롬프트를 작성하는 것이 중요합니다. 식물의 광합성 과정을 시각화하는 예시를 살펴보겠습니다. "A detailed scientific illustration showing photosynthesis in a green leaf, cross-section view, showing chloroplasts with green chlorophyll, sunlight rays entering the leaf, water molecules being absorbed through roots and traveling up the stem, carbon dioxide entering through stomata, and oxygen being released, educational diagram style, bright colors, suitable for elementary students."와 같이 상세하게 설명합니다.

Flux Pro의 장점은 과학적 개념을 정확하면서도 아이들이 이해하기 쉽게 시각화한다는 점입니다. 복잡한 분자 구조나 물리 현상도 단순화하면서 핵심 개념은 유지하여 표현할 수 있습니다. 예를 들어 물의 상태 변화를 보여주는 이미지를 만들 때는 "Water molecule transformation diagram showing ice crystals at 0℃, liquid water at room temperature, and water vapor at 100℃, with molecular structure visible, colorful educational illustration for children."과 같이 요청합니다.

## Sora를 활용한 동영상 실험 시각화

OpenAI의 Sora는 텍스트 설명만으로 고품질 동영상을 생성할 수 있는 혁신적인 도구입니다. 2024년 말 공개된 이후 교육 분야에서 큰 주목을 받고 있습니다. 현재는 ChatGPT Plus 구독자(월 20달러)에게 제한적으로 제공되고 있으며, 한 달에 50개의 동영상을 생성할 수 있습니다.

Sora를 활용하여 실험 과정을 동영상으로 만드는 방법을 살펴보겠습니다. 예를 들어, 식초와 베이킹소다 반응 실험을 시각화하려면 "A time-lapse video showing a simple chemical reaction experiment safe for children. A clear glass contains white baking soda powder. Slowly, clear vinegar is poured in, causing immediate fizzing and bubbling reaction with white foam rising up. Show the CO2 gas bubbles clearly. The video should be 10 seconds long, close-up view, bright lighting, suitable for elementary science education."과 같이 구체적으로 설명합니다.

Sora의 가장 큰 장점은 시간의 흐름에 따른 변화를 생생하게 보여줄 수 있다는 점입니다. 오랜 시간이 걸리는 실험이나 위험한 실험을 안전하게 관찰할 수 있게 해 줍니다. 예를 들어, 날씨 변화 과정을 "A beautiful time-lapse showing cloud formation process over a landscape. Start with clear blue sky, then show water evaporation as invisible vapor rising from a lake, condensation occurring as temperature drops, white cumulus clouds forming and growing larger, finally developing into rain clouds with gentle precipitation. Duration 15 seconds, natural lighting, educational quality."로 요청하면 복잡한 기상 현상을 압축해서 보여줍니다.

Flux Pro나 범용 AI를 활용한 이미지 시각화부터 시작해 보겠습니다. ChatGPT의 이미지 생성 기능이나 Gemini의 멀티모달 기능을 활용해 보겠습니다. 식물의 광합성 과정을 시각화하는 예시를 들어 보겠습니다. "초등학교 5학년이 광합성 과정을 이해할 수 있도록 단계별 그림 자료를 만들어 줘. 1단계는 뿌리에서 물을 흡수하는 모습, 2단계는 잎에서 이산화탄소를 흡수하는 모습, 3단계는 햇빛과 엽록소가 만나는 모습, 4단계는 산소가 배출되는 모습을 각각 보여주는 그림이 필요해."라고 요청할 수 있습니다.

AI는 각 단계별로 아이들이 이해하기 쉬운 시각적 표현을 제안합니다. 복잡한 생화학적 과정을 단순하고 직관적인 그림으로 변환하여 아이들의 이해를 돕습니다. 또한 "이 그림들을 보고 아이들이 할 수 있는 관찰 활동이나 질문들도 함께 제안해 줘."라고 요청하면, 시각 자료를 효과적으로 활용하는 교육 방법까지 제시합니다.

실험 도구와 안전 수칙을 시각화하는 것도 중요한 활용 방법입니다. "초등학생이 과학실에서 지켜야 할 안전 수칙을 재미있는 그림으로 표현해 줘. 실험복 착용, 보안경 착용, 화학물질 취급법 등을 아이들이 기억하기 쉽도록 만화 형식으로 만들어 줘."라고 요청하면, AI는 교육적이면서도 재미있는 안전 교육 자료를 제공합니다.

더 나아가 AI를 활용하여 실험 결과 예측 활동을 할 수 있습니다. "물의 상태 변화 실험에서 온도가 달라질 때마다 물의 모습이 어떻게 변하는지 보여주는 그림을 만들어 줘. 0도

이하, 0도, 50도, 100도, 100도 이상에서의 물의 상태를 각각 그려 줘."와 같이 요청하면, 아이들은 실험 전에 결과를 예측해보고, 실제 실험 후 자신의 예측과 비교해 볼 수 있습니다.

교사는 이러한 AI 생성 이미지를 활용할 때 아이들이 수동적으로 보기만 하는 것이 아니라 능동적으로 관찰하고 분석하도록 지도해야 합니다. "이 그림에서 가장 중요한 부분은 어디일까요?", "실제 실험에서는 어떤 차이점이 있을까요?"와 같은 질문을 통해 비판적 사고력을 기를 수 있습니다.

## 4. 나만의 수학 선생님 AI와 1:1 수업

개별 학습자의 속도와 수준에 맞춘 개인화 교육은 이상적인 교육 환경입니다. 하지만 현실적으로 교사 한 명이 30명의 학생을 개별적으로 지도하기는 어렵습니다. AI 튜터는 이러한 한계를 극복하고 모든 학생에게 개인 교사를 제공할 수 있는 혁신적인 솔루션입니다.

### Khanmigo 전문 도구 활용 가이드

Khanmigo는 Khan Academy에서 개발한 AI 기반 개인 튜터입니다. OpenAI의 GPT-4를 기반으로 하여 학생들에게 소크라테스식 대화를 통한 학습 지도를 제공합니다. 가장 큰 특징은 단순히 답을 알려주는 것이 아니라 학생이 스스로 답을 찾아가도록 안내한다는 점입니다.

Khanmigo에 접속하려면 먼저 Khan Academy 웹사이트 (khanacademy.org)에 접속하여 계정을 만들어야 합니다. 기본적인 Khan Academy 서비스는 무료로 이용할 수 있지만, Khanmigo AI 튜터 기능을 사용하려면 Khan Academy의 프리미엄 구독인 'Khanmigo for Teachers'에 가입해야 합니다. 교사용 계정의 경우 월 4달러, 학생 개인 계정의 경우 월 20달러의 비용이 듭니다. 하지만 많은 교육 기관에서 단체 구독을 통해 더 저렴한 가격으로 이용할 수 있습니다.

Khanmigo의 핵심 기능은 적응형 학습입니다. 학생이 문제를 풀 때마다 AI는 학습자의 이해도를 실시간으로 분석하고, 그에 맞는 다음 단계를 제시합니다. 예를 들어, 분수의 덧셈을 어려워하는 학생에게는 더 기초적인 분수 개념부터 차근차근 설명하고, 이미 잘 이해하고 있는 학생에게는 더 도전적인 문제를 제공합니다.

구체적인 사용 방법을 살펴보겠습니다. 학생이 "1/3 + 1/4"라는 문제에 막혔을 때, Khanmigo는 "분수를 더하려면 무엇이 같아야 할까요?"라고 질문합니다. 학생이 "잘 모르겠어요."라고 답하면, "피자를 생각해 보세요. 3조각으로 나눈 피자 1조각과 4조각으로 나눈 피자 1조각을 더하려면 어떻게 해야 할까요?"와 같이 구체적인 비유를 들어 설명합니다.

Khanmigo의 또 다른 강점은 학습 진도 추적 기능입니다. 교사는 대시보드를 통해 각 학생의 학습 현황, 어려워하는 부분, 성취도 변화 등을 한눈에 파악할 수 있습니다. 이를 통해 개별 학생에게 필요한 추가 지도를 계획할 수 있습니다.

Khanmigo 같은 전문 AI 튜터가 없는 환경에서도 ChatGPT나 Gemini를 활용하여 개인 맞춤형 수학 학습을 구현할 수 있습니다. 핵심은 AI가 단순히 답을 알려주는 것이 아니라 학생의 사고 과정을 이끌어 내는 소크라테스식 대화법을 사용하는 것입니다.

예를 들어, 분수의 덧셈을 어려워하는 4학년 학생을 위한 AI 튜터링 시나리오를 만들어 보겠습니다. "$1/3 + 1/4$을 계산하려고 하는 초등학교 4학년 학생을 도와줘. 답을 바로 알려주지 말고, 질문을 통해 스스로 해결 과정을 찾아갈 수 있도록 안내해 줘. 학생이 막힐 때마다 적절한 힌트를 주되, 최대한 학생이 직접 생각할 수 있게 도와줘."라고 AI에게 요청합니다.

AI는 "분수를 더하려면 무엇이 같아야 할까요?"라는 질문부터 시작하여, 학생의 대답에 따라 다음 단계로 안내합니다. 학생이 "분모가 같아야 해요."라고 답하면 "맞아요! 그럼 $1/3$과 $1/4$의 분모를 같게 만들려면 어떻게 해야 할까요?"와 같이 계속해서 사고를 이끌어 갑니다.

개별 학습자의 학습 스타일을 고려한 설명 방식도 중요합니다. "이 학생은 시각적 학습자예요. 분수 개념을 설명할 때 그림이나 도형을 활용해서 설명해 주세요."라고 AI에게 알려 주면, 원 그래프나 직사각형을 이용한 시각적 설명을 제공합니다. 반대로 "이 학생은 실생활 예시를 좋아해요."라고 하면 피자나 케이크를 나누는 상황으로 분수를 설명합니다.

오답 분석과 개선 방안 제시도 AI 튜터의 중요한 기능입니다. "학생이 2/5 + 1/3을 계산할 때 3/8이라고 답했어요. 어떤 실수를 한 것인지 분석하고, 이런 실수를 하지 않도록 도와주는 방법을 알려주세요."라고 요청하면, AI는 분모를 그대로 더한 실수를 파악하고 이를 교정하는 체계적인 방법을 제시합니다.

장기적인 학습 계획 수립에도 AI를 활용할 수 있습니다. "이 학생은 기본 사칙연산은 잘하지만 문장제 문제를 어려워해요. 2주 동안 문장제 문제 해결 능력을 기를 수 있는 학습 계획을 세워 주세요."라고 요청하면, 단계적이고 체계적인 학습 로드맵을 제공합니다.

# 사회·예술 시간도
## AI와 함께라면 특별해져요

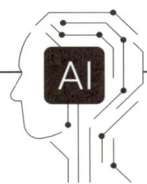

[그림 7] 타임머신 타고 떠나는 역사 여행

역사 교육의 가장 큰 도전은 과거의 사건을 현재의 개념으로 생생하게 전달하는 것입니다. 타임머신을 타고 역사적 현장에 직접 있는 듯한 경험을 제공할 수 있다면 역사에 대한 이해와 관심이 크게 높아질 것입니다.

## 1. 타임머신 타고 떠나는 역사 여행

역사 교육의 가장 큰 도전은 과거의 사건을 현재의 아이들에게 생생하게 전달하는 것입니다. 마치 타임머신을 타고 과거로 돌아가는 것처럼, 아이들이 역사적 현장에 직접 있는 듯한 경험을 제공할 수 있다면 역사에 대한 이해와 관심이 크게 높아질 것입니다. 멀티모달 AI는 이러한 꿈을 현실로 만들어 주는 강력한 도구입니다.

전 세계적으로 역사 교육에 AI를 활용하는 사례가 증가하고 있습니다. 영국에서는 로마 시대를 가상으로 체험할 수 있는 AI 기반 교육 프로그램을 도입하여 학생들의 역사 성취도가 30% 향상되었다고 보고했습니다. 이러한 성과는 단순히 정보를 암기하는 것이 아니라 역사적 상황을 직접 경험하고 이해할 수 있었기 때문입니다.

조선시대 한양의 모습을 재구성하는 프로젝트를 예로 들어 보겠습니다. ChatGPT나 Gemini에게 "조선시대 한양 거리의 모습을 초등학생이 이해할 수 있도록 생생하게 묘사해 줘. 경복궁 앞 육조거리의 모습, 종로의 시장 풍경, 양반과 평민의 옷차림, 그 시대의 소리와 냄새까지 포함해서 마치 그 시대에 있는 것처럼 생생하게 설명해 줘."라고 요청할 수 있습니다.

AI는 단순한 사실 나열이 아니라 감각적 경험을 포함한 풍부한 묘사를 제공합니다. "아침 일찍 닭이 울면서 하루가 시작되고, 육조거리에는 관리들이 말을 타고 지나가는 발굽소리가 들리며, 종로 시장에서는 생선을 파는 아주머니의 큰 소리와 함께 짠내 나는 바다 냄새가 풍겨 온다."와 같은 생생한 묘사를 통해 아이들은 마치 그 시대에 있는 듯한 경험을 할 수 있습니다.

가상 인물과의 대화를 통한 역사 체험도 효과적인 방법입니다. "조선시대 한 농민의 입장이 되어서 아이들과 대화해 줘. 그 시대의 농민이 어떤 생활을 했는지, 어떤 어려움이 있었는지, 하지만 어떤 기쁨도 있었는지를 자연스러운 대화를 통해 알려줘."라고 요청하면, AI는 역사적 인물이 되어 아이들과 직접 대화합니다. 아이들은 "그때는 학교가 있었나요?", "어떤 음식을 먹었나요?"와 같은 질문을 통해 자연스럽게 역사를 학습할 수 있습니다.

다양한 관점에서 역사적 사건을 분석하는 활동도 중요합니다. "임진왜란을 조선 농민, 조선 왕, 일본 무사, 명나라 장군의 관점에서 각각 어떻게 생각했을지 설명해 줘. 같은 사건이지만 입장에 따라 어떻게 다르게 느꼈을지를 초등학생이 이해할 수 있게 설명해 줘."라고 요청하면, AI는 다중적 관점을 통해 역사의 복합성을 이해할 수 있도록 도와줍니다.

## 2. 나도 작곡가! AI와 함께 만드는 나만의 음악

음악은 감정과 창의성을 표현하는 가장 직접적인 예술 형태 중 하나입니다. 하지만 전통적인 음악 교육은 악기 연주나 악보 읽기에 집중되어 있어, 많은 아이들이 음악 창작의 즐거움을 경험하지 못하고 있습니다. AI 음악 생성 기술은 누구나 쉽게 음악을 만들고 자신의 감정을 표현할 수 있는 기회를 제공합니다.

## Suno AI 상세 활용 가이드

Suno AI는 현재 가장 발전된 AI 음악 생성 도구 중 하나로,

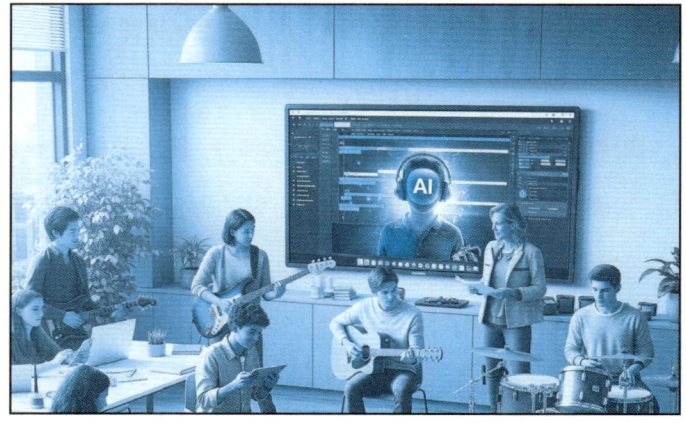

[그림 8] AI와 함께하는 나만의 음악 공부

음악은 감정과 창의성을 표현하는 가장 직접적인 예술이지만, 전통적인 음악 교육은 악기 연주나 악보 읽기에 집중돼, 음악 창작의 즐거움을 경험하지 못합니다. AI 음악 생성 기술은 누구나 쉽게 음악을 만들고 자신의 감정을 표현하는 기회를 줍니다.

텍스트 프롬프트만으로 완전한 노래를 만들어낼 수 있습니다. suno.com에 접속하여 계정을 만들면 무료로 하루에 10곡까지 생성할 수 있으며, Pro 플랜(월 10달러)을 구독하면 무제한으로 음악을 만들 수 있습니다. 교육 기관의 경우 특별 할인이 제공되기도 합니다.

### 중요한 팁: 영어 프롬프트 활용법

Suno AI, Flux Pro, Sora와 같은 해외 AI 도구들은 영어 프롬프트를 사용할 때 더 정확하고 풍부한 결과를 제공합니다. 하지만 교사들이 영어로 직접 프롬프트를 작성하는 것이 부담스럽다면, 먼저 한국어로 원하는 내용을 작성한 후 ChatGPT나 Gemini에게 "다음 내용을 Suno AI용 영어 프롬프트로 번역해 줘."라고 요청하는 방법을 활용할 수 있습니다. 예를 들어 "아이들이 부르기 쉬운 봄 노래를 만들고 싶어요. 밝고 경쾌한 분위기로 피아노 반주가 있는 동요로 만들어 주세요."라고 한국어로 설명한 후, 이를 영어 프롬프트로 변환해달라고 요청하면 됩니다.

Suno AI를 교육적으로 활용하기 위해서는 효과적인 프롬프트 작성이 핵심입니다. 초등학생을 위한 동요 창작 예시를 살펴보겠습니다. 기본적인 프롬프트 구조는 다음과 같습니다: [장르], [분위기], [주제], [가사], [음악적 특징] 순으로 구성합니다.

구체적인 프롬프트 예시를 제시하겠습니다. "Children's song, cheerful and upbeat, about friendship and playing together, simple melody that kids can easily sing along, acoustic guitar and piano, tempo around 120BPM." 이렇게 입력하면 Suno AI는 아이들이 부르기 쉬운 우정을 주제로 한 동요를 생성합니다. 한국어 가사를 원한다면 "Korean children's song, 친구와 함께 노는 즐거움에 대한 노래, 밝고 경쾌한 멜로디, 아이들이 쉽게 따라 부를 수 있는"과 같이 한국어와 영어를 혼합하여 사용할 수 있습니다.

교과 연계 음악 창작을 위한 고급 프롬프트 기법도 중요합니다. 과학 시간에 배운 태양계를 주제로 한 교육용 노래를 만든다면 "Educational song for elementary students, space theme about solar system, each planet gets a verse, catchy chorus that helps memorize planet names, pop style with synthesizer sounds, medium tempo, fun and engaging."과 같이 구체적으로 요청합니다. 이때 중요한 것은 교육적 내용과 음악적 재미를 균형있게 조합하는 것입니다.

감정 표현을 위한 음악 창작에서는 더욱 세밀한 프롬프트가 필요합니다. "Emotional song expressing happiness after solving a difficult problem, starts slow and uncertain, builds up to joyful celebration, orchestral arrangement with strings and brass, inspirational and uplifting, suitable for children's concert."와 같이 음악의 감정적 여정을 구체적으로 묘사합니다. 이렇게 생성된 음악은 아이들이 성취감을 표현하거나 어려운 과제를 완성했을 때 감정을 공유하는 데 활용할 수 있습니다.

## Google MusicFX 활용 방법

Google의 MusicFX는 또 다른 강력한 AI 음악 생성 도구입니다. aitestingkitchen.withgoogle.com에서 Music FX를 선택하여 사용할 수 있으며, Google 계정만 있으면 무료로 이용 가능합니다. MusicFX의 특징은 순수 악기 음악 생성에 특화되어 있다는 점입니다.

MusicFX는 가사가 없는 배경 음악이나 악기 연주곡을 만드는 데 매우 효과적입니다. 예를 들어 "Gentle piano melody for reading time, slow tempo, peaceful and calming, helps children focus and concentrate."이라고 입력하면 독서 시간에 적합한 배경 음악을 생성합니다. 또한 "Energetic percussion rhythm for physical exercise, African drums and Latin percussion, motivates movement and dance."와 같이 요청하면 체육 시간이나 율동 활동에 활용할 수 있는 리듬감 있는 음악을 만들어 줍니다.

Suno AI와 MusicFX 같은 전문 도구를 사용하기 전에, ChatGPT나 Gemini를 활용하여 음악 창작의 기초를 배워 보겠습니다. "초등학교 3학년이 자신만의 동요를 만들고 싶어해요. 주제는 '봄'이고, 4줄 정도의 간단한 가사와 함께 어떤 리듬으로 부르면 좋을지 알려주세요. 아이들이 쉽게 따라 부를 수 있는 멜로디 패턴도 제안해 주세요."라고 요청할 수 있습니다.

AI는 아이들의 수준에 맞는 간단하면서도 아름다운 가사를 제안하고, 기존 동요의 멜로디를 활용하여 쉽게 부를 수 있는 방법을 알려줍니다. "새싹이 나와요. 꽃이 피어요. 따뜻한 봄바람, 우리를 부르네."와 같은 가사와 함께 "학교종" 멜로디에 맞춰 부르는 방법을 제안할 수 있습니다.

감정 표현을 위한 음악 창작 활동도 중요합니다. "오늘 기분이 좋은 아이가 자신의 기분을 음악으로 표현하고 싶어해요. 기쁜 감정을 나타낼 수 있는 리듬, 음의 높낮이, 빠르기 등을 초등학생이 이해할 수 있게 설명하고, 간단한 방법으로 표현할 수 있는 방법을 알려주세요."라고 요청하면, AI는 감정과 음악적 요소의 관계를 구체적으로 설명합니다.

교과 연계 음악 창작도 효과적인 활용 방법입니다. "과학 시간에 배운 물의 순환 과정을 음악으로 표현해 보고 싶어요. 증발, 응결, 강수 과정을 소리나 리듬으로 어떻게 나타낼 수 있을까요?"와 같이 요청하면, 과학 개념을 음악적으로 표현하는 창의적인 방법을 제안합니다. 예를 들어, 증발은 점점 높아지는 음으로, 비가 내리는 것은 빠른 리듬으로 표현할 수 있습니다.

협동 음악 창작 프로젝트도 가능합니다. "학급 전체가 함께 만들 수 있는 합창곡을 기획하고 있어요. 각자가 한 줄씩 가사를 만들어서 하나의 노래로 완성하고 싶은데, 어떤 구조로 만들면 좋을까요?"라고 AI에게 도움을 요청하면, 체계적인 협동 창작 방법을 제안합니다.

## 3. 우리가 주인공인 연극 대본 만들기

연극은 언어, 표현, 협동 능력을 종합적으로 기를 수 있는 교육 활동입니다. 하지만 초등학생에게 적합한 연극 대본을 찾거나 직접 만들기는 쉽지 않습니다. AI 스크립트 생성기는 아이들의 수준과 관심사에 맞는 재미있고 교육적인 연극 대본을 손쉽게 만들 수 있게 해 줍니다.

ChatGPT나 Gemini를 활용한 연극 대본 창작부터 시작해 보겠습니다. "초등학교 4학년 학생 6명이 10분 정도 공연할 수 있는 연극 대본을 만들어 주세요. 주제는 '친구 사이의 갈등과 화해'이고, 각 역할이 고르게 대사를 가질 수 있도록 구성해 주세요. 아이들이 연기하기 쉽고 관객들이 재미있게 볼 수 있는 내용으로 만들어 주세요."라고 요청할 수 있습니다.

AI는 아이들의 일상생활에서 일어날 수 있는 현실적인 상황을 바탕으로 대본을 만들어 줍니다. 예를 들어, 축구공을 두고 벌어지는 갈등, 오해로 인한 다툼, 그리고 서로를 이해하게 되는 과정을 자연스럽고 재미있게 구성할 수 있습니다. 또한 각 등장인물의 성격을 명확히 구분하여 아이들이 역할을 이해하고 연기하기 쉽게 만들어 줍니다.

교과 연계 연극 대본도 효과적입니다. "사회 시간에 배운 조선시대 내용을 바탕으로 연극을 만들고 싶어요. 세종대왕과 집현전 학자들이 한글을 만드는 과정을 초등학생이 연기할 수 있는 재미있는 연극으로 만들어 주세요."라고 요청하면, 역사적 사실을 바탕으로 하면서도 아이들이 쉽게 이해하고 연기할 수 있는 대본을 제공합니다.

즉흥 연극 활동을 위한 시나리오 제안도 유용합니다. "아이들이 즉석에서 연기해 볼 수 있는 간단한 상황들을 5가지 제안해 주세요. 2~3명이 참여할 수 있고, 5분 정도면 끝날 수 있는 재미있는 상황들로 만들어 주세요."라고 요청하면, 다양한 즉흥 연기 상황을 제공하여 아이들의 창의성과 표현력을 기를 수 있습니다.

연극 대본을 활용한 언어 학습 활동도 가능합니다. "영어 수업에서 사용할 수 있는 간단한 영어 대본을 만들어 주세요. 초등학교 5학년 수준에 맞고, 일상 회화 표현을 자연스럽게 익힐 수 있는 내용으로 구성해 주세요."라고 하면, 교육 목표에 맞는 언어 학습용 연극 대본을 제공합니다.

## 4. 선생님도 신나는 수업 준비의 비밀

교사의 업무 중 상당 부분은 수업 준비와 자료 정리에 할애됩니다. 효과적인 수업을 위해서는 체계적인 계획과 다양한 자료가 필요하지만, 이러한 준비 작업에 너무 많은 시간을 쓰다 보면 정작 학생들과의 상호작용이나 개별 지도에 집중할 시간이 부족해집니다. AI는 이러한 문제를 해결하고 교사가 본연의 역할에 더 집중할 수 있도록 도와줍니다.

### MagicSchool.ai 전문 도구 활용 가이드

MagicSchool.ai는 교사를 위해 특별히 설계된 AI 플랫폼으로, 수업 계획부터 평가까지 교육의 전 과정을 지원합니다. magicschool.ai에 접속하여 교사 인증을 받으면 기본 기능을 무료로 사용할 수 있으며, Pro 플랜(월 8.99달러)을 구독하면 더 고급 기능을 이용할 수 있습니다. 많은 교육청에서 단체 라이선스를 구매하여 소속 교사들에게 무료로 제공하고 있습니다.

MagicSchool.ai의 가장 강력한 기능 중 하나는 'Lesson Plan Generator'입니다. 교사가 학년, 과목, 주제만 입력하면 완전한 수업 계획서를 자동으로 생성해 줍니다. 예를 들어 "4학년 과학, 식물의 한살이, 40분 수업, 실험 활동 포함"이라고 입력하면 학습 목표, 도입-전개-정리 활동, 필요한 준비물, 평가 방법까지 포함된 상세한 수업 계획을 제공합니다.

'Assessment Generator' 기능도 매우 유용합니다. 수업 내용을 입력하면 다양한 형태의 평가 문항을 자동으로 생성해 줍니다. "3학년 수학 분수 단원, 형성평가용 5문항, 서술형 2문항 포함"이라고 요청하면 학습 목표와 연계된 적절한 난이도의 문제들을 만들어 줍니다. 또한 각 문항별로 채점 기준과 예상 답안도 함께 제공합니다.

'Differentiation Station' 기능은 개별 학생의 요구에 맞춘 맞춤형 자료를 생성합니다. 같은 내용이라도 읽기 수준이 다른 학생들을 위해 여러 버전의 자료를 만들어 주거나, 특수교육 대상 학생을 위한 수정된 활동을 제안합니다. 이는 포용적 교육을 실현하는 데 매우 중요한 도구입니다.

## Google NotebookLM 활용 방법

Google NotebookLM은 문서 분석과 요약에 특화된 AI 도구입니다. notebooklm.google.com에서 Google 계정으로 무료로 이용할 수 있습니다. 교사들이 수많은 교육 자료를 효율적으로 정리하고 분석하는 데 매우 유용합니다.

NotebookLM의 핵심 기능은 여러 문서를 업로드하면 AI가 자동으로 내용을 분석하여 주요 포인트를 추출하고 연관성을 찾아주는 것입니다. 예를 들어 새로운 교육과정 문서, 관련 연구 논문, 교과서 내용을 모두 업로드하면 "이 자료들을 바탕으로 5학년 사회과 수업을 어떻게 개선할 수 있는지 구체적인 방안을 제시해 줘."라고 질문할 수 있습니다. AI는 업로드된 모든 자료를 종합하여 실용적인 교수법을 제안합니다.

연구 기반 교수법을 도입하고자 하는 교사들에게 매우 유용합니다. 관련 논문들을 업로드하고 "프로젝트 기반 학습의 핵심 원리를 우리 교실 상황에 맞게 적용하는 방법을 알려줘."라고 질문하면, 이론과 실제를 연결한 구체적인 실행 방안을 제시합니다.

MagicSchool.ai나 NotebookLM 같은 전문 도구가 없어도 ChatGPT나 Gemini를 활용하여 효과적인 수업 계획을 세울 수 있습니다. "초등학교 4학년 사회 수업 '우리 지역의 발전' 단원을 위한 1주일 수업 계획을 세워 주세요. 월요일부터 금요일까지 매일 40분씩, 도입-전개-정리 구조로 짜되, 학생 참여 활동을 많이 포함시켜 주세요."라고 요청할 수 있습니다.

AI는 단순한 진도표가 아니라 구체적인 활동과 방법을 포함한 상세한 수업 계획을 제공합니다. 첫째 날에는 우리 지역의 옛 모습 사진을 보며 변화 찾기 활동, 둘째 날에는 지역 어르신 인터뷰 계획 세우기, 셋째 날에는 현장 조사 활동, 넷째 날에는 조사 결과 정리하기, 다섯째 날에는 발표 및 토론하기와 같이 체계적이고 다양한 활동을 제안합니다.

개별 학생의 특성을 고려한 수업 계획도 가능합니다. "우리 반에는 발달 속도가 다른 학생들이 있어요. 빠른 학생들을 위한 심화 활동과 느린 학생들을 위한 보충 활동을 포함한 수학 수업 계획을 세워 주세요."라고 요청하면, 수준별 맞춤 활동을 포함한 포용적 수업 계획을 제시합니다.

평가 계획과 루브릭 작성에도 AI를 활용할 수 있습니다. "과학 탐구 활동에 대한 평가 기준을 만들어 주세요. 탐구 문제 설정, 실험 설계, 결과 분석, 결론 도출 각 영역별로 우수, 보통, 미흡 기준을 명확히 제시해 주세요."라고 요청하면, 객관적이고 구체적인 평가 기준을 제공합니다.

학부모와의 소통을 위한 자료 작성에도 도움을 받을 수 있습니다. "가정통신문을 작성하려고 해요. 다음 주에 있을 현장 학습에 대한 안내문인데, 학부모들이 꼭 알아야 할 정보를 빠뜨리지 않고 친근한 톤으로 작성해 주세요."라고 요청하면, 필요한 모든 정보를 포함하면서도 읽기 쉬운 가정통신문을 만들어 줍니다.

## 교사 전문성 개발을 위한 AI 활용

AI는 교사의 지속적인 전문성 개발에도 큰 도움을 줍니다. MagicSchool.ai의 'Professional Development' 섹션에서는 최신 교육 동향, 교수법, 기술 활용법에 대한 맞춤형 학습 자료를 제공합니다. 예를 들어, "프로젝트 기반 학습을 처음 도입하는 초등교사를 위한 단계별 가이드"와 같은 실용적인 자료를 쉽게 찾을 수 있습니다.

NotebookLM을 활용한 연구 분석도 교사의 전문성 향상에 중요합니다. "최근 교육 동향 중 '프로젝트 기반 학습'에 대해 연구하고 있어요. 관련 논문들과 실제 사례들을 정리해서 우리 학급에 적용할 수 있는 방안을 제시해 주세요."라고 요청하면, 이론과 실제를 연결한 실용적인 자료를 제공합니다.

교사 간 협력과 지식 공유에도 AI가 활용될 수 있습니다. "우리 학교 4학년 교사들이 함께 사용할 수 있는 수학 문제 은행을 만들고 싶어요. 단원별로 난이도가 다른 문제들을 체계적으로 분류해서 정리해 주세요."와 같은 요청을 통해 동학년 교사들이 공동으로 활용할 수 있는 자료를 개발할 수 있습니다.

## 데이터 기반 교육 개선

MagicSchool.ai와 같은 전문 도구들은 학생들의 학습 데이터를 분석하여 교육 개선점을 제시하는 기능도 제공합니다. 예를 들어, 학급 전체의 수학 평가 결과를 입력하면 어느 영역에서 학생들이 공통적으로 어려움을 겪고 있는지 분석하고, 해당 영역을 보완할 수 있는 구체적인 교수법을 제안합니다.

개별 학생의 학습 프로파일 작성에도 AI를 활용할 수 있습니다. "이 학생은 수학적 개념 이해는 빠르지만 문제 해결 과정을 설명하는 것을 어려워해요. 이런 학생의 특성을 고려한 개별 지도 계획을 세워 주세요."라고 요청하면, 학생의 강점을 살리면서 약점을 보완할 수 있는 맞춤형 지도 방안을 제시합니다.

## AI 도구 활용 시 주의사항

AI 기반 교육 도구를 활용할 때는 몇 가지 주의사항이 있습니다. 첫째, AI가 생성한 자료는 항상 교사가 검토하고 수정해야 합니다. 사실적 정보나 교육과정과의 부합성을 반드시 확인해야 합니다. 둘째, 학생 개인정보 보호에 각별히 주의해야 합니다. 실명이나 구체적인 개인정보는 AI 시스템에 입력하지 않는 것이 안전합니다.

셋째, AI 도구에 지나치게 의존하지 않도록 주의해야 합니다. AI는 교사의 전문적 판단을 돕는 도구일 뿐, 교사의 역할을 대체할 수는 없습니다. 마지막으로, 지속적인 학습과 업데이트가 필요합니다. AI 기술은 빠르게 발전하고 있어 새로운 기능이나 도구에 대해 꾸준히 학습해야 합니다.

이처럼 AI는 초등 교육의 모든 영역에서 교사와 학생 모두에게 강력한 지원을 제공할 수 있습니다. 중요한 것은 AI를 단순한 도구로 보지 않고, 교육 목표 달성을 위한 창의적 파트너로 활용하는 것입니다. 교사의 전문성과 AI의 기능이 조화롭게 결합될 때, 모든 학생이 자신의 잠재력을 최대한 발휘할 수 있는 학습 환경을 만들 수 있을 것입니다.

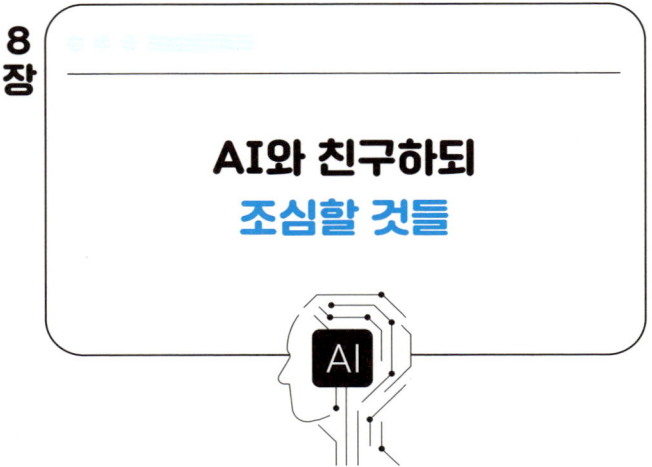

8장

# AI와 친구하되
## 조심할 것들

## 1. AI가 알려준 정보, 진짜일까 가짜일까?

아이들이 가장 먼저 이해해야 할 것은 AI가 제공하는 정보가 어떻게 만들어지는지에 대한 기본적인 개념입니다. 이를 설명하기 위해 우리는 AI를 "매우 똑똑한 앵무새"에 비유할 수 있습니다. 앵무새가 들은 말을 따라하듯이, AI도 인터넷에서 수집한 정보를 바탕으로 답변을 만들어 냅니다. 하지만 앵무새가 말의 의미를 완전히 이해하지 못하는 것처럼, AI도 때로는 틀린 정보를 마치 사실인 것처럼 자신 있게 이야기할 수 있습니다.

초등학생들에게 이 개념을 가르치기 위해서는 구체적인 예시와 체험 활동이 효과적입니다. 예를 들어, ChatGPT에게 "세종대왕이 몇 년에 태어났나요?"라고 질문한 후, 그 답변을 백과사전이나 신뢰할 수 있는 웹사이트에서 확인해 보는 활동을 할 수 있습니다.

[그림 9] AI가 알려준 정보, 진짜일까 가짜일까?

AI가 제공하는 정보가 만들어지는 기본적인 이해가 필요합니다. AI는 "매우 똑똑한 앵무새"에 비유할 수 있습니다. AI도 인터넷에서 수집한 정보를 바탕으로 답을 만들어 냅니다. 효과적인 정보 검증이 필요한 이유입니다.

## 팩트체크형 AI를 활용한 이중 검증 방법

더욱 효과적인 정보 검증을 위해서는 Felo.ai나 Perplexity(퍼플렉시티)와 같은 검색형 AI 도구를 활용할 수 있습니다. 이러한 도구들은 일반적인 대화형 AI와 달리 실시간으로 인터넷을 검색하면서 정보의 출처를 명확히 제시하는 특징을 가지고 있습니다. 마치 도서관에서 여러 책을 찾아보며 정보를 확인하는 것처럼, 이들 AI는 다양한 웹사이트에서 정보를 수집하고 출처를 함께 보여줍니다.

Perplexity.ai에 접속하여 같은 질문 "세종대왕이 몇 년에 태어났나요?"를 해 보면, 답변과 함께 참고한 웹사이트들의 링크가 함께 제시됩니다. 이를 통해 아이들은 정보가 어디서 왔는지 직접 확인할 수 있고, 여러 출처에서 일치하는 정보인지 검증할 수 있습니다. Felo.ai 역시 비슷한 방식으로 작동하며, 한국어 정보 검색에 최적화되어 있어 우리나라 관련 내용을 확인할 때 매우 유용합니다.

이러한 팩트체크형 AI를 교육에 활용할 때는 "3단계 검증법"을 가르칠 수 있습니다. 첫 번째 단계에서는 ChatGPT나 Gemini 같은 일반 AI에게 질문하여 기본 정보를 얻습니다. 두 번째 단계에서는 Perplexity나 Felo.ai 같은 검색형 AI에게 같은 질문을 하여 출처가 명시된 정보를 확인합니다. 세 번째 단계에서는 제시된 출처들을 직접 방문하여 원본 정보를 확인합니다.

　예를 들어 "한국의 가장 높은 산은?"이라는 질문으로 이 과정을 실습해 볼 수 있습니다. ChatGPT는 "한라산입니다."라고 답할 수 있지만, Perplexity에서는 "백두산(2,744m)이 한반도 전체에서 가장 높고, 남한에서는 한라산(1,947m)이 가장 높습니다."라는 더 정확한 정보를 출처와 함께 제공할 것입니다. 이런 차이를 통해 아이들은 질문의 정확성과 맥락의 중요성도 함께 배울 수 있습니다.

　또한 "정보의 일치도 확인하기" 활동을 통해 여러 AI 도구에서 얻은 정보들을 비교표로 만들어 볼 수 있습니다. 같은 질문에 대해 ChatGPT, Perplexity, 그리고 전통적인 검색엔진에서 얻은 답변을 표로 정리하고, 어떤 부분이 일치하고 어떤 부분이 다른지 분석해 보는 활동입니다. 이를 통해 아이들은 정보의 신뢰성을 판단하는 체계적인 방법을 익힐 수 있습니다 있습니다.

　이런 과정을 통해 아이들은 AI의 답변도 항상 검증이 필요하다는 것을 자연스럽게 깨닫게 됩니다.

　더 나아가 "정보 탐정 놀이"를 통해 비판적 사고력을 기를 수 있습니다. 교사가 AI에게 의도적으로 애매한 질문을 하거나, 존재하지 않는 인물에 대해 질문하여 AI가 어떻게 반응하는지 관찰하게 합니다. "김철수라는 조선시대 발명가에 대해 알려줘."라고 질문했을 때 AI가 그럴듯한 이야기를 만들어 낸다면, 아이들은 AI도 때로는 상상으로 답변할 수 있다는 것을 직접 경험하게 됩니다.

## 정보 출처 확인 방법 체계적으로 가르치기

초등학생들에게 정보 출처 확인법을 가르칠 때는 "5W1H 질문법"을 활용하는 것이 효과적입니다. 누가(Who) 이 정보를 만들었는지, 언제(When) 만들어진 정보인지, 어디서(Where) 가져온 정보인지, 무엇을(What) 근거로 하는지, 왜(Why) 이런 정보를 제공하는지, 어떻게(How) 확인할 수 있는지를 차례대로 물어보는 습관을 기르도록 지도합니다.

실제 수업에서는 "정보 확인 체크리스트"를 만들어 활용할 수 있습니다. AI가 제공한 정보에 대해 아이들이 스스로 점검해 볼 수 있는 간단한 질문들을 준비합니다. "이 정보가 맞는지 다른 곳에서도 확인해 봤나요?", "언제 만들어진 정보인가요?", "누가 이 정보를 만들었나요?"와 같은 질문을 통해 체계적으로 정보를 검증하는 습관을 기를 수 있습니다.

또한 "교차 확인 게임"을 통해 재미있게 학습할 수 있습니다. 같은 질문을 ChatGPT, Gemini, 그리고 전통적인 검색엔진에서 각각 찾아보고 결과를 비교해 보는 활동입니다. 예를 들어 "한국의 가장 높은 산은?"이라는 질문에 대한 답변을 여러 곳에서 찾아보고, 일치하는 부분과 다른 부분을 찾아보게 합니다. 이를 통해 아이들은 정보의 일관성과 신뢰성을 판단하는 능력을 기를 수 있습니다.

## 비판적 사고력 향상을 위한 실천 활동

비판적 사고력은 하루아침에 기를 수 있는 능력이 아닙니다. 꾸준한 연습과 다양한 경험을 통해 점진적으로 발달하는 고차원적 사고 능력입니다. 초등학생 수준에서는 "의심하고 질문하는 습관"을 기르는 것부터 시작해야 합니다.

"AI 답변 분석하기" 활동을 정기적으로 실시할 수 있습니다. 매주 한 번씩 AI가 제공한 답변을 함께 분석해 보는 시간을 갖습니다. "이 답변에서 가장 중요한 부분은 무엇인가요?", "빠진 정보는 없을까요?", "다른 관점에서 보면 어떨까요?"와 같은 질문을 통해 다각도로 생각해 보는 연습을 합니다.

"가짜 뉴스 탐지 게임"도 효과적인 활동입니다. 교사가 실제 뉴스와 가상의 뉴스를 섞어서 제시하고, 아이들이 어떤 것이 진짜인지 판단하게 합니다. 이때 단순히 맞히는 것이 목표가 아니라, 판단 근거를 설명하는 과정이 더 중요합니다. "왜 이 것이 가짜라고 생각하나요?", "어떤 부분이 의심스러웠나요?"와 같은 질문을 통해 사고 과정을 언어화하도록 돕습니다.

## 2. 내 비밀을 지키는 똑똑한 인터넷 사용법

### 개인정보의 개념과 중요성 인식하기

초등학생들에게 개인정보의 개념을 설명할 때는 "내 정보는 내 보물"이라는 비유를 사용하는 것이 효과적입니다. 이름, 주소, 전화번호, 사진과 같은 개인정보는 마치 집 열쇠나 비밀번호처럼 소중하게 지켜야 할 정보라는 것을 아이들이 이해할 수 있도록 도와줍니다.

AI와 상호작용할 때 주의해야 할 개인정보들을 구체적으로 가르쳐야 합니다. 실명, 학교 이름, 집주소, 전화번호, 가족 정보 등은 절대 AI에게 알려주면 안 되는 정보임을 명확히 합니다. 대신 "초등학교 3학년 학생", "우리 학교", "우리 동네"와 같은 일반적인 표현을 사용하도록 지도합니다.

"개인정보 지키기 역할극"을 통해 실제 상황에서 어떻게 행동해야 하는지 연습할 수 있습니다. AI가 개인정보를 묻는 상황을 가정하고, 아이들이 어떻게 대답해야 하는지 연습해 봅니다. "안전한 답변" 예시를 미리 준비하여 아이들이 자연스럽게 사용할 수 있도록 도와줍니다.

### 디지털 발자국과 온라인 평판 관리

아이들이 이해하기 쉽도록 "디지털 발자국"의 개념을 설명해야 합니다. 실제 발자국이 모래사장에 오래 남는 것처럼,

우리가 인터넷에서 하는 모든 활동도 기록으로 남는다는 것을 구체적인 예시를 통해 설명합니다. AI와의 대화, 온라인 게임에서의 채팅, 소셜미디어 게시물 등이 모두 디지털 발자국이 될 수 있습니다.

"미래의 나에게 편지 쓰기" 활동을 통해 온라인 평판의 중요성을 깨닫게 할 수 있습니다. 아이들이 10년 후의 자신에게 편지를 쓰면서, 지금 남기는 디지털 발자국이 미래에 어떤 영향을 미칠 수 있는지 생각해 보게 합니다. "지금 내가 인터넷에 올리는 글이나 사진을 10년 후에도 자랑스럽게 생각할 수 있을까?"라는 질문을 통해 자기 성찰의 기회를 제공합니다.

## 디지털 예절과 온라인 소통 문화

AI와의 대화에서도 기본적인 예의를 지키는 것이 중요합니다. 비록 AI가 감정을 가지지 않는다고 하더라도, 정중하고 예의 바른 언어를 사용하는 습관을 기르는 것은 아이들의 전반적인 소통 능력 향상에 도움이 됩니다. "안녕하세요", "감사합니다", "죄송합니다"와 같은 기본적인 예의 표현을 AI와의 대화에서도 자연스럽게 사용하도록 지도합니다.

"디지털 예절 헌장" 만들기 활동을 통해 학급 전체가 지켜야 할 온라인 소통 규칙을 함께 정할 수 있습니다. 아이들이 직접 참여하여 만든 규칙이기 때문에 더욱 잘 지키게 되며,

서로를 존중하는 디지털 문화를 형성하는 데 도움이 됩니다.

## 3. AI와 건강하게 놀기 위한 약속들

### 적절한 AI 사용 시간과 의존도 관리

AI 도구는 매우 편리하고 흥미로워서 아이들이 과도하게 사용할 위험이 있습니다. 마치 게임이나 스마트폰 사용 시간을 관리하는 것처럼, AI 사용에 대해서도 적절한 가이드라인을 설정해야 합니다. "AI는 도움을 주는 친구이지, 모든 것을 대신해 주는 마법사가 아니다."라는 기본 원칙을 아이들이 이해할 수 있도록 도와줍니다.

"스스로 먼저, AI는 나중에" 원칙을 가르치는 것이 중요합니다. 숙제나 과제를 할 때 먼저 스스로 생각해 보고, 정말 도움이 필요할 때만 AI를 활용하도록 지도합니다. 이를 위해 "3분 규칙"을 도입할 수 있습니다. 어떤 문제를 만났을 때 최소 3분 동안은 스스로 생각해 본 후에 AI에게 도움을 요청하도록 하는 것입니다.

### AI 도움과 자기 주도적 학습의 균형

AI를 학습 도구로 활용할 때 가장 중요한 것은 "AI가 답을 알려주는 것"이 아니라 "AI와 함께 답을 찾아가는 것"임을 아이들이 이해하도록 도와야 합니다. AI에게 "이 문제의 답은

뭐야?"라고 직접적으로 묻는 대신, "이 문제를 풀기 위해서는 어떤 과정이 필요할까?"라고 물어보도록 지도합니다.

"학습 파트너로서의 AI" 개념을 강조해야 합니다. AI를 선생님이나 답안지가 아닌, 함께 공부하는 친구로 생각하도록 도와줍니다. 친구와 공부할 때 서로 질문하고 토론하듯이, AI와도 대화를 나누면서 학습하는 방법을 가르칩니다.

## 감정적 의존 방지와 인간 관계의 중요성

아이들이 AI와의 상호작용에서 감정적 의존을 발전시키지 않도록 주의해야 합니다. AI는 매우 친근하고 항상 친절하게 대답해 주기 때문에, 아이들이 진짜 친구처럼 여길 수 있습니다. 하지만 AI는 프로그램일 뿐이며, 진정한 감정이나 우정을 나눌 수 있는 존재가 아님을 적절한 수준에서 이해시켜야 합니다.

"진짜 친구 vs AI 친구" 비교 활동을 통해 인간 관계의 특별함을 깨닫게 할 수 있습니다. 친구와 함께할 때 느끼는 감정, 서로 도우며 성장하는 경험, 갈등을 해결하며 더 깊어지는 관계 등은 AI와는 경험할 수 없는 소중한 것들임을 이해하도록 도와줍니다.

또한 "AI 없는 하루" 체험 활동을 통해 AI에 대한 의존도를 점검해 볼 수 있습니다. 하루 동안 AI 도구를 사용하지 않고 학습하고 생활해 보는 경험을 통해, 자신의 AI 의존도를 객관적으로 파악하고 건강한 사용 습관을 기를 수 있습니다.

초등 교육에서의 AI 윤리 및 안전 교육은 단순히 규칙을 암기하는 것이 아니라, 아이들이 스스로 판단하고 행동할 수 있는 능력을 기르는 것이 핵심입니다. 이러한 교육을 통해 아이들은 AI 시대의 현명한 디지털 시민으로 성장할 수 있을 것입니다. 교사들은 이 책임감 있는 임무를 위해 지속적으로 학습하고 연구하며, 아이들과 함께 AI 윤리의 새로운 지평을 열어 나가야 할 것입니다.

# 3부

# 중학생의 AI 파트너
## – 깊이 있게 배우고 미래를 준비해요

**[그림 10] AI 글쓰기 코치와 에세이**

중학생들이 가장 어려워하는 단계 중 하나가 바로 글쓰기입니다. 백지를 앞에 두고 무엇을 써야 할지 막막해 하는 학생들에게 AI는 훌륭한 동반자가 될 수 있습니다. AI는 학생들의 사고를 자극하고 새로운 관점을 제시하는 데 탁월한 능력을 보여줍니다.

# 국어·영어 실력을
## 한 단계 업그레이드!

AI

## 1. AI 글쓰기 코치와 함께하는 에세이 마스터

중학생들이 가장 어려워하는 단계 중 하나가 바로 글쓰기의 시작 단계입니다. 백지를 앞에 두고 무엇을 써야 할지 막막해하는 학생들에게 AI는 훌륭한 동반자가 될 수 있습니다. 전 세계적으로 AI 활용 교육이 확산되고 있는 현재, 우리나라 중학교에서도 이러한 변화에 발맞춰 나가야 할 시점입니다.

### Claude, ChatGPT, Gemini를 활용한 브레인스토밍 기법

중학생들이 에세이 주제를 정하고 아이디어를 발전시키기

위해서는 먼저 범용 AI 도구들을 활용하는 것이 효과적입니다. 이들 AI는 학생들의 사고를 자극하고 새로운 관점을 제시하는 데 탁월한 능력을 보여줍니다. 브레인스토밍 단계에서 AI는 학생들이 생각하지 못했던 다양한 각도의 접근법을 제시하여 창의적 사고를 촉진할 수 있습니다.

AI를 활용한 브레인스토밍의 핵심은 학생들이 AI와 대화하듯 상호작용하면서 아이디어를 점진적으로 발전시켜 나가는 것입니다. 이 과정에서 학생들은 단순히 정답을 찾는 것이 아니라 다양한 가능성을 탐색하고 자신만의 독창적인 관점을 개발할 수 있게 됩니다.

### 프롬프트 예시 1: 주제 탐색을 위한 질문

"중학교 2학년 학생으로서 '환경 보호'에 대한 설득력 있는 에세이를 쓰려고 합니다.

　1) 이 주제를 다양한 각도에서 접근할 수 있는 5가지 관점을 제시해 주세요.

　2) 각 관점에 대해 중학생이 이해하기 쉬운 구체적인 예시를 하나씩 들어 주세요.

　3) 어떤 관점이 가장 설득력이 있을지 이유와 함께 추천해 주세요."

이런 질문을 통해 학생들은 환경 보호라는 거대한 주제를 개인적 차원, 지역사회 차원, 국가적 차원, 글로벌 차원, 그리고 미래 세대를 위한 차원 등으로 세분화하여 접근할 수 있게 됩니다. AI는 각각의 관점에서 구체적인 사례들을 제시하여 추상적인 개념을 구체화하는 데 도움을 줍니다.

### 프롬프트 예시 2: 개요 구성 지원

"다음 주제로 5문단 에세이를 쓰려고 합니다: '스마트폰이 청소년에게 미치는 영향'

1) 서론에서 어떤 방식으로 독자의 관심을 끌 수 있을까요? 3가지 방법을 제시해 주세요.

2) 본론 3개 문단의 주제를 논리적 순서로 배열해 주세요.

3) 각 문단에서 사용할 수 있는 구체적인 근거나 사례를 제안해 주세요.

4) 결론에서 어떤 메시지를 전달하면 좋을지 조언해 주세요."

이러한 체계적인 접근을 통해 학생들은 글의 전체적인 구조를 미리 설계할 수 있게 됩니다. AI는 논리적 흐름을 고려한 문단 배열과 각 문단에서 다룰 구체적인 내용들을 제안함으로써 학생들이 체계적인 글쓰기 능력을 기를 수 있도록 돕습니다.

실제 교실에서는 학생들이 AI와 대화하듯 아이디어를 발전시켜 나가는 과정을 관찰할 수 있습니다. 예를 들어, '우정'이라는 추상적인 주제를 다룰 때 학생이 AI에게 "우정에 대해 쓰고 싶은데 너무 뻔한 이야기밖에 생각나지 않아요."라고 말할 수 있습니다. 이때 AI는 "우정을 색깔로 표현한다면 어떤 색일까요?", "우정과 경쟁이 공존할 수 있을까요?" 같은 창의적인 질문으로 학생의 사고를 확장시킬 수 있습니다.

## AI 글쓰기 코치의 교육적 활용

AI 글쓰기 코치는 단순히 답을 제공하는 것이 아니라 학생이 스스로 생각할 수 있도록 유도하는 소크라테스식 대화 방식을 채택할 때 가장 효과적입니다. 이러한 접근법은 학생들의 비판적 사고력과 창의적 표현력을 동시에 기를 수 있게 해줍니다.

실제 활용 사례를 보면, 한 중학교에서는 AI를 활용한 글쓰기 수업을 진행했습니다. 학생들은 "내가 좋아하는 계절"이라는 주제로 에세이를 작성했는데, AI의 질문을 통해 단순한 묘사를 넘어서 개인적인 경험과 감정을 연결하는 깊이 있는 글을 완성할 수 있었습니다. 한 학생은 가을을 좋아하는 이유를 설명하면서 AI의 "가을이 당신에게 어떤 감정을 불러일으

키나요?"라는 질문에 답하는 과정에서 자신도 몰랐던 내면의 감정을 발견하게 되었다고 소감을 밝혔습니다.

## 논리적으로 글 쌓아가기와 실시간 피드백

중학생들이 가장 어려워하는 부분 중 하나가 바로 논리적인 문단 구성입니다. 아이디어는 있지만 이를 체계적으로 정리하는 것에 어려움을 겪는 경우가 많습니다. AI는 이러한 구조화 과정에서 훌륭한 가이드 역할을 할 수 있으며, 학생들이 자신의 생각을 논리적으로 표현하는 능력을 기르는 데 도움을 줄 수 있습니다.

논리적인 글쓰기는 단순히 문법적으로 올바른 문장을 나열하는 것이 아닙니다. 각 문단이 명확한 주제를 가지고 있어야 하고, 문단 내의 문장들은 논리적으로 연결되어야 하며, 전체적으로 일관된 논증의 흐름을 유지해야 합니다. AI는 이러한 복잡한 요구사항들을 체계적으로 점검하고 개선 방안을 제시할 수 있습니다.

### 프롬프트 예시 3: 문단 구조 분석 요청

"다음은 제가 쓴 본론 첫 번째 문단입니다. 논리적 흐름과 구조를 분석해 주세요:

'스마트폰은 학습에 도움이 된다. 모르는 단어를 바로 찾을 수 있고, 인터넷 강의도 들을 수 있다. 하지만 게임이나 SNS 때문에 집중력이 떨어질 수도 있다. 그래도 잘 사용하면 공부에 도움이 된다고 생각한다.'

　1) 이 문단의 주제문은 무엇인가요?

　2) 어떤 부분이 논리적 흐름을 방해하고 있나요?

　3) 더 설득력 있게 만들기 위해 어떤 부분을 보완하면 좋을까요?"

　이런 식으로 AI에게 구체적인 피드백을 요청함으로써 학생들은 자신의 글을 객관적으로 바라볼 수 있게 됩니다. AI는 문단 내에서 상반된 내용이 혼재되어 있음을 지적하고, 긍정적 측면과 부정적 측면을 각각 별도의 문단으로 분리하거나, 아니면 한 문단 내에서 더 명확한 연결고리를 만들 것을 제안할 수 있습니다.

**프롬프트 예시 4: 논리적 연결고리 강화**

"다음 두 문장 사이의 논리적 연결을 더 명확하게 만들어 주세요:

'많은 학생들이 방과 후 학원에 다닌다.'

'따라서 자유 시간이 부족하다.'

　1) 이 두 문장 사이에 빠진 논리적 단계가 무엇인지 설명

해 주세요.

2) 연결을 더 자연스럽게 만드는 3가지 방법을 제시해 주세요.

3) 각 방법의 장단점을 알려주세요."

이러한 연습을 통해 학생들은 논리적 추론의 과정을 명시적으로 학습할 수 있습니다. AI는 "학원에 다니는 시간이 길어질수록", "여러 학원을 다니게 되면서", "학원 숙제와 복습 시간까지 고려하면" 같은 중간 단계의 설명이 필요함을 알려주고, 각각의 연결 방법이 글의 흐름에 미치는 영향을 설명할 수 있습니다.

실제 수업에서는 학생들이 작성한 문단을 AI에게 보여주고 구조적 피드백을 받는 활동을 진행할 수 있습니다. AI는 "이 문단에서 가장 중요한 메시지는 무엇인가요?", "이 근거가 주장을 뒷받침하기에 충분한가요?", "독자가 이 문단을 읽고 어떤 생각을 하게 될까요?" 같은 질문을 통해 학생들이 자신의 글을 다각도로 검토할 수 있게 도와줍니다.

## 표절 없는 정직한 글쓰기 습관

AI 시대에 가장 중요한 교육 중 하나가 바로 윤리적 글쓰기입니다. 전 세계적으로 AI로 인한 학업 부정행위가 증가하면서, 학생들에게 올바른 AI 활용법을 가르치는 것이 절실한 상황입니다. 이는 단순히 규칙을 지키는 차원을 넘어서 학문적 정직성과 지적 성장의 본질적 가치를 이해하는 교육이어야 합니다.

윤리적 글쓰기 교육의 핵심은 학생들이 AI를 학습 보조 도구로 활용하되, 자신의 사고와 표현을 발전시키는 방향으로 사용하도록 안내하는 것입니다. AI가 제공하는 정보나 아이디어를 무비판적으로 받아들이는 것이 아니라, 이를 바탕으로 자신만의 관점을 개발하고 독창적인 표현을 만들어 내는 능력을 기르는 것이 중요합니다.

### 프롬프트 예시 5: 윤리적 AI 활용 가이드라인

"다음 상황에서 AI를 어떻게 윤리적으로 활용할 수 있는지 조언해 주세요:

상황: 과학 보고서를 쓰는데 '기후변화의 원인'에 대한 정보가 필요합니다.

1) AI에게 어떤 방식으로 질문하는 것이 좋을까요?

2) AI가 제공한 정보를 어떻게 확인하고 활용해야 할까요?

3) 보고서에 AI의 도움을 받았다는 것을 어떻게 표시해야 할까요?

이러한 질문을 통해 학생들은 AI 활용의 윤리적 경계를 명확히 이해할 수 있게 됩니다. AI에게 정보를 요청할 때는 여러 출처의 정보를 종합해서 제공해 달라고 요청하고, 받은 정보는 반드시 다른 신뢰할 만한 출처와 교차 검증해야 함을 배우게 됩니다. 또한 AI의 도움을 받은 부분은 투명하게 밝히되, 자신의 분석과 해석은 명확히 구분해서 표현해야 함을 이해할 수 있습니다.

실제 교실에서는 학생들에게 'AI 활용 일지'를 작성하게 하여 어떤 부분에서 AI의 도움을 받았는지 투명하게 기록하도록 지도할 수 있습니다. 이 일지에는 AI에게 한 질문의 내용, 받은 답변 중 활용한 부분, 그리고 이를 바탕으로 자신이 추가로 발전시킨 아이디어나 분석 내용을 구분해서 기록하게 합니다. 이는 단순히 규칙을 지키는 것을 넘어서 자신의 학습 과정을 성찰하는 메타인지 능력을 기르는 데도 도움이 됩니다.

중요한 것은 학생들이 AI가 완벽하지 않다는 점을 이해하도록 하는 것입니다. AI가 제공하는 정보에는 오류나 편향이 있을 수 있으며, 맥락을 완전히 이해하지 못할 수도 있습니다. 따라서 비판적 사고를 통해 AI의 답변을 평가하고, 자신만의 판단을 내리는 능력을 기르는 것이 필수적입니다.

## 2. 번역기와 어휘 확장 도구로 영어 실력 늘리기

### 영어 학습에서의 AI 번역 도구 활용

현재 전 세계적으로 영어 교육에서 AI 번역 도구의 활용이 크게 증가하고 있습니다. 중요한 것은 단순히 번역에 의존하는 것이 아니라, 번역 과정을 통해 언어 학습을 심화시키는 것입니다. AI 번역 도구는 학생들이 두 언어 간의 차이점을 이해하고, 문화적 맥락을 고려한 표현 방법을 학습하는 데 매우 유용한 교육 도구가 될 수 있습니다.

### Claude/ChatGPT/Gemini를 활용한 번역 학습법

먼저 전용 번역 도구를 사용하기 전에, 범용 AI를 활용해 번역의 원리와 과정을 이해하는 것이 중요합니다. 이러한 접근법은 학생들이 언어 간의 구조적 차이와 문화적 차이를 깊이 이해할 수 있게 해 줍니다.

**프롬프트 예시 6: 번역 과정 이해하기**

"다음 한국어 문장을 영어로 번역하는 과정을 단계별로 설명해 주세요:

'오늘 날씨가 정말 좋아서 친구들과 공원에 갔다.'

1) 이 문장의 핵심 정보는 무엇인가요?

2) 영어로 표현할 때 어떤 문법 구조를 사용해야 하나요?

3) 여러 가지 번역 방법이 있다면 각각 제시해 주세요.

4) 어떤 번역이 가장 자연스럽고 그 이유는 무엇인가요?"

이런 질문을 통해 학생들은 번역이 단순한 단어 치환이 아니라 두 언어의 구조적 차이를 이해하고 적절한 표현을 선택하는 복합적인 과정임을 깨닫게 됩니다. AI는 한국어의 주어 생략 구조, 시제 표현의 차이, 인과관계 표현 방법 등을 구체적으로 설명하면서 영어의 해당 구조와 비교해 줄 수 있습니다.

### 프롬프트 예시 7: 문화적 맥락 고려하기

"다음 표현들을 영어로 번역할 때 문화적 차이를 어떻게 고려해야 하는지 설명해 주세요:

1) '안녕히 가세요'

2) '수고하셨습니다'

3) '잘 부탁드립니다'

각 표현에 대해:

– 직역했을 때의 문제점

– 문화적 맥락을 고려한 적절한 번역

- 영어권에서 비슷한 기능을 하는 표현을 설명해 주세요."

　이러한 연습을 통해 학생들은 언어가 단순한 의사소통 도구가 아니라 각 문화의 사고방식과 가치관을 반영하는 복합적인 체계임을 이해할 수 있게 됩니다.

　ChatGPT와 Claude 같은 범용 AI는 단순한 번역 도구를 넘어서 언어 학습의 도구로 활용할 수 있습니다. 중학생들에게는 실수를 통한 학습과 점진적인 개선 과정을 체험할 수 있는 안전한 환경을 제공합니다.

　실제 활용 사례를 보면, 한 중학교에서는 학생들이 자신이 쓴 한글 일기를 ChatGPT로 번역한 후, 원어민 교사와 함께 번역 결과를 검토하는 수업을 진행했습니다. 학생들은 AI의 번역이 완벽하지 않다는 것을 직접 경험하면서 언어의 복잡성과 맥락의 중요성을 깨달을 수 있었습니다. 한 학생은 "비가 와서 기분이 우울해졌다."라는 문장에서 AI가 제안한 여러 번역 중 어떤 것이 자신의 감정을 가장 잘 표현하는지 고민하는 과정에서 언어의 미묘한 차이를 이해하게 되었다고 말했습니다.

## ChatGPT/Claude/Gemini를 활용한 어휘 확장

ChatGPT, Claude, Gemini 같은 범용 AI는 문장을 다양한 방식으로 재작성해 주는 기능을 제공하여 어휘 확장과 표현력 향상에 매우 유용합니다. 이들 도구는 단순히 동의어를 제공하는 것을 넘어서 문맥에 따른 적절한 표현 선택, 문체에 따른 어조 조절, 대상 독자를 고려한 어휘 선택 등을 종합적으로 고려한 제안을 할 수 있습니다.

### 프롬프트 예시 8: 어휘 확장 연습

"다음 문장을 더 풍부한 어휘를 사용해서 5가지 방법으로 바꿔 써 주세요:

'The weather is very good today.'

각 버전에 대해:

　1) 어떤 어휘를 새롭게 사용했는지

　2) 문장의 느낌이 어떻게 달라졌는지

　3) 어떤 상황에서 각 표현을 사용하면 좋을지 설명해

　　주세요."

이런 연습을 통해 학생들은 "beautiful day", "pleasant weather", "gorgeous sunshine" 등 다양한 표현을 익히면서 각각이 주는 느낌의 차이와 사용 상황의 차이를 이해할 수 있게 됩니다.

## 3. 발표 연습도 AI와 함께! 완벽한 프레젠테이션

### 발표 능력 향상을 위한 AI 활용

현재 전 세계적으로 의사소통 능력의 중요성이 강조되고 있으며, 발표 능력은 21세기 핵심 역량 중 하나로 인식되고 있습니다. AI 음성 인식 기술은 학생들이 객관적으로 자신의 발표를 분석하고 개선할 수 있는 기회를 제공합니다. 전통적인 발표 교육에서는 교사의 주관적 평가나 동료 피드백에 의존했다면, AI 기술을 활용하면 객관적인 데이터를 바탕으로 한 구체적인 개선 방안을 제시할 수 있습니다.

### Claude/ChatGPT/Gemini를 활용한 발표 준비

전문 음성 인식 도구를 사용하기 전에, 먼저 범용 AI를 활용해 발표 내용을 구성하고 연습할 수 있습니다. 이러한 준비 과정은 발표의 성공을 위한 핵심적인 단계입니다.

#### 프롬프트 예시 9: 발표 구성 도움받기

"중학교 과학 시간에 '태양계'에 대해 5분간 발표해야 합니다. 다음을 도와주세요:

1) 청중(같은 반 학생들)의 관심을 끌 수 있는 도입부 3가

지 방법

2) 본론을 3개 부분으로 나눈다면 어떤 구조가 좋을까요?

3) 각 부분에서 사용할 수 있는 효과적인 시각 자료 아이디어

4) 기억에 남는 마무리 방법

5) 발표 중 활용할 수 있는 상호작용 기법"

이런 체계적인 접근을 통해 학생들은 발표를 단순한 정보 전달이 아닌 청중과의 소통 과정으로 이해할 수 있게 됩니다. AI는 "만약 여러분이 우주선을 타고 태양계를 여행한다면?"과 같은 상상력을 자극하는 도입부나, 행성의 크기를 일상적인 물건과 비교하는 구체적인 설명 방법을 제안할 수 있습니다.

### 프롬프트 예시 10: 발표 불안 극복하기

"발표할 때 너무 떨려서 목소리가 떨리고 말이 빨라집니다.

다음을 조언해 주세요:

1) 발표 전 긴장을 완화하는 구체적인 방법 5가지

2) 발표 중 당황했을 때 사용할 수 있는 대처법

3) 목소리 떨림을 줄이는 호흡법이나 발성법

4) 적절한 말하기 속도를 유지하는 팁

5) 청중과 자연스럽게 소통하는 방법"

이러한 조언을 통해 학생들은 발표 불안이 자연스러운 현상임을 이해하고, 이를 관리할 수 있는 구체적인 전략을 익힐 수 있습니다.

## 음성 인식 기술의 교육적 활용

AI 음성 인식 기술은 실시간으로 음성을 텍스트로 변환하면서 동시에 말하기 패턴을 분석해 주는 도구입니다. 학생들은 이를 통해 자신의 발표를 객관적으로 평가할 수 있습니다.

실제 활용 사례를 보면, 한 중학교에서는 학생들이 음성 인식 도구를 사용해 자신의 발표를 녹음하고 분석하는 활동을 진행했습니다. 학생들은 자신이 얼마나 많은 '음', '어' 같은 말버릇을 사용하는지, 말하는 속도가 얼마나 빠른지를 구체적인 데이터로 확인할 수 있었습니다. 이를 통해 스스로 개선점을 찾고 연습할 수 있었습니다.

하지만 군이 전문 도구를 사용하지 않더라도 ChatGPT나 Gemini를 활용해서 녹음파일을 텍스트로 전사하는 것이 가능합니다. 구글 AI Studio에서는 더욱 훌륭한 전사 기능을 제공합니다. 또한 키보드의 음성 입력 기능을 사용하면 실시간으로 음성을 텍스트로 전환할 수 있으며, 삼성 갤럭시 등 안드로이드 폰에서는 음성 녹음파일을 곧바로 텍스트로 전사해 주는 기능이 내장되어 있습니다. 이렇게 전사된 텍스트를

ChatGPT나 Claude, Gemini 같은 AI에 입력하고 체계적으로 정리해 달라고 요청하면 말하기 패턴을 잘 분석해 줍니다. 이를 통해 최소한 단어 사용 습관이나 말버릇 등은 충분히 분석하고 개선할 수 있습니다.

**[그림 11] 창의적 표현력 향상의 시각화**

문학 교육에서 비유적 표현을 이해하고 활용하는 것은 중요합니다. AI 이미지 생성 기술은 추상적인 개념을 시각적으로 표현하면, 이해를 돕고 창의성을 자극할 수 있습니다. 중학생들은 추상적 사고가 발달하는 시기이므로, 비유와 은유를 통한 표현 능력을 기르는 것이 언어 발달과 창의적 사고 형성에 중요한 역할을 합니다.

## 4. 추상적인 개념도 그림으로 쉽게 이해하기

### 창의적 표현력 향상을 위한 시각화

문학 교육에서 비유적 표현을 이해하고 활용하는 것은 매우 중요합니다. AI 이미지 생성 기술은 추상적인 개념을 시각적으로 표현하여 학생들의 이해를 돕고 창의성을 자극할 수 있습니다. 중학생들은 추상적 사고가 발달하는 시기이므로, 비유와 은유를 통한 표현 능력을 기르는 것이 언어 발달과 창의적 사고 형성에 중요한 역할을 합니다.

비유적 표현의 시각화는 학생들이 문학 작품을 더 깊이 이해할 수 있게 도와줄 뿐만 아니라, 자신만의 독창적인 표현을 개발하는 데도 도움을 줍니다. AI 이미지 생성 기술을 통해 학생들은 자신의 상상력을 구체적인 이미지로 구현해 보면서 언어와 시각 예술 사이의 연관성을 체험할 수 있습니다.

### 프롬프트 예시 11: 비유 표현 시각화

"다음 비유 표현들을 시각적으로 표현하는 이미지를 설명해 주세요:

   1) '시간은 화살과 같다'

   2) '그녀의 웃음은 봄꽃 같았다'

   3) '인생은 여행이다'

각 비유에 대해:

- 어떤 시각적 요소들을 포함해야 하는지
- 어떤 색깔과 분위기가 적절한지
- 비유의 의미를 강조하기 위한 구체적인 표현 방법을 설명해 주세요."

이런 연습을 통해 학생들은 비유의 본질을 더 깊이 이해할 수 있게 됩니다. '시간은 화살과 같다'는 표현에서 시간의 빠름과 되돌릴 수 없음이라는 특성을 시각적으로 어떻게 표현할 수 있는지 고민하는 과정에서, 학생들은 비유가 가진 다층적 의미를 탐구하게 됩니다.

실제 활용 사례를 보면, 한 중학교에서는 학생들이 자신이 좋아하는 시의 한 구절을 선택하여 AI 이미지 생성 도구로 시각화하는 프로젝트를 진행했습니다. '별 헤는 밤'의 한 구절을 선택한 학생은 AI와 여러 번의 대화를 통해 자신만의 독특한 해석을 시각적으로 표현할 수 있었습니다. 이 학생은 단순히 밤하늘의 별을 그리는 것을 넘어서 "별(을) 헤는"이라는 표현의 의미를 깊이 탐구하여 시간의 흐름과 그리움의 감정을 함께 담은 이미지를 만들어 냈습니다.

이러한 활동은 학생들의 문학적 상상력을 확장시킬 뿐만 아니라, 자신의 감정과 생각을 다양한 방식으로 표현하는 능력을 기르는 데도 도움이 됩니다. 또한 AI와 협력하여 창작하는 과정에서 학생들은 기술과 인간의 창의성이 어떻게 조화를 이룰 수 있는지를 직접 체험할 수 있습니다.

# 수학·과학 탐구가
## 이렇게 흥미진진할 줄이야!

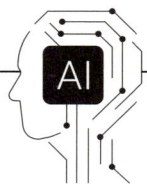

## 1. AI 연구원과 함께하는 본격 과학 탐구

### 과학 탐구의 새로운 패러다임

현재 전 세계적으로 과학 교육은 단순한 지식 암기에서 탐구 중심 학습으로 패러다임이 변화하고 있습니다. AI는 이러한 변화에서 핵심적인 역할을 할 수 있으며, 복잡한 과학적 질문에 대한 다각적인 접근을 가능하게 합니다.

최근 AI의 딥 리서치 기능이 크게 발전하면서 학생들의 과학 탐구 활동에 획기적인 도움을 주고 있습니다. 딥 리서치는 하나의 주제에 대해 여러 관점에서 자료를 수집하고, 다양한 출처의 정보를 종합하여 포괄적인 분석을 제공하는 기능입니다. 구글의 Gemini 2.5 Pro 모델의 딥 리서치 기능은 복잡한 과학적 주제도 체계적으로 분석하여 중학생들이 이해하기 쉬운 형태로 정리해 주는 탁월한 성능을 보여줍니다. 이를 통해 학생들은 단순한 검색을 넘어서 진정한 의미의 연구 경험을 할 수 있게 되었습니다.

## Claude/ChatGPT/Gemini를 활용한 탐구 주제 개발

전문 연구 도구를 사용하기 전에, 먼저 범용 AI를 통해 탐구 주제를 구체화하고 연구 방향을 설정하는 것이 중요합니다. 이 과정에서 학생들은 과학적 사고의 기본 원리를 익히면서 동시에 자신만의 연구 질문을 만들어 가는 경험을 할 수 있습니다.

과학 탐구에서 가장 중요한 것은 좋은 질문을 만드는 것입니다. 좋은 과학적 질문은 검증 가능하고, 구체적이며, 학생의 수준에서 탐구 가능해야 합니다. AI는 학생들이 막연한 호기심을 구체적인 탐구 질문으로 발전시키는 과정에서 훌륭한 안내자 역할을 할 수 있습니다.

## 프롬프트 예시 1: 과학 탐구 주제 발굴

"중학교 2학년 수준에서 수행할 수 있는 '환경과학' 관련 탐구 주제를 제안해 주세요.

조건:

　－ 1개월 정도의 기간으로 완성 가능

　－ 학교나 집 근처에서 실험이나 관찰 가능

　－ 실제 사회 문제와 연결된 주제

각 주제에 대해:

　1) 구체적인 탐구 질문

　2) 예상되는 가설

　3) 필요한 실험 방법이나 조사 방법

　4) 예상되는 어려움과 해결 방법

　5) 사회적 의미나 활용 방안

을 포함해서 5가지 주제를 제시해 주세요."

이런 체계적인 접근을 통해 학생들은 과학 탐구가 단순한 실험 따라하기가 아니라 문제를 발견하고 해결해 가는 창의적인 과정임을 이해할 수 있게 됩니다. AI는 학생들의 일상생활 경험과 연결된 과학적 현상들을 찾아내어 탐구 주제로 발전시키는 과정을 도와줄 수 있습니다.

## 프롬프트 예시 2: 선행 연구 조사 가이드

"'미세먼지가 식물 성장에 미치는 영향'에 대해 탐구하려고 합니다.

효과적인 선행 연구 조사를 위해 다음을 도와주세요:

1) 이 주제와 관련된 핵심 키워드 10개

2) 검색할 때 유용한 질문들 5가지

3) 신뢰할 만한 정보원의 종류와 찾는 방법

4) 정보의 신뢰성을 평가하는 기준

5) 상반된 연구 결과가 나올 때 어떻게 분석해야 하는지

6) 중학생 수준에서 이해하기 어려운 전문 용어들과 쉬운 설명"

이러한 과정을 통해 학생들은 과학적 정보를 비판적으로 평가하는 능력을 기를 수 있습니다. 인터넷 시대에 넘쳐나는 정보 중에서 신뢰할 만한 자료를 선별하는 것은 21세기 핵심 역량 중 하나입니다.

### 심층 연구 도구의 교육적 활용

AI 기반 심층 연구 도구들은 복잡한 과학적 질문에 대해 다양한 출처의 정보를 종합하여 제공합니다. 중학생들에게는

연구 방법론을 배우는 데 매우 유용한 도구가 될 수 있습니다.

실제 활용 사례를 보면, 한 중학교에서는 '코로나19와 환경 변화'라는 주제로 탐구 프로젝트를 진행했습니다. 학생들은 AI 심층 연구 도구를 사용해 전 세계의 다양한 연구 결과를 조사하고, 서로 다른 지역의 환경 변화 양상을 비교 분석할 수 있었습니다. 이 과정에서 학생들은 과학적 사고의 복잡성과 다양성을 경험할 수 있었으며, 단순한 인과관계가 아닌 복합적인 상호작용을 이해하게 되었습니다.

한 학생은 이 프로젝트를 통해 "처음에는 코로나로 사람들이 집에 있으니까 환경이 좋아질 거라고 생각했는데, 실제로는 일회용품 사용이 늘어나고 배달 포장재가 많아지는 등 복잡한 문제들이 얽혀 있다는 걸 알게 되었다."라고 소감을 밝혔습니다.

## 2. 복잡한 개념도 시뮬레이션으로 한눈에

### 추상적 개념의 시각화

수학과 과학의 많은 개념들은 추상적이어서 중학생들이 이해하기 어려운 경우가 많습니다. AI 시뮬레이션은 이러한 개념들을 시각적이고 상호작용적으로 표현하여 학습 효과를 크게 높일 수 있습니다.

전통적인 수학 교육에서는 칠판에 그린 정적인 그래프나 도형으로 개념을 설명했다면, AI 시뮬레이션을 통해서는 학생들이 직접 변수를 조작하며 그 결과를 실시간으로 관찰할 수 있습니다. 이러한 상호작용적 학습은 학생들의 이해도를 크게 향상시킬 뿐만 아니라 수학적 직관력을 기르는 데도 도움이 됩니다.

### 프롬프트 예시 3: 수학 개념 시각화

"중학교 수학의 '함수' 개념을 시각적으로 설명하는 방법을 제안해 주세요.

1) 일차함수 y=2x+1을 일상생활 상황으로 설명하는 3가지 예시

2) 그래프의 기울기와 y절편의 의미를 체험할 수 있는 활동

3) 함수의 증가와 감소를 시각적으로 보여주는 방법

4) 학생들이 직접 조작하며 학습할 수 있는 인터랙티브 요소

5) 오개념을 방지하기 위한 주의사항"

이런 접근을 통해 학생들은 함수가 단순한 수식이 아니라 두 변수 사이의 관계를 나타내는 중요한 수학적 도구임을 이해할 수 있게 됩니다. 예를 들어, 택시비 계산 상황에서 기본

료금을 y절편으로, 거리당 요금을 기울기로 이해하는 것은 추상적인 수학 개념을 구체적인 생활 경험과 연결시키는 효과적인 방법입니다.

**프롬프트 예시 4: 과학 현상 시뮬레이션**

"'온실효과' 현상을 중학생들이 이해하기 쉽게 시뮬레이션으로 보여주려고 합니다.

다음을 고려한 시뮬레이션을 설계해 주세요:

1) 대기 중 온실가스의 역할을 보여주는 시각적 표현

2) 온실가스 농도 변화에 따른 지구 온도 변화 과정

3) 학생들이 변수를 조작하며 결과를 관찰할 수 있는 요소들

4) 실제 데이터와 연결되는 부분

5) 일상생활과의 연관성을 보여주는 방법"

이런 시뮬레이션을 통해 학생들은 온실효과가 단순히 나쁜 현상이 아니라 지구의 생명 유지에 필수적인 자연 현상이며, 문제는 그 정도가 과도해지는 것임을 이해할 수 있게 됩니다.

## 실제 교실에서 활용

한 중학교에서는 AI 시뮬레이션을 활용해 '확률' 개념을 가

르치는 수업을 진행했습니다. 학생들은 AI의 도움으로 가상의 주사위 던지기 실험을 수천 번 반복하면서 이론적 확률과 실험적 확률의 관계를 직관적으로 이해할 수 있었습니다.

한 학생은 "처음에는 주사위를 10번 던져서 1이 한 번도 안 나오니까 확률이 틀렸다고 생각했는데, 1,000번, 10,000번 던지니까 점점 6분의 1에 가까워지는 게 신기했다."라고 말했습니다. 이는 단순히 공식을 암기하는 것과는 완전히 다른 깊이 있는 이해를 보여주는 사례입니다.

또 다른 수업에서는 이차함수의 그래프를 탐구하는 활동을 진행했습니다. 학생들이 a, b, c 값을 직접 조작하면서 포물선의 모양이 어떻게 변하는지 관찰하는 과정에서, 각 계수의 의미를 자연스럽게 깨달을 수 있었습니다. 학습에 어려움을 겪던 한 학생은 "그래프가 실시간으로 바뀌는 걸 보니까 갑자기 이해가 됐다."라며 수학적 개념에 대한 새로운 관점을 얻었다고 표현했습니다.

## 3. 코딩 초보도 OK! AI와 함께하는 프로그래밍

### 코딩을 통한 수학·과학 학습

현재 전 세계적으로 컴퓨팅 사고력이 21세기 핵심 역량으로 강조되고 있습니다. 단순히 프로그래밍 기술을 배우는 것을 넘어서, 코딩을 통해 수학과 과학 개념을 더 깊이 이해할

**[그림 12] 코딩을 통한 수학·과학 학습**

현재 전 세계적으로 컴퓨팅 사고력이 21세기 핵심 역량으로 강조되고 있습니다. 단순히 프로그래밍 기술을 배우는 것을 넘어서, 코딩을 통해 수학과 과학 개념을 더 깊이 이해할 수 있습니다.

수 있습니다.

코딩과 수학/과학 학습의 결합은 여러 가지 교육적 효과를 가져옵니다. 첫째, 추상적인 개념을 구체적인 코드로 구현하는 과정에서 개념에 대한 이해가 깊어집니다. 둘째, 논리적 사고력과 문제 해결 능력이 향상됩니다. 셋째, 실제 데이터를 다루면서 수학과 과학이 일상생활과 밀접하게 연결되어 있음을 체험할 수 있습니다.

## Claude/ChatGPT/Gemini를 활용한 코딩 학습

전문 코딩 도구를 사용하기 전에, 먼저 범용 AI를 통해 코딩의 기본 개념과 논리적 사고를 익히는 것이 중요합니다. 이러한 접근은 학생들이 코딩에 대한 두려움을 줄이고 점진적으로 프로그래밍 사고를 개발할 수 있게 도와줍니다.

### 프롬프트 예시 5: 수학 문제 해결을 위한 코딩

"다음 수학 문제를 파이썬 코드로 해결하는 과정을 단계별로 설명해 주세요:

문제: 1부터 100까지의 수 중에서 3의 배수이면서 5의 배수가 아닌 수들의 합을 구하시오.

1) 문제를 분석하는 과정

2) 필요한 조건들을 코드로 표현하는 방법

3) 단계별 코드 작성 (주석 포함)

4) 결과를 확인하고 검증하는 방법

5) 비슷한 문제로 확장할 수 있는 방법

중학생도 이해할 수 있도록 쉽게 설명해 주세요."

이런 접근을 통해 학생들은 수학 문제를 단순히 공식을 적용해서 푸는 것이 아니라 논리적 절차를 통해 체계적으로 해결하는 방법을 배울 수 있습니다. 조건문과 반복문을 사용하는 과정에서 수학적 논리와 컴퓨터 과학적 사고가 어떻게 연결되는지 이해할 수 있게 됩니다.

### 프롬프트 예시 6: 과학 데이터 시각화

"중학교 과학 시간에 측정한 '식물의 성장 데이터'를 그래프로 나타내는 파이썬 코드를 작성해 주세요.

데이터: 1주차(5cm), 2주차(7cm), 3주차(10cm), 4주차(14cm), 5주차(18cm)

포함할 내용:

1) 데이터를 리스트로 저장하는 방법

2) matplotlib을 사용한 선그래프 그리기

3) 그래프에 제목, 축 레이블 추가하기

4) 데이터 포인트를 명확하게 표시하기

5) 그래프를 해석하는 방법

각 코드 부분에 대한 설명도 포함해 주세요."

이런 활동을 통해 학생들은 자신이 직접 수집한 실험 데이터를 시각화하면서 과학적 탐구의 전 과정을 경험할 수 있습니다. 그래프를 통해 데이터의 패턴을 발견하고 과학적 결론을 도출하는 과정은 과학적 사고력 발달에 큰 도움이 됩니다.

## AI 코딩 지원 도구의 교육적 활용

AI 코딩 지원 도구들은 학생들이 코딩을 배우는 과정에서 실시간으로 도움을 받을 수 있게 해 줍니다. 하지만 중요한 것은 단순히 코드를 대신 작성해 주는 것이 아니라, 학습 과정을 지원하는 방식으로 활용하는 것입니다.

실제 활용 사례를 보면, 한 중학교에서는 학생들이 간단한 계산기 프로그램을 만드는 프로젝트를 진행했습니다. 학생들은 AI 코딩 지원의 도움을 받아 사칙연산 기능을 하나씩 구현해 나가면서, 수학적 연산이 컴퓨터에서 어떻게 처리되는지 이해할 수 있었습니다.

한 학생은 "나눗셈을 할 때 0으로 나누면 오류가 나는 걸 보고, 수학에서 0으로 나눌 수 없다는 규칙이 컴퓨터에서도 그대로 적용되는 게 신기했다."라고 말했습니다. 이는 수학적 개념과 컴퓨터 과학이 어떻게 연결되어 있는지를 보여주는 좋은 예시입니다.

또 다른 프로젝트에서는 학생들이 자신의 성적 데이터를 분석하는 프로그램을 만들어 보았습니다. 평균, 최고점, 최저점을 계산하고 그래프로 시각화하는 과정에서 학생들은 통계의 기본 개념들을 자연스럽게 학습할 수 있었습니다.

## 4. 개인 맞춤형 문제 해결사 AI 튜터

### 개인화 학습의 중요성

모든 학생이 같은 속도로 학습하지 않습니다. 어떤 학생은 개념 이해는 빠르지만 계산 실수가 많고, 어떤 학생은 계산은 정확하지만 문제 상황을 이해하는 데 시간이 걸립니다. AI 튜터는 각 학생의 학습 수준과 속도, 그리고 학습 스타일에 맞춰 개인화된 학습 경험을 제공할 수 있어, 학습 격차를 줄이는 데 중요한 역할을 할 수 있습니다.

전통적인 교실 수업에서는 한 명의 교사가 20~30명의 학생을 가르치다 보니 개별화된 지도에 한계가 있었습니다. AI 튜터는 이러한 한계를 보완하여 각 학생이 자신만의 속도로 학습할 수 있는 환경을 제공합니다.

### Claude/ChatGPT/Gemini를 개인별 튜터로 활용하기

전문 튜터링 시스템을 사용하기 전에, 범용 AI를 개인별 학습 도우미로 활용하는 방법을 먼저 익혀야 합니다. 이러한 접근은 학생들이 AI와 자연스럽게 소통하면서 학습하는 능력을 기를 수 있게 해 줍니다.

## 프롬프트 예시 7: 개념 이해 확인

"제가 '비례식'을 제대로 이해했는지 확인해 주세요.

제가 이해한 내용:

비례식은 두 비가 같다는 것을 나타내는 식입니다.

예를 들어 $a:b = c:d$ 라고 하면, $a \times d = b \times c$ 가 성립합니다.

1) 제 설명이 맞는지 확인해 주세요.

2) 빠뜨린 중요한 부분이 있다면 알려주세요.

3) 이해를 확인할 수 있는 간단한 문제를 3개 출제해 주세요.

4) 각 문제의 난이도를 설명해 주세요.

5) 제가 틀릴 가능성이 높은 부분을 미리 경고해 주세요."

이런 방식으로 AI와 상호작용하면서 학생들은 자신의 이해 수준을 객관적으로 점검할 수 있습니다. 또한 AI가 제공하는 맞춤형 문제를 통해 부족한 부분을 집중적으로 연습할 수 있습니다.

## 프롬프트 예시 8: 오답 분석 및 학습 처방

"다음 문제를 틀렸습니다. 왜 틀렸는지 분석하고 올바른 학습 방법을 제시해 주세요.

문제: $2x + 5 = 13$에서 x의 값을 구하시오.

제 답: $x = 4$

정답: $x = 4$

아, 답은 맞았네요. 그런데 계산 과정에서 실수가 있었을 수 있습니다.

제 풀이 과정을 보여드릴게요:

$2x + 5 = 13$

$2x = 13 + 5$

$2x = 18$

$x = 9$

  1) 어디서 실수했는지 찾아주세요.

  2) 올바른 풀이 과정을 보여주세요.

  3) 이런 실수를 반복하지 않으려면 어떻게 해야 할까요?

  4) 비슷한 연습 문제 2개를 더 주세요."

이런 오답 분석 과정은 단순히 정답을 찾는 것을 넘어서 올바른 사고 과정을 기르는 데 도움이 됩니다. 학생들은 자신의 실수 패턴을 인식하고 개선 방법을 찾을 수 있게 됩니다.

### 소크라테스식 AI 교육법

AI 튜터링에서 가장 효과적인 방법 중 하나는 학생들에게 직접 답을 알려주지 않고, 질문을 통해 스스로 깨달을 수 있도록 유도하는 소크라테스식 대화법입니다. 이러한 교육 방식은 ChatGPT, Claude, Gemini 같은 범용 AI에서도 적절한 프롬프트를 통해 구현할 수 있습니다.

### 프롬프트 예시 9: 소크라테스식 질문 요청

"저는 중학교 2학년 학생입니다. '일차함수'를 공부하고 있는데 완전히 이해했는지 확신이 서지 않습니다.

다음과 같은 방식으로 저의 이해도를 점검해 주세요:

1) 직접 답을 알려주지 말고, 제가 스스로 깨달을 수 있도록 단계적인 질문을 해 주세요

2) 각 질문은 이전 답변을 바탕으로 더 깊이 들어가는 형태로 구성해 주세요

3) 제가 틀린 답을 하더라도 바로 정정하지 말고, 다른 각도의 질문으로 제가 스스로 오류를 찾을 수 있게 도와주세요

4) 총 5~7개의 질문으로 일차함수의 핵심 개념을 확인해 주세요

첫 번째 질문부터 시작해 주세요."

이러한 소크라테스식 접근을 통해 학생들은 단순한 암기가

아닌 원리와 개념의 본질을 탐구하는 깊이 있는 사고력을 개발할 수 있습니다. 또한 스스로 질문하고 답을 찾아가는 과정을 통해 독립적인 학습자로 성장하며, 자신의 학습 과정을 객관적으로 성찰하고 개선점을 찾을 수 있는 메타인지 능력이 강화됩니다.

실제 활용 사례를 보면, 한 중학교에서는 AI 튜터링 시스템을 활용한 수학 보충 학습을 진행했습니다. 수학에 어려움을 겪던 한 학생은 AI와의 소크라테스식 대화를 통해 자신이 어떤 부분에서 막히는지 정확히 파악할 수 있었고, 단계별로 문제를 해결해 나가는 과정에서 자신감을 회복할 수 있었습니다. 이 학생은 "AI 선생님이 답을 바로 알려주지 않고 계속 질문을 해서 처음에는 답답했는데, 나중에 스스로 답을 찾았을 때 정말 뿌듯했다."라고 소감을 밝혔습니다.

### AI 튜터링의 교육적 효과

AI 튜터를 활용한 개인별 맞춤형 학습은 여러 가지 교육적 효과를 가져옵니다. 무엇보다 학생 개개인의 학습 속도와 수준에 맞춘 개별화 교육이 가능해집니다. 또한 학생들이 틀린 답을 해도 부끄러워하지 않고 계속 시도할 수 있는 안전한 학습 환경을 제공합니다.

더 나아가 AI 튜터는 24시간 언제든지 이용할 수 있어 학생들이 궁금한 점이 생겼을 때 즉시 도움을 받을 수 있습니다. 이는 전통적인 교육 환경에서는 불가능했던 새로운 학습 경험을 제공합니다.

소크라테스식 질문을 AI에게 요구하여 질문을 받고 스스로 성찰하는 것은 매우 효과적인 학습 방식입니다. 학생들은 AI로부터 단계적인 질문을 받으면서 자신의 사고 과정을 점검하고 개념에 대한 깊이 있는 이해를 할 수 있게 됩니다. 또한 이러한 AI 질문 방식의 아이디어를 활용하여 부모님이나 선생님이 AI로부터 질문 항목을 얻어서 직접 학생과 대화하는 방식으로 응용 활용하는 것도 가능합니다. 이렇게 하면 AI의 체계적인 질문 설계 능력과 인간의 따뜻한 상호작용이 결합되어 더욱 효과적인 학습 환경을 만들 수 있습니다.

한 학생은 "밤늦게 수학 숙제를 하다가 모르는 문제가 있을 때 AI 선생님에게 물어보면 친절하게 설명해 주어서 정말 도움이 된다."라고 말했습니다. 이처럼 AI 튜터는 학습자 중심의 교육 환경을 구현하는 데 중요한 역할을 하고 있습니다.

## 5. 시험 문제 출제부터 해설까지 척척!

교육 현장에서 평가는 학습의 방향을 결정하고 성취도를 측정하는 핵심적인 역할을 담당해 왔습니다. 하지만 전통적인 평가 방식은 교사의 주관적 판단에 의존하거나, 제한된 문

**[그림 13] AI 기반 시험문제 출제의 혁신적 접근**

AI를 활용한 시험문제 출제는 기출 문제를 재조합하는 수준을 넘어, 학습자의 개별적 특성과 학습 진도를 고려한 맞춤형 문항을 만들 수 있습니다. 개별화된 출제 시스템은 교육의 공정성과 효과성을 동시에 향상시키는 도구로 활용되고 있습니다.

제 유형의 반복으로 인해 학습자의 진정한 역량을 평가하는 데 한계를 보여 왔습니다. AI 기술의 등장은 이러한 평가 시스템의 근본적인 변화를 가능하게 하고 있으며, 시험문제 출제와 풀이 해설 영역에서 혁신적인 변화를 이끌어 내고 있습니다.

현재 전 세계적으로 교사들은 과중한 업무 부담에 시달리고 있으며, 그 중에서도 양질의 평가 문항을 개발하고 학생들에게 개별화된 피드백을 제공하는 것은 가장 시간이 많이 소요되는 작업 중 하나입니다. 한국의 경우 교사 1인당 평균

25~30명의 학생을 담당하고 있어, 개별 학생의 학습 수준에 맞는 맞춤형 문제를 출제하고 상세한 해설을 제공하는 것은 현실적으로 매우 어려운 상황입니다. 이러한 현실적 제약을 극복하고 교육의 질을 향상시키기 위해 AI 기반 평가 도구들이 주목받고 있습니다.

## AI 기반 시험문제 출제의 혁신적 접근

AI를 활용한 시험문제 출제는 단순히 기존 문제를 재조합하는 수준을 넘어, 학습자의 개별적 특성과 학습 진도를 고려한 맞춤형 문항을 생성할 수 있습니다. 이러한 개별화된 출제 시스템은 교육의 공정성과 효과성을 동시에 향상시키는 강력한 도구로 작용하고 있습니다.

ChatGPT, Claude, Gemini와 같은 범용 AI를 활용한 문제 출제는 이미 많은 교사들이 실험하고 있는 영역입니다. 기본적인 문제 출제를 위해서는 "중학교 2학년 수준의 일차함수 문제를 5개 출제해 주세요. 각 문제는 서로 다른 유형으로 구성하고, 난이도는 기초부터 심화까지 단계별로 배치해 주세요."와 같은 프롬프트를 사용할 수 있습니다. 하지만 더욱 정교한 문제 출제를 위해서는 구체적인 학습 맥락과 평가 목표를 명시해야 합니다.

예를 들어, 역사 과목에서 비판적 사고력을 평가하고자 할 때는 "조선 후기 실학사상의 등장 배경을 다루는 문제를 출제해 주세요. 단순 암기가 아닌 인과관계 분석 능력을 평가할 수 있도록 사료를 제시하고, 학생들이 당시 사회 상황과 실학사상의 연관성을 추론할 수 있는 문항으로 구성해 주세요. 난이도는 고등학교 1학년 수준이며, 서술형 답안의 채점 기준도 함께 제시해 주세요."와 같은 상세한 지시를 제공할 수 있습니다.

보다 전문화된 도구로는 Quiz Gecko나 QuestionWell과 같은 AI 기반 문제 출제 플랫폼들이 있습니다. 이러한 도구들은 교육과정 분석, 학습 목표 설정, 문항 유형별 특성을 고려한 체계적인 문제 생성 기능을 제공합니다. 교사는 "블룸의 분류체계에 따른 지식, 이해, 적용, 분석 단계별로 각각 3문항씩 총 12문항을 출제해 주세요."와 같은 교육학적 원리에 기반한 요청을 할 수 있으며, AI는 이러한 요구사항을 정확히 반영한 문항을 생성합니다.

개별화된 문제 출제의 핵심은 학습자의 현재 수준과 학습 이력을 분석하여 최적의 도전 수준을 제공하는 것입니다. Khanmigo와 같은 AI 튜터는 학생의 이전 학습 데이터를 분석하여 "이 학생은 이차방정식의 기본 개념은 이해했지만 판별식을 활용한 문제에서 어려움을 겪고 있으니, 판별식의 의미를 다시 한번 확인할 수 있는 단계적 문제를 출제해 보겠습니다."와 같은 맞춤형 접근을 가능하게 합니다.

창의적 문제 출제를 위해서는 실생활 맥락을 적극 활용할 수 있습니다. "우리 학교 급식실에서 하루에 소비되는 쌀의 양을 바탕으로 비례식 문제를 만들어 주세요. 학생들이 일상생활에서 수학의 유용성을 느낄 수 있도록 실제 데이터를 활용하고, 문제 해결 과정에서 환경 보호나 음식물 쓰레기 줄이기와 연관된 생각해 볼 거리도 포함해 주세요."와 같은 통합적 접근이 가능합니다.

## 지능형 풀이 해설 시스템의 교육적 가치

전통적인 시험 해설은 정답과 간단한 풀이 과정만을 제시하는 경우가 많았습니다. 하지만 AI 기반 해설 시스템은 학습자의 개별적 오답 패턴을 분석하고, 각자의 이해 수준에 맞는 맞춤형 설명을 제공할 수 있습니다. 이는 단순한 정답 확인을 넘어서 진정한 학습이 일어나는 피드백 시스템으로 발전하고 있습니다.

효과적인 AI 해설 생성을 위해서는 학습자의 오답 유형을 체계적으로 분석하는 것이 중요합니다. "이 학생이 이차함수 문제에서 자주 하는 실수는 무엇인지 분석하고, 그 실수를 방지할 수 있는 단계적 해설을 제공해 주세요. 그래프를 그릴 때 축의 방정식을 구하는 과정에서 부호 실수가 많으니, 이 부분을 강조하여 설명해 주세요."와 같은 개별화된 접근이 필요합니다.

다단계 해설 시스템은 학습자가 자신의 이해 수준에 따라 설명의 깊이를 조절할 수 있게 합니다. 처음에는 "힌트만 보기"를 선택하여 스스로 문제를 해결해 볼 기회를 주고, 필요 시 "단계별 풀이 보기", "상세 해설 보기", "관련 개념 복습하기" 등의 옵션을 점진적으로 제공할 수 있습니다. 이러한 시스템은 학습자의 자기주도적 학습 능력을 기르는 데 효과적입니다.

오개념 교정을 위한 해설은 중요한 영역입니다. AI는 학습자가 가지고 있는 잘못된 개념을 정확히 파악하고, 이를 올바른 개념으로 전환할 수 있는 논리적 설명을 제공할 수 있습니다. "당신이 선택한 답안 3번은 일반적으로 많은 학생들이 선택하는 오답입니다. 이는 분자의 개념을 분모와 혼동했기 때문인데, 분수에서 위쪽 숫자가 분자라는 것을 다시 한번 확인해 봅시다. 실생활 예시로 피자를 8조각으로 나누어 3조각을 먹었다면, 3이 분자가 되는 이유를 생각해 보세요."와 같은 구체적이고 이해하기 쉬운 설명을 제공할 수 있습니다.

시각적 해설의 활용도 AI의 강력한 장점 중 하나입니다. 복잡한 수학 문제나 과학 원리를 설명할 때, AI는 그래프, 도표, 다이어그램을 자동으로 생성하여 학습자의 이해를 돕습니다. "이 물리 문제를 해결하기 위해 힘의 벡터 다이어그램을 그려 보겠습니다. 각 힘의 방향과 크기를 시각적으로 표현하면 문제 해결이 훨씬 쉬워집니다."와 같은 방식으로 추상적 개념을 구체화할 수 있습니다.

### 개별 맞춤형 피드백 시스템 구축

AI 기반 평가 시스템의 가장 큰 혁신은 개별 학습자에게 맞춤화된 피드백을 실시간으로 제공할 수 있다는 점입니다. 전통적인 교실 환경에서는 교사 한 명이 수십 명의 학생에게 개별적인 관심을 기울이기 어려웠지만, AI는 각 학습자의 학습 패턴, 강점, 약점을 지속적으로 모니터링하며 적절한 피드백을 제공할 수 있습니다.

적응형 피드백 시스템은 학습자의 반응에 따라 설명 방식을 동적으로 조정합니다. 만약 학생이 첫 번째 설명을 이해하지 못한다면, AI는 다른 접근 방식으로 재설명을 시도합니다. "앞서 대수적 방법으로 설명했는데 이해가 어려우시다면, 이번에는 그래프를 이용한 기하학적 접근으로 같은 문제를 해결해 보겠습니다."와 같은 방식으로 다양한 학습 스타일에 대응할 수 있습니다.

학습 진단과 처방을 결합한 통합적 피드백도 중요한 기능입니다. AI는 단순히 틀린 문제를 지적하는 것을 넘어, 왜 틀렸는지, 어떤 개념이 부족한지, 앞으로 어떤 학습이 필요한지를 종합적으로 분석하여 제시합니다. "오늘 시험 결과를 분석해 보니, 당신은 기본적인 계산 능력은 우수하지만 문장제 문제에서 수학적 모델링에 어려움을 겪고 있습니다. 다음 주에는 실생활 문제를 수식으로 바꾸는 연습에 집중해 보는 것이 좋겠습니다."와 같은 구체적인 학습 방향을 제시할 수 있습니다.

정서적 지원을 포함한 격려 메시지도 AI 피드백의 중요한 요소입니다. 학습자가 어려움을 겪을 때 적절한 격려와 동기 부여를 제공하여 학습 의욕을 유지할 수 있도록 돕습니다. "이 문제는 정말 어려운 문제였어요. 완전히 맞추지는 못했지만, 접근 방식은 올바르게 시작했습니다. 조금만 더 연습하면 충분히 해결할 수 있을 것 같아요."와 같은 건설적인 피드백을 통해 학습자의 자신감을 유지할 수 있습니다.

### 효과적인 활용 전략과 주의사항

AI 기반 평가 도구를 효과적으로 활용하기 위해서는 몇 가지 핵심 전략을 고려해야 합니다. 먼저 교사의 전문성과 AI의 기능이 상호 보완적으로 작용하도록 하는 것이 중요합니다. AI가 생성한 문제나 해설을 맹목적으로 수용하기보다는, 교사가 교육적 관점에서 검토하고 수정하는 과정이 필요합니다.

문제의 타당성과 신뢰성 검증도 중요한 과제입니다. AI가 생성한 문항이 교육과정에 적합한지, 학습 목표를 정확히 측정하는지, 문화적 편향이나 부적절한 내용이 포함되어 있지는 않은지 체계적으로 점검해야 합니다. "AI가 출제한 이 역사 문제가 우리나라 교육과정의 성취기준에 부합하는지 확인해 주세요. 또한 특정 지역이나 계층에 불리하지 않은 중립적인 소재를 사용했는지도 검토해 주세요."와 같은 검증 과정이 필요합니다.

학습자의 데이터 보호와 개인정보 처리도 신중하게 다뤄져야 할 영역입니다. AI가 개별화된 서비스를 제공하기 위해서는 학습자의 성취도, 학습 패턴, 오답 유형 등의 데이터를 수집하고 분석해야 하는데, 이 과정에서 개인정보 보호 원칙을 철저히 준수해야 합니다.

무엇보다 중요한 것은 AI 도구가 학습자의 창의적 사고와 비판적 사고 능력을 저해하지 않도록 하는 것입니다. 너무 쉽게 답을 제공하거나 과도하게 상세한 해설을 제공할 경우, 학습자가 스스로 생각하고 문제를 해결하려는 노력을 포기할 수 있습니다. 따라서 적절한 수준의 도전과 지원의 균형을 유지하는 것이 핵심입니다.

AI 기반 평가 혁신은 교육의 개별화와 효율성을 동시에 달성할 수 있는 강력한 도구입니다. 하지만 이러한 기술적 혁신이 진정한 교육적 가치를 창출하기 위해서는 교사의 전문성, 학습자의 주체성, 그리고 교육의 인간적 가치가 조화롭게 결합되어야 합니다. AI는 평가를 더욱 정확하고 공정하게 만들어 주는 도구이지만, 궁극적으로 교육의 목적은 학습자가 자신의 잠재력을 최대한 발휘하며 성장할 수 있도록 돕는 것임을 잊지 말아야 합니다.

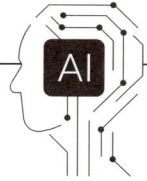

# 역사·사회·한문,
# 옛것과 새것이 만나다

## 1. 한 사건을 여러 관점에서 바라보는 토론왕 되기

### 다관점 역사 교육의 중요성과 AI의 역할

역사 교육의 본질은 단순히 과거의 사실을 암기하는 것이 아닙니다. 진정한 역사 학습은 복잡한 역사적 사건들을 다양한 관점에서 바라보고, 그 속에 담긴 인간의 선택과 그 결과를 깊이 있게 이해하는 과정입니다. 현재 전 세계적으로 역사 교육에서는 단일한 시각에서 벗어나 다양한 관점을 고려하는 교육이 강조되고 있으며, AI는 이러한 다관점 교육을 실현하는 데 매우 유용한 도구가 될 수 있습니다.

**[그림 14] 다관점 역사 교육에서 AI 역할**

역사 교육은 과거의 사실을 암기하는 것에 그치지 않습니다. 복잡한 역사적 사건들을 다양한 관점에서 바라보고, 그 속에 담긴 인간의 선택과 그 결과를 깊이 있게 이해하는 과정입니다. 전 세계적으로 역사 교육은 다양한 관점이 강조되고 있으며, AI는 다관점 교육을 실현하는 유용한 도구가 될 수 있습니다.

중학생들에게 다관점 역사 교육이 중요한 이유는 이 시기가 추상적 사고능력이 발달하면서 동시에 자신만의 가치관과 세계관을 형성해 가는 시기이기 때문입니다. 학생들이 역사적 사건을 단순히 선악의 이분법으로 판단하지 않고, 복잡한 맥락과 다양한 입장을 종합적으로 고려할 수 있는 능력을 기르는 것은 민주시민으로서의 기본 소양을 갖추는 데 필수적입니다.

AI는 이러한 교육 목표 달성에 있어서 독특한 장점을 제공합니다. AI는 방대한 양의 역사적 자료와 다양한 해석을 종합하여 학생들에게 제시할 수 있으며, 감정적 편견 없이 객관적인 시각에서 여러 관점을 균형 있게 다룰 수 있습니다. 또한 학생들의 질문에 따라 실시간으로 다양한 각도의 분석을 제공할 수 있어, 전통적인 교과서 중심의 일방향적 학습을 넘어서는 상호작용적 학습 경험을 가능하게 합니다.

## Claude/ChatGPT/Gemini를 활용한 역사적 관점 분석

범용 AI 도구들은 역사적 사건을 다각도로 분석하는 데 탁월한 능력을 보여줍니다. 이들 AI는 학생들이 역사적 사건을 이해할 때 자신의 현재적 관점에서만 바라보는 경향인 '현재주의'의 함정에 빠지지 않도록 도와주며, 당시의 시대적 맥락과 다양한 이해관계자들의 입장을 균형 있게 제시할 수 있습니다.

### 프롬프트 예시 1: 다관점 역사 분석

"조선시대 '임진왜란'을 다음 세 가지 관점에서 분석해 주

세요:

　1) 조선의 관점

　2) 일본의 관점

　3) 명나라의 관점

각 관점에서:

　– 전쟁의 원인을 어떻게 보았는지

　– 전쟁 중 주요 사건들을 어떻게 평가했는지

　– 전쟁의 결과와 영향을 어떻게 인식했는지

　– 당시의 사료나 기록에서 확인할 수 있는 근거

그리고 마지막에:

　– 세 관점의 공통점과 차이점

　– 현재 우리가 이 사건을 어떻게 균형 있게 바라봐야 하

　　는지를 정리해 주세요."

　이러한 접근을 통해 학생들은 임진왜란이라는 하나의 사건이 관련된 각 국가의 입장에서는 완전히 다른 의미를 가질 수 있음을 이해하게 됩니다. 조선의 입장에서는 국가 존망의 위기였지만, 일본의 입장에서는 대륙 진출의 시도였고, 명나라의 입장에서는 조공국을 보호하기 위한 개입이었습니다. 이러한 다층적 이해는 학생들의 역사적 사고력을 크게 향상시킵니다.

**프롬프트 예시 2: 역사적 인물의 다면성 탐구**

"세종대왕에 대해 다음과 같이 다각도로 분석해 주세요:

  1) 정치적 리더로서의 세종대왕

  2) 문화 발전의 후원자로서의 세종대왕

  3) 당시 백성들이 바라본 세종대왕

  4) 양반 계층이 바라본 세종대왕

  5) 현재 우리가 바라보는 세종대왕

각 관점에서:

  – 구체적인 업적이나 사건

  – 긍정적 평가와 비판적 시각

  – 역사적 근거나 사료

그리고 토론 주제로 활용할 수 있는 쟁점 3가지도 제시해 주

세요."

　　이런 분석을 통해 학생들은 역사적 인물이 일면적인 존재
가 아니라 복합적이고 모순적인 면을 가진 인간이었음을 이
해할 수 있습니다. 세종대왕의 경우에도 한글 창제와 같은 위
대한 업적이 있는 반면, 노예제 유지나 정치적 숙청 등의 문
제점도 있었다는 균형 잡힌 시각을 기를 수 있습니다.

## 토론 자료 생성 및 활용

AI는 역사적 사건에 대한 다양한 토론 자료를 생성하여 학생들의 비판적 사고력을 기를 수 있도록 도와줍니다. 중학생들에게는 추상적인 역사적 개념보다는 구체적인 상황과 인물을 중심으로 한 토론이 더 효과적입니다.

### 프롬프트 예시 3: 역사적 딜레마 상황 제시

"다음 상황에서 여러분이 조선 후기 영조라면 어떤 결정을 내릴지 토론해 보세요:

상황: 붕당정치로 인한 정치적 갈등이 심화되고 있습니다. 한편에서는 강력한 왕권으로 붕당을 해체해야 한다고 주장하고, 다른 한편에서는 신하들 간의 견제와 균형이 필요하다고 주장합니다.

토론 포인트:

 1) 탕평책의 장점과 단점은 무엇인가요?

 2) 왕권 강화가 백성들에게 미치는 영향은?

 3) 정치적 안정과 민주적 견제 중 무엇이 더 중요한가요?

 4) 현재 민주주의 관점에서 이 문제를 어떻게 봐야 할까요?

각자의 입장을 정하고 근거를 제시해 주세요."

이런 방식의 토론은 학생들이 역사적 상황에 자신을 투영해 보면서 당시 정치 지도자들이 직면했던 복잡한 선택의 상황을 이해할 수 있게 해 줍니다. 또한 과거의 문제와 현재의 문제를 연결하여 생각해 볼 수 있는 기회를 제공합니다.

실제 활용 사례를 보면, 한 중학교에서는 AI를 활용해 '갑신정변'에 대한 모의 법정 수업을 진행했습니다. 학생들은 AI의 도움을 받아 김옥균, 박영효 등 주요 인물들의 입장을 대변하는 변론서를 작성했고, 이를 바탕으로 열띤 토론을 벌일 수 있었습니다. 한 학생은 "김옥균의 입장에서 변론서를 쓰면서 그가 왜 그런 선택을 했는지 조금이나마 이해할 수 있었다."라고 소감을 밝혔습니다.

## 2. 가상현실 속 역사 체험과 정책 결정 게임

### 체험형 역사 교육의 가치

역사 교육에서 가장 어려운 점 중 하나는 과거의 상황을 현재를 살아가는 학생들이 실감나게 이해하도록 하는 것입니다. 단순히 역사적 사실을 나열하는 것으로는 학생들이 역사의 생생함과 복잡성을 느끼기 어렵습니다. AI 기반 시뮬레이션은 이러한 한계를 극복하고 학생들이 역사적 상황에 직접 참여해 보는 경험을 제공할 수 있습니다.

체험형 역사 교육의 핵심은 학생들이 과거의 사람들이 되

[그림 15] AI 활용한 역사적 시뮬레이션

AI는 복잡한 역사적 상황을 단계적으로 제시하고, 학생들의 선택에 따라 다양한 시나리오를 전개할 수 있는 능력을 가지고 있습니다. 마치 실제 역사적 인물이 된 것처럼 정책 결정을 내려보고 그 결과를 관찰할 수 있습니다. 역사적 상황 시뮬레이션 기능입니다.

어 보는 경험을 통해 역사적 상황의 복잡성과 선택의 어려움을 직접 느껴보는 것입니다. 이런 경험을 통해 학생들은 역사를 단순한 결과의 나열이 아니라 수많은 가능성 중에서 하나의 선택이 만들어 낸 결과로 이해할 수 있게 됩니다.

### AI를 활용한 역사적 상황 시뮬레이션

AI는 복잡한 역사적 상황을 단계적으로 제시하고, 학생들의 선택에 따라 다양한 시나리오를 전개할 수 있는 능력을 가지고 있습니다. 이를 통해 학생들은 마치 실제 역사적 인물이 된 것처럼 정책 결정을 내려보고 그 결과를 관찰할 수 있습니다.

**프롬프트 예시 4: 역사적 상황 시뮬레이션**

"조선 후기 흥선대원군의 입장에서 정책을 결정하는 시뮬레이션을 만들어 주세요.

상황 설정:

　– 시기: 1863년 흥선대원군 집권 초기

　– 주요 문제: 서구 열강의 통상 요구, 국가 재정 문제, 세도정치 폐해

시뮬레이션 구성:

　1) 매 단계에서 제시될 선택지 3–4개

　2) 각 선택지의 예상 결과와 부작용

　3) 실제 역사적 선택과 비교할 수 있는 요소

　4) 학생들이 결정 과정에서 고려해야 할 다양한 이해관계

　5) 최종 결과에 대한 평가 기준

첫 번째 상황부터 시작해서 단계별로 진행해 주세요."

　이런 시뮬레이션을 통해 학생들은 흥선대원군이 직면했던 복잡한 상황을 이해할 수 있게 됩니다. 서구 열강의 개항 요구에 대해 쇄국정책으로 대응할 것인지, 아니면 제한적 개방

을 선택할 것인지의 문제에서 각각의 선택이 가져올 수 있는

결과를 미리 경험해 볼 수 있습니다.

### 프롬프트 예시 5: 가상 역사 토론회

"다음 상황에서 가상 토론회를 개최한다고 가정하고 시나리

오를 만들어 주세요:

주제: '일제강점기 독립운동의 방향성을 놓고 벌이는 토론'

참석자:

　－ 김구(무력 투쟁론)

　－ 안창호(실력 양성론)

　－ 이승훈(교육 구원론)

　－ 신채호(민족주의 사학)

각 인물의:

　1) 핵심 주장과 논리

　2) 상대방 주장에 대한 반박 포인트

　3) 구체적인 실천 방안

　4) 역사적 근거와 사례

　5) 현실적 한계에 대한 인식

토론 진행 방식과 학생들이 참여할 수 있는 방법도 제시해

주세요."

이런 가상 토론회를 통해 학생들은 독립운동이 하나의 방향으로만 진행된 것이 아니라 다양한 노선과 갈등이 있었음을 이해할 수 있습니다. 또한 각 노선이 가진 장단점과 현실적 제약을 고려해볼 수 있는 기회를 얻게 됩니다.

## 정책 결정 연습의 교육적 효과

AI 시뮬레이션을 통한 정책 결정 연습은 학생들에게 여러 가지 중요한 학습 경험을 제공합니다. 첫째, 역사적 결정이 단순한 선악의 문제가 아니라 복잡한 이해관계와 제약 조건 속에서 이루어지는 어려운 선택임을 이해하게 됩니다. 둘째, 한 가지 결정이 가져오는 다양한 파급효과를 예측하고 고려하는 능력을 기를 수 있습니다. 셋째, 현재의 정치적 결정 과정과 과거의 정책 결정 과정 사이의 연관성을 발견할 수 있습니다.

실제 활용 사례를 보면, 한 중학교에서는 '고려 말 신진사대부의 정책 선택'을 주제로 시뮬레이션 수업을 진행했습니다. 학생들은 정몽주와 정도전의 입장을 각각 체험해 보면서 고려 왕조를 유지할 것인지 새로운 왕조를 세울 것인지의 문제를 놓고 치열하게 고민했습니다. 한 학생은 "처음에는 정몽주가 옳다고 생각했는데, 시뮬레이션을 해보니 정도전의 입장도 이해가 된다."라고 말하며 역사적 상황의 복잡성을 체감했다고 표현했습니다.

## 3. 어려운 한문도 AI와 함께라면 쉬워져요

### 고전 문학과 한문 교육의 현대적 접근

한문과 고전 문학은 중학생들이 어려워하는 영역 중 하나입니다. 현대 학생들에게 한자와 한문은 일상생활에서 거의 사용하지 않는 낯선 언어이며, 고전 문학 작품들은 현재와는 매우 다른 시대적 배경과 사고방식을 반영하고 있어 이해하기 어려운 경우가 많습니다. AI는 이러한 어려움을 해소하고 고전의 현대적 의미를 찾는 데 도움을 줄 수 있습니다.

AI를 활용한 한문 교육의 장점은 단순히 번역을 제공하는 것을 넘어서서 한문의 구조와 특성, 그리고 담겨진 사상과 문화적 맥락을 종합적으로 이해할 수 있도록 도와준다는 점입니다. 또한 학생들이 궁금해 하는 부분에 대해 즉석에서 상세한 설명을 제공할 수 있어 개별화된 학습이 가능합니다.

### 체계적인 한문 자료 해석 방법

AI를 활용한 한문 학습에서 중요한 것은 단순한 번역에 머물지 않고 한문의 특성과 그 안에 담긴 문화적 의미를 함께 이해하는 것입니다. 이를 위해서는 체계적인 접근 방법이 필요합니다.

이런 체계적인 접근을 통해 학생들은 한문이 단순한 고어가 아니라 깊이 있는 사상과 지혜가 담긴 문화 유산임을 이해할 수 있게 됩니다. 현대적 적용과 토론 주제를 함께 제시함으로써 고전의 현재적 의미를 찾을 수 있도록 돕습니다.

## 고전 문학 작품의 다층적 분석

고전 문학 작품의 분석에서 AI는 작품의 문학적 가치뿐만 아니라 당시의 사회상과 문화적 맥락, 그리고 현재적 의미까지 종합적으로 제시할 수 있습니다.

**프롬프트 예시 7: 고전 문학 작품 분석**

"김정호의 '춘향전' 중 옥중가 부분을 현대적 관점에서 분석
해 주세요:

분석 관점:

　1) 문학적 표현 기법과 특징

　2) 당시 사회상과 계층 갈등

　3) 여성 인물의 특징과 의미

　4) 현재 시각에서 본 문제의식

　5) 다른 나라의 비슷한 작품과 비교

그리고:

　– 중학생들이 흥미를 가질 수 있는 접근 방법

　– 현대적으로 각색한다면 어떤 설정이 가능한지

　– 관련 체험 활동이나 프로젝트 아이디어

도 제시해 주세요."

　이런 분석을 통해 학생들은 춘향전이 단순한 사랑 이야기
가 아니라 조선시대의 사회 구조와 신분제의 모순, 그리고 이
에 대한 저항 의식을 담고 있는 사회적 문학임을 이해할 수
있게 됩니다.

실제 활용 사례를 보면, 한 중학교에서는 AI를 활용해 '논어'의 주요 구절들을 현대적 상황에 적용해보는 프로젝트를 진행했습니다. 학생들은 "군자는 화이부동하고, 소인은 동이불화한다."라는 구절을 학급 내 갈등 상황이나 SNS에서의 소통 방식과 연결지어 해석해 보았습니다. 이를 통해 고전의 지혜가 현재에도 유효함을 직접 체험할 수 있었습니다.

## 4. 눈길 끄는 발표 자료와 동영상 제작하기

### 멀티미디어를 활용한 역사·사회 교육

현재 학생들은 시각과 청각을 동시에 활용하는 멀티미디어 학습에 익숙합니다. 단순히 텍스트로만 구성된 자료보다는 이미지, 동영상, 인터랙티브 요소들이 결합된 자료에서 더 높은 학습 효과를 보입니다. AI 도구들은 이러한 학습자의 특성에 맞는 다양한 콘텐츠 제작을 가능하게 합니다.

역사와 사회 교육에서 멀티미디어 자료의 활용은 단순히 흥미를 유발하는 것을 넘어서 학습 내용의 이해도를 크게 향상시킬 수 있습니다. 시간적으로 멀리 떨어진 역사적 사건들이나 추상적인 사회 개념들을 구체적이고 생동감 있게 표현할 수 있어 학생들의 이해를 돕습니다.

### Claude/ChatGPT/Gemini를 활용한 발표 자료 기획

전문 도구를 사용하기 전에, 먼저 범용 AI를 통해 발표 내용을 체계적으로 구성하는 것이 중요합니다. 효과적인 발표는 내용의 구성과 전달 방식이 모두 중요하며, AI는 이 두 가지 측면에서 모두 도움을 줄 수 있습니다.

### 프롬프트 예시 8: 발표 자료 구성

'"한국사 속 여성 인물'을 주제로 15분 발표를 준비하고 있습니다.

효과적인 발표 자료를 만들기 위해 도움을 주세요.

발표 구성:

  1) 도입부에서 청중의 관심을 끌 수 있는 방법

  2) 본론을 3–4개 섹션으로 나누는 방법

  3) 각 섹션에서 다룰 인물과 핵심 메시지

  4) 시각 자료로 활용할 수 있는 이미지나 그래프

  5) 청중과 상호작용할 수 있는 요소들

  6) 기억에 남는 마무리 방법

그리고 각 슬라이드별로:

– 제목과 핵심 메시지

– 포함할 텍스트의 양과 내용

– 필요한 시각 자료의 종류

– 발표자가 말할 내용의 포인트

이런 체계적인 기획을 통해 학생들은 단순히 정보를 나열하는 발표가 아니라 청중에게 명확한 메시지를 전달하는 효과적인 발표를 준비할 수 있게 됩니다.

## AI 발표 도구들의 교육적 활용

AI 기반 발표 도구들은 전문적인 디자인 지식이 없어도 시각적으로 매력적인 자료를 만들 수 있게 해줍니다. 하지만 중요한 것은 화려한 시각 효과가 아니라 교육 목표에 맞는 효과적인 커뮤니케이션입니다.

실제 활용 사례를 보면, 한 중학교에서는 학생들이 AI 발표 도구를 활용해 '우리 지역의 역사'를 주제로 한 발표 자료를 제작했습니다. 학생들은 AI의 도움으로 지역 문화재와 역사적 사실들을 효과적으로 시각화할 수 있었고, 청중들의 큰 관심을 끌 수 있었습니다. 한 학생은 조선시대 지역 의병활동을 현재의 지도와 과거의 지도를 비교하여 보여주면서 역사적 현장감을 생생하게 전달할 수 있었습니다.

## AI 비디오 제작을 통한 역사 재현

AI 비디오 제작 도구들은 학생들이 역사적 인물이나 상황을 재현하는 데 활용할 수 있습니다. 역사적 인물의 관점에서 이야기를 들려주는 형태의 비디오는 학생들의 흥미를 크게 높일 수 있습니다.

### 프롬프트 예시 9: 역사 재현 비디오 기획

"세종대왕이 한글 창제 과정을 설명하는 5분짜리 교육 비디오를 기획해 주세요.

비디오 구성:

　1) 도입: 한글 창제의 배경 (1분)

　2) 전개: 창제 과정과 어려움 (2분)

　3) 절정: 반대 세력과의 갈등 (1분)

　4) 결말: 한글 반포와 의미 (1분)

각 구간별로:

– 세종대왕이 할 대사

– 배경으로 보여줄 이미지나 자료

– 전달하고자 하는 핵심 메시지

– 중학생들의 이해를 돕는 현대적 비유

– 감정적 몰입을 위한 요소들

그리고 학생들이 이 비디오를 제작할 때 주의해야 할 역사적 고증과 윤리적 고려사항도 알려주세요."

이런 비디오 제작 과정을 통해 학생들은 역사적 사실을 단순히 암기하는 것이 아니라 당시 상황을 입체적으로 이해하고 역사적 인물의 입장에서 생각해 볼 수 있는 기회를 얻게 됩니다.

실제로 한 중학교에서는 학생들이 AI 비디오 도구를 활용해 '임진왜란 시기 의병 활동'을 주제로 한 다큐멘터리를 제작했습니다. 학생들은 곽재우, 정문부 등 의병장들의 입장에서 당시 상황을 설명하는 비디오를 만들면서 의병 활동의 의미와 어려움을 깊이 있게 이해할 수 있었습니다. 한 학생은 "의병장이 되어서 말하는 것을 녹화하면서 그들이 얼마나 어려운 결정을 했는지 느낄 수 있었다."라고 소감을 밝혔습니다.

## 멀티미디어 제작 활동의 교육적 의미

AI를 활용한 멀티미디어 제작 활동은 단순히 기술 활용 능력을 기르는 것을 넘어서 여러 가지 교육적 효과를 가져옵니다. 첫째, 학생들이 학습 내용을 다른 사람에게 설명하기 위해 재구성하는 과정에서 더 깊이 있는 이해가 일어납니다. 둘째, 시각적 표현과 언어적 표현을 결합하여 다양한 학습 스타일의 학생들에게 도움이 됩니다. 셋째, 협력 학습을 통해 의사소통 능력과 문제 해결 능력을 기를 수 있습니다.

더 나아가 이런 활동을 통해 학생들은 미디어 리터러시를 기를 수 있습니다. 직접 콘텐츠를 제작해 보는 경험을 통해 미디어가 어떻게 만들어지고 어떤 의도를 가지고 있는지를 이해할 수 있게 되며, 이는 비판적 미디어 수용 능력으로 이어집니다.

중등 역사, 사회, 한문 교육에서 AI의 활용은 전통적인 암기 중심 교육을 넘어서 학생들이 능동적으로 사고하고 창의적으로 표현할 수 있는 기회를 제공합니다. 이를 통해 학생들은 과거와 현재를 연결하여 사고하는 능력, 다양한 관점을 종합하여 판단하는 능력, 그리고 자신의 생각을 효과적으로 표현하는 능력을 기를 수 있습니다.

**12장**

## 선생님들의
## 든든한 업무 파트너 AI

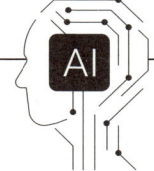

### 1. 수업 계획부터 활동지까지 자동 생성

### 교사 업무 부담의 현실과 AI의 역할

현재 전 세계적으로 교사들의 업무 과부하가 심각한 문제로 대두되고 있습니다. 한국의 중학교 교사들 역시 수업 준비, 학생 지도, 행정 업무, 학부모 상담 등 다양한 역할을 동시에 해내야 하는 상황에 놓여 있습니다. 이러한 과중한 업무 부담은 교사들이 정작 가장 중요한 일인 학생들과의 교육적 상호작용과 개별 지도에 집중할 시간을 빼앗아 가고 있습니다.

**[그림 16] 교사 업무 부담과 AI의 역할**

교사들의 업무 과부하는 전세계적인 문제입니다. 교사는 수업 준비, 학생 지도, 행정 업무, 학부모 상담 등 역할을 하는 상황입니다. 과중한 업무 부담은 교사들이 정작 가장 중요한 일인 학생들과의 교육적 상호작용과 개별 지도에 집중할 시간을 빼앗아 가는데, AI는 교사들에게 실질적인 도움을 줄 수 있는 강력한 도구가 될 수 있습니다.

AI는 이런 상황에서 교사들에게 실질적인 도움을 줄 수 있는 강력한 도구가 될 수 있습니다. 반복적이고 정형화된 업무들을 자동화함으로써 교사들이 창의적이고 개별화된 교육 활동에 더 많은 시간과 에너지를 투입할 수 있게 만들어 줍니다. 하지만 여기서 중요한 것은 AI가 교사를 대체하는 것이 아니라 교사의 전문성을 더욱 빛나게 하는 보조 도구 역할을 한다는 점입니다.

수업 계획과 활동지 제작은 교사 업무 중에서도 많은 시간이 소요되는 영역입니다. 하나의 수업을 위해서도 학습 목표 설정, 단계별 활동 구성, 개별 수준을 고려한 자료 준비, 평가 방법 설계 등 복합적인 사고 과정이 필요합니다. AI는 이러한 복잡한 과정을 체계적으로 지원하여 교사들이 더 효율적으로 질 높은 수업을 준비할 수 있도록 도와줍니다.

## Claude/ChatGPT/Gemini를 활용한 수업 계획 수립

전문 교육 도구를 사용하기 전에, 먼저 범용 AI를 통해 수업의 기본 틀을 설계하는 것이 효과적입니다. 이러한 접근 방법은 교사들이 AI 도구에 지나치게 의존하지 않으면서도 체계적인 수업 설계 능력을 기를 수 있게 해줍니다.

### 프롬프트 예시 1: 포괄적 수업 계획 수립

"중학교 2학년 국어 시간에 '설득하는 글쓰기' 단원을 4차시로 가르치려고 합니다.

다음 조건을 고려한 수업 계획을 세워 주세요.

학급 현황:

- 학급 인원: 28명

- 수업 시간: 각 차시 45분

- 활용 가능한 기자재: 전자칠판, 태블릿 7대

- 학생 수준: 중위권 위주, 글쓰기에 어려움을 겪는 학생

이런 포괄적인 접근을 통해 교사들은 단순히 수업 내용만 나열하는 것이 아니라 학생들의 실제 상황과 교실 환경을 고려한 실용적인 수업 계획을 세울 수 있게 됩니다. AI는 교사가 놓칠 수 있는 세부적인 요소들까지 체계적으로 고려하여 제안해 주므로, 경험이 부족한 초임 교사들에게는 유용한 가이드 역할을 할 수 있습니다.

실제 활용 사례를 살펴보면, 한 중학교의 수학 교사는 AI의 도움으로 '일차방정식' 단원의 수업 계획을 세웠습니다. 학생들의 이해 수준이 다양하다는 점을 고려하여 AI가 제안한 단계별 활동을 통해 모든 학생이 참여할 수 있는 수업을 구성할 수 있었습니다. 교사는 "AI가 제안한 활동들을 보면서 내가 평소에 생각하지 못했던 접근 방법들을 발견할 수 있었다."라고 소감을 밝혔습니다.

## 활동지 제작의 체계적 접근

효과적인 활동지는 단순히 문제를 나열한 것이 아니라 학생들의 사고 과정을 단계적으로 안내하고 능동적 참여를 이끌어내는 교육적 도구입니다. AI는 이러한 활동지 제작 과정에서 교사의 교육적 의도를 구체적인 활동으로 구현하는 데 도움을 줄 수 있습니다.

### 프롬프트 예시 2: 학습자 중심 활동지 설계

"위의 수업 계획 중 2차시 '설득 전략 분석하기'에서 사용할 활동지를 제작해 주세요.

활동지 구성 요소:

1) 명확한 학습 목표 안내와 활동 개요

2) 서로 다른 입장의 설득문 예시 2개(찬성 vs 반대)

3) 학생들이 활용할 수 있는 분석 도구(논증 구조, 근거의 타

당성, 표현 기법 체크리스트)

4) 개인 활동과 모둠 활동의 균형잡힌 배치

5) 학생들의 사고를 단계적으로 심화시키는 질문 구성

6) 자기 평가와 동료 평가가 가능한 체크리스트

실용적 고려사항:

- 활동별 예상 소요 시간과 진행 가이드

- 교사가 순회 지도할 때 확인해야 할 핵심 포인트들

- 학습 부진 학생을 위한 힌트나 보조 자료

- 빠르게 활동을 마친 학생을 위한 추가 심화 문제

- 학습 장애나 한국어 미숙 학생을 위한 접근성 고려사
  항"

이런 세심한 고려를 통해 제작된 활동지는 모든 학생이 자신의 수준에서 의미 있는 학습 경험을 할 수 있도록 도와줍니다. 다양한 학습자의 특성을 고려한 차별화된 접근은 포용적 교육 환경을 만드는 데 중요한 역할을 합니다.

## AI 교육 도구들의 전문적 활용

범용 AI로 기본 틀을 잡은 후에는 교육 전문 AI 도구들을 활용하여 더욱 정교하고 체계적인 수업 자료를 만들 수 있습니다. 이러한 전문 도구들은 교육학적 이론과 실제 교실 경험

을 바탕으로 개발되어 더욱 교육 현장에 특화된 기능들을 제공합니다.

한 중학교에서는 AI 도구를 활용해 '일차방정식' 단원의 차시별 문제집을 제작했습니다. 각 학생의 수준에 맞는 문제들을 자동으로 생성하여 개별화 학습이 가능했고, 교사는 문제 제작에 들이던 시간을 학생 개별 상담에 투자할 수 있었습니다. 인상적이었던 점은 AI가 학생들의 오답 패턴을 분석하여 맞춤형 연습 문제를 제공할 수 있었다는 것입니다.

## 2. 채점과 피드백, 이제 더 빠르고 정확하게

### 평가의 패러다임 변화와 AI의 기여

전통적인 교육 평가는 주로 총괄평가 중심으로 이루어져 왔습니다. 학기 말이나 단원 말에 시험을 통해 학습 결과를 측정하는 방식이었죠. 하지만 현대 교육학에서는 학습 과정에서 지속적으로 이루어지는 형성평가의 중요성이 강조되고 있습니다. 형성평가는 학생들이 학습 과정에서 겪는 어려움을 즉시 파악하고 적절한 도움을 제공할 수 있게 해 주기 때문입니다.

하지만 현실적으로 교사 한 명이 20~30명의 학생들에게 개별적이고 즉각적인 피드백을 제공하는 것은 매우 어려운 일입니다. 글쓰기나 창의적 사고를 요구하는 과제의 경우 채점과 피드백에 많은 시간이 소요되어 교사의 부담이 가중됩니다. AI는 이러한 한계를 극복하는 데 중요한 역할을 할 수 있습니다.

AI 채점 시스템의 가장 큰 장점은 일관성과 즉시성입니다. 인간 교사의 경우 피로나 컨디션에 따라 채점 기준이 미묘하게 달라질 수 있지만, AI는 설정된 기준에 따라 일관된 평가를 제공합니다. 또한 학생이 과제를 제출하는 즉시 피드백을 받을 수 있어 학습 효과가 크게 향상됩니다.

### Claude/ChatGPT/Gemini를 활용한 피드백 생성

전문 채점 도구를 사용하기 전에, 범용 AI를 활용하여 학생들의 학습 결과물에 대한 구체적이고 건설적인 피드백을 생성하는 방법을 익히는 것이 중요합니다. 이는 교사들이 피드백의 원리와 방법을 이해하는 데도 도움이 됩니다.

**프롬프트 예시 3: 종합적 글쓰기 평가 및 피드백**

"다음은 중학교 2학년 학생이 쓴 '환경 보호' 주제의 설득문입니다.

교육적 관점에서 종합적으로 평가하고 학생의 성장을 돕는 피드백을 제공해 주세요.

[학생 작성 글]

환경 보호는 중요하다. 요즘 지구 온난화 때문에 날씨가 이상하다. 북극의 빙하가 녹고 있고 바다 수면이 올라가고 있다. 동물들도 사라지고 있다. 그래서 우리는 환경을 보호해야 한다. 일회용품을 적게 쓰고 분리수거를 잘 해야 한다. 대중교통을 이용하는 것도 좋다. 환경을 보호하지 않으면 지구가 망가질 것이다.

평가 영역별 분석:

　1) 글의 구조와 논리적 흐름(서론–본론–결론의 구성)

　2) 논증의 타당성과 설득력(주장과 근거의 연결)

　3) 근거의 구체성과 신뢰성

　4) 언어 표현의 정확성과 다양성

　5) 독자를 고려한 설득 전략

피드백 구성:

　– 잘한 점 2–3개(구체적 근거와 함께 격려)

　– 개선할 점 2–3개(구체적 방법과 예시 제시)

　– 다음 글쓰기를 위한 실천 가능한 조언

　– 학습 동기를 유지할 수 있는 긍정적 마무리

　– 전체적인 성취 수준(우수/보통/노력 필요)과 그 근거

중학생이 이해하기 쉽고 실천 가능한 표현으로 작성해 주세요."

이런 체계적인 피드백을 통해 학생들은 자신의 글쓰기에서 무엇이 잘 되었고 무엇을 개선해야 하는지 명확하게 알 수 있게 됩니다. 중요한 것은 단순히 점수나 등급을 매기는 것이 아니라 다음 학습을 위한 구체적인 방향을 제시한다는 점입니다.

실제로 한 중학교에서는 국어 교사가 AI를 활용해 학생들의 독서감상문에 개별 피드백을 제공했습니다. 구체적인 활용 방식은 다음과 같았습니다.

먼저 학생들이 손으로 작성한 독서감상문을 교사가 스마트폰으로 촬영했습니다. 그런 다음 Claude나 ChatGPT, 또는 Google AI Studio의 이미지 인식 기능을 활용해 손글씨를 텍스트로 변환하는 동시에 내용 분석을 요청했습니다.

### 손글씨 독서감상문 분석 프롬프트

"이 이미지는 중학생이 작성한 독서감상문입니다. 글씨를 읽어서 내용을 파악한 후, 글의 구성, 감상의 깊이, 표현력 등을 종합적으로 평가하고 개별 맞춤 피드백을 제공해 주세요."

또 다른 방법으로는 학생들이 디지털 기기로 직접 입력한 감상문을 활용하기도 했습니다. 학교의 태블릿이나 컴퓨터실에서 학생들이 작성한 글을 복사해서 AI에게 붙여 넣고 분석을 요청하는 방식이었습니다.

### 디지털 독서감상문 분석 프롬프트

"다음은 중학교 2학년 학생이 '어린왕자'를 읽고 쓴 독서감상문입니다.

[학생 글 내용]

이 글을 교육적 관점에서 분석하고, 학생의 성장을 돕는 구체적인 피드백을 작성해 주세요."

인상적이었던 점은 교사가 각 학생별로 개별화된 프롬프트를 사용했다는 것입니다.

### 개별화 프롬프트 예시 1: 학습 부진 학생용

"다음은 글쓰기에 자신감이 부족한 중학생이 작성한 독서감상문입니다.
[학생 글 내용]
이 학생은 글쓰기를 어려워하므로 격려 중심의 피드백을 제공해 주세요. 잘한 점을 먼저 언급하고, 개선점은 구체적이고 실천 가능한 방법으로 제시해 주세요."

## 개별화 프롬프트 예시 2: 우수 학생용

"다음은 글쓰기 실력이 뛰어난 중학생이 작성한 독서감상문입니다.

[학생 글 내용]

이 학생은 기본기가 탄탄하므로 더 높은 수준의 도전을 할 수 있는 심화 조언을 포함해 주세요. 비판적 사고나 창의적 표현 방법 등을 제안해 주세요."

28명의 학생 각각에게 맞춤형 피드백을 주는 것이 가능해졌고, 학생들은 "선생님이 내 글을 정말 자세히 읽어 주신 것 같다."라며 만족감을 표현했습니다. 교사 역시 "AI의 도움으로 각 학생의 글쓰기 특성을 더 정확히 파악할 수 있게 되었고, 이전에는 시간 부족으로 놓쳤던 세부적인 부분까지 피드백할 수 있게 되었다."라고 평가했습니다.

AI가 작성한 초안 피드백을 교사가 검토하고 캔버스 기능을 활용하여 수정·보완하여 최종판을 만드는 과정도 매우 유용했습니다. 교사는 AI가 제공한 피드백에서 해당 학생의 개별 상황이나 평소 수업 태도를 고려한 추가 조언을 덧붙이거나, 너무 딱딱한 표현을 따뜻하게 수정하는 등의 작업을 통해 더욱 인간적이고 개별화된 피드백을 완성할 수 있었습니다.

이러한 방식으로 AI의 체계적 분석력과 교사의 교육적 경험이 결합되어 학생들에게 최상의 피드백을 제공할 수 있게 되었습니다.

## 전문 채점 도구들의 교육적 활용

AI 기반 전문 채점 도구들은 객관적이고 일관된 평가를 가능하게 하며, 표절 검사나 문법 오류 검출 등의 기능을 통해 학업 무결성을 유지하는 데도 도움을 줍니다. 하지만 이러한 도구들을 사용할 때는 교육적 목적과 학습자 중심 관점을 잃지 않도록 주의해야 합니다.

한 중학교에서는 AI 표절 검사 도구를 활용해 학생들의 리포트 작성 과정을 지도했습니다. 학생들은 AI의 도움으로 자신의 글에서 인용과 참고 부분을 명확히 구분하는 방법을 배울 수 있었고, 윤리적 글쓰기 습관을 기를 수 있었습니다. 중요한 것은 이 과정이 학생들을 의심하거나 단속하기 위한 것이 아니라 올바른 학술적 글쓰기 방법을 가르치기 위한 교육적 도구로 활용되었다는 점입니다.

## 3. 학생 개개인의 학습 상태 한눈에 파악하기

### 데이터 기반 교육의 가능성과 한계

현대 교육에서는 직감이나 경험에만 의존하는 것이 아니라

[그림 17] 학습 데이터의 종합적 분석

AI를 활용한 학업 성취도 분석에서 중요한 포인트는 학습 전반의 종합적인 이해입니다. 문제를 푸는 과정, 시간 배분, 오답 패턴, 도움 요청 빈도 등 다양한 데이터를 종합하면, 개별 학생의 고유의 특성을 파악할 수 있으며, AI는 도움을 줄 수 있습니다.

구체적인 데이터를 바탕으로 한 의사결정의 중요성이 강조되고 있습니다. 학생들의 학습 데이터를 체계적으로 분석하면 개별 학생의 학습 패턴, 강점과 약점, 학습 속도 등을 객관적으로 파악할 수 있습니다. 이런 정보는 교사들이 더욱 효과적인 개별화 교육을 제공하는 데 중요한 기반이 됩니다.

하지만 데이터 기반 교육에는 주의해야 할 점들도 있습니다. 학습은 단순히 수치로만 측정할 수 있는 것이 아니며, 학생 개개인의 고유한 특성과 맥락을 고려해야 합니다. 또한 데이터의 해석에는 교사의 전문성과 교육적 판단이 반드시 필요합니다. AI는 데이터를 분석하고 패턴을 찾아내는 데는 뛰어나지만, 그 데이터가 의미하는 바를 교육적 맥락에서 해석하고 적절한 교육적 개입을 설계하는 것은 여전히 교사의 고유한 역할입니다.

## 학습 데이터의 종합적 분석

AI를 활용한 학습 분석에서 중요한 것은 단편적인 성적 정보가 아니라 학습 과정 전반에 대한 종합적인 이해입니다. 학생이 문제를 푸는 과정, 시간 배분, 오답 패턴, 도움 요청 빈도 등 다양한 데이터를 종합하면 그 학생만의 고유한 학습 특성을 파악할 수 있습니다.

### 프롬프트 예시 4: 종합적 학습 데이터 분석

"다음은 중학교 2학년 수학 '일차함수' 단원에서 수집한 한 학생의 학습 데이터입니다.

교육 전문가 관점에서 이를 분석하여 구체적인 교육적 조언을 제공해 주세요.

학습 데이터:

– 개념 이해도 평가: 70점 (학급 평균 75점)

– 계산 문제 정답률: 85%

– 응용 문제 정답률: 45%

– 그래프 그리기 정확도: 60%

　– 문제 해결 평균 소요 시간: 학급 평균보다 20% 더 소요

　– 자주 틀리는 유형: 그래프 해석, 실생활 응용 문제

　– 학습 참여도: 질문 빈도 낮음, 모둠 활동에서는 적극적

　– 숙제 제출률: 95% (대부분 성실히 완료)

　종합 분석 요청사항:

　　1) 이 학생의 수학 학습 특성과 패턴 분석

　　2) 강점과 약점의 구체적 식별

　　3) 학습 어려움의 근본 원인 추정

　　4) 개별화된 맞춤 학습 전략 제안

　　5) 단기(2–3주)와 중기(1개월) 목표 설정

　　6) 가정에서 실시할 수 있는 보충 학습 활동

　　7) 학습 동기 향상을 위한 구체적 방안

　교사가 학부모 상담에서 활용할 수 있는 설명 자료도 함께

　제공해 주세요."

이런 종합적 분석을 통해 교사는 학생 개개인에게 정말 필요한 도움이 무엇인지 정확히 파악할 수 있습니다. 위의 예시에서 보면 이 학생은 기본적인 계산 능력은 우수하지만 추상적 사고나 실생활 연결에서 어려움을 겪고 있음을 알 수 있습니다. 이는 단순히 더 많은 문제를 풀게 하는 것이 아니라 개

념적 이해를 돕는 다른 접근이 필요함을 시사합니다.

## 학습 어려움의 조기 발견과 개입

AI 학습 분석의 가장 큰 장점 중 하나는 학습 어려움을 조기에 발견할 수 있다는 점입니다. 전통적으로는 중간고사나 기말고사를 통해서야 학생의 어려움을 파악할 수 있었지만, AI 분석을 통해서는 일상적인 학습 과정에서 나타나는 미세한 신호들을 포착할 수 있습니다.

예를 들어, 어떤 학생이 갑자기 숙제 제출이 늦어지거나 온라인 학습 참여도가 떨어진다면, 이는 학습 내용의 어려움이나 개인적 문제를 나타내는 초기 신호일 수 있습니다. 이런 패턴을 AI가 감지하면 교사는 즉시 해당 학생에게 관심을 기울이고 적절한 도움을 제공할 수 있습니다.

한 중학교에서는 AI 학습 분석 시스템을 도입한 후 학습 부진 학생들을 조기에 발견하여 개별 지도를 실시할 수 있게 되었습니다. 수학에서 어려움을 겪던 한 학생의 경우, AI 분석을 통해 분수 계산에서의 근본적인 이해 부족이 발견되어 개별 보충 지도를 받을 수 있었습니다. 결과적으로 이 학생은 학기 말까지 상당한 학습 향상을 보였습니다.

## 4. 출석체크부터 일정관리까지 자동화

### 교사 업무의 재구조화 필요성

교사의 본질적 역할은 학생들을 가르치고 지도하는 것입니다. 하지만 현실적으로 많은 교사들이 출석 확인, 성적 관리, 각종 공문 처리, 행사 준비 등 행정 업무에 상당한 시간을 할애해야 하는 상황입니다. 이런 업무들이 모두 중요하지 않다는 것은 아닙니다. 하지만 이런 업무들이 과도하게 많아지면 교사들이 정작 중요한 교육 활동에 집중할 시간과 에너지가 부족해질 수 있습니다.

AI를 활용한 행정 업무 자동화는 이런 문제를 해결하는 효과적인 방법이 될 수 있습니다. 반복적이고 정형화된 업무들을 AI가 처리하게 되면, 교사들은 학생 개별 상담, 창의적 수업 설계, 학부모와의 소통 등 인간만이 할 수 있는 고유한 교육 활동에 더 많은 시간을 투입할 수 있게 됩니다.

### 출석 관리와 학생 생활 지도

출석 관리는 단순해 보이지만 실제로는 매우 중요한 교육 활동입니다. 학생의 출석 패턴은 학습 상태, 가정 상황, 교우 관계 등 다양한 정보를 담고 있기 때문입니다. AI는 이런 출석 데이터를 분석하여 교사가 놓칠 수 있는 중요한 신호들을 찾아낼 수 있습니다.

## 프롬프트 예시 5: 종합적 학급 운영 계획

"중학교 2학년 담임교사로서 효율적인 학급 운영을 위한 월간 계획을 세워 주세요.

학급 현황:

– 학생 수: 28명(남 14명, 여 14명)

– 특별 관리 학생: 3명(학습 부진 2명, 정서적 지원 필요 1명)

– 주요 학교 행사: 중간고사, 체육대회, 학부모 상담 주간

– 계절: 가을학기(9월)

월간 계획 구성 요소:

  1) 주별 중점 지도 사항과 목표

  2) 개별 학생 상담 일정(우선순위와 상담 포인트 포함)

  3) 학부모 소통 계획(전화, 문자, 대면 상담의 체계적 활용)

  4) 학급 분위기 개선과 공동체 의식 강화 활동

  5) 필수 행정 업무 처리 일정과 효율화 방안

  6) 돌발 상황 대응을 위한 여유 시간 확보 전략

실용적 고려사항:

  – 각 계획의 우선순위와 시간 배분

  – 업무 효율성을 높이는 구체적 방법

  – 교사 개인의 워라밸 유지 방안

  – 동료 교사나 학교 행정팀과의 협력 포인트"

이런 체계적인 계획을 통해 교사는 학급 운영을 더욱 효율적으로 할 수 있게 됩니다. 중요한 것은 모든 업무를 교사 혼자 처리하려 하지 않고, AI 도구나 동료와의 협력을 통해 업무 부담을 적절히 분산시키는 것입니다.

### 학부모 소통의 효율화

학부모와의 소통은 학생 교육에서 매우 중요한 부분이지만, 동시에 많은 시간과 에너지를 요구하는 영역이기도 합니다. AI는 이런 소통 과정을 더욱 효율적이고 체계적으로 만드는 데 도움을 줄 수 있습니다.

한 중학교에서는 AI를 활용한 출석 관리 시스템을 도입했습니다. 학생들의 출석 패턴을 분석하여 무단결석 위험이 높은 학생들을 사전에 파악하고, 해당 학생들에게 적절한 관심과 지원을 제공할 수 있었습니다. 또한 학부모에게 자동으로 출결 현황을 전송하여 가정과의 소통도 강화할 수 있었습니다.

### 데이터 기반 학급 운영

AI의 또 다른 장점은 학급 운영에 필요한 다양한 데이터를 종합적으로 분석할 수 있다는 점입니다. 학생들의 학습 데이터, 생활 지도 기록, 상담 내용, 학부모 면담 결과 등을 통합하여 분석하면 학급 전체의 상황을 더욱 정확히 파악할 수 있습니다.

### 프롬프트 예시 6: 학급 분위기 종합 분석

"최근 우리 학급에서 관찰되는 다음 상황들을 종합적으로 분석하고 개선 방안을 제시해 주세요.

관찰된 현상들:

– 모둠 활동에서 특정 학생들만 참여하는 경향 증가

– 쉬는 시간에 혼자 있는 학생들의 수 증가

– 수업 중 전반적인 집중도 저하

– 친구 간 사소한 갈등 빈발

– 학급 임원 선출이나 단체 활동에 소극적 참여

분석 요청사항:

1) 각 현상의 가능한 원인 분석 (개인적, 환경적, 발달적 요인)

2) 현상들 간의 상호 연관성과 악순환 구조

3) 학급 전체 분위기에 미치는 영향 평가

4) 단계별 개선 전략 (즉시 실행, 단기, 중장기)

5) 각 전략의 구체적 실행 방법과 예상 효과

6) 개선 효과를 측정할 수 있는 구체적 지표들

7) 교사 혼자 하기 어려운 부분의 협력 방안

이런 종합적 분석을 통해 교사는 학급 내에서 일어나는 다양한 현상들을 더 깊이 이해하고, 근본적인 해결책을 마련할 수 있게 됩니다. 개별 사건들을 따로 보는 것이 아니라 전체적인 맥락에서 이해하는 것이 중요합니다.

### AI 활용의 한계와 주의점

AI를 활용한 교사 업무 효율화는 분명히 많은 장점을 가지고 있지만, 동시에 주의해야 할 점들도 있습니다. 무엇보다 AI는 도구일 뿐이며, 교육의 본질적 가치와 인간적 관계는 여전히 교사의 고유한 영역이라는 점을 기억해야 합니다.

또한 학생들의 개인정보 보호와 데이터 보안에 각별한 주의를 기울여야 합니다. AI 시스템이 수집하고 분석하는 데이터에는 학생들의 민감한 개인정보가 포함될 수 있기 때문에, 이를 안전하게 보호하고 윤리적으로 활용하는 것이 매우 중요합니다.

마지막으로, AI에 지나치게 의존하지 않도록 주의해야 합니다. AI는 패턴을 찾고 데이터를 분석하는 데는 뛰어나지만,

교육적 판단과 인간적 직감은 여전히 교사만이 가진 고유한 능력입니다. AI의 분석 결과를 참고하되, 최종적인 교육적 결정은 교사의 전문성과 경험을 바탕으로 내려야 합니다.

### AI 시대의 새로운 평가 방식

AI 시대에 돌입한 이상 학생들이 수업과 과제에 AI를 활용하는 것은 절대로 금지될 수 없는 현실입니다. 중요한 것은 이를 무조건 막으려 하기보다는 올바른 활용 방법을 가르치고 적절한 평가 방식을 도입하는 것입니다. 다음과 같은 방식으로 교육과 평가를 보완할 수 있습니다.

### 사고 과정의 투명화

학생들에게 AI를 활용한 결과물을 제출할 때는 반드시 그 과정을 함께 설명하도록 해야 합니다. 어떤 프롬프트를 사용했는지, 어떤 작업 지시를 내렸는지, AI의 답변을 어떻게 수정하고 보완했는지 등의 전 과정을 상세히 기록하게 합니다. 이를 통해 학생들의 실제 사고 능력과 AI 활용 능력을 동시에 평가할 수 있습니다.

### 즉석 설명 평가

학생이 AI의 도움을 받아 완성한 과제나 프로젝트에 대해,

본인이 아무런 자료의 도움 없이 직접 구두로 설명하게 해야한다는 취지입니다. 이때는 AI나 다른 자료를 참고할 수 없으며, 오직 본인의 이해와 기억에만 의존해야 합니다. 이 과정을 통해 학생이 실제로 내용을 얼마나 이해했는지 확인할 수 있습니다.

## 실시간 토론 및 녹음 평가

위와 같은 방식으로 여러 학생들이 토론을 진행하게 하고, 그 토론 과정을 녹음합니다. AI 시대에는 음성을 텍스트로 변환하는 것이 어렵지 않으므로, 녹음된 토론 내용을 텍스트화한 후 이를 바탕으로 학생들의 사고력, 논리력, 의사소통 능력을 종합적으로 평가합니다. 이러한 실시간 상호작용 능력은 AI가 대체할 수 없는 인간 고유의 역량이기 때문에 더욱 중요한 평가 요소가 됩니다.

이런 방식의 평가는 AI 활용을 금지하는 것이 아니라 AI와 함께 성장하는 능력을 기르는 데 초점을 맞춘 것입니다. 학생들은 AI를 도구로 활용하되, 자신만의 사고와 판단 능력을 잃지 않도록 균형을 유지할 수 있게 됩니다.

교사 업무 효율화를 위한 AI 활용은 결국 교사들이 본연의 교육 활동에 더 집중할 수 있게 하는 것이 목표입니다. 반복적이고 정형화된 업무는 AI가 처리하게 하고, 교사는 학생들

과의 인간적 상호작용, 창의적 교육 활동 설계, 개별 학생의
성장 지원 등에 더 많은 시간과 에너지를 투입할 수 있게 되
는 것입니다. 이런 변화가 성공적으로 이루어진다면, 교사는
더욱 의미 있고 보람 있는 교육 활동을 할 수 있게 될 것이고,
학생들 역시 더 나은 교육 경험을 할 수 있게 될 것입니다.

# 4부

# 고등학생과 AI의 진지한 만남
## – 미래 인재로 성장하기

고등학교는 학생들이 성인으로 발돋움하며 미래 진로를 구체적으로 준비하는 결정적인 시기입니다. 이 단계에서 인공지능은 단순한 학습 도구를 넘어서 학생들이 복잡한 문제를 해결하고, 깊이 있는 연구를 수행하며, 미래 사회가 요구하는 핵심 역량을 기를 수 있도록 돕는 강력한 파트너 역할을 합니다. 현재 전 세계적으로 교육계는 AI 시대에 맞는 새로운 학습 방식과 평가 체계를 모색하고 있으며, 고등교육 단계에서는 이러한 변화가 가장 역동적으로 나타나고 있습니다.

# 13장

## 대학생 못지않은
## 고급 연구 활동

AI

### 1. AI 연구 비서와 함께하는 전문 자료 조사

현대 연구 환경에서 정보의 양은 기하급수적으로 증가하고 있습니다. 고등학생들이 심화 연구 프로젝트나 졸업 논문을 작성할 때, 방대한 학술 자료 속에서 핵심 정보를 찾아내는 것은 매우 어려운 과제입니다. 이때 AI 기반 연구 조교 서비스들이 강력한 도구가 될 수 있습니다.

### Elicit 활용 전략

Elicit은 학술논문 검색과 분석에 특화된 AI 도구입니다. 고등학생들이 이를 효과적으로 활용하려면 먼저 명확한 연구 질문을 설정해야 합니다. 예를 들어, "기후변화가 한국의 농업에 미치는 영향"이라는 주제로 연구할 때는 다음과 같은 프롬프트를 사용할 수 있습니다.

Climate change impacts on South Korean agriculture in the last 10 years, focusing on crop yield changes and adaptation strategies.

Elicit은 이 질문에 대해 관련 논문들을 찾아주고, 각 논문의 핵심 내용을 요약해 줍니다. 학생들은 이를 통해 연구 동향을 파악하고, 자신의 연구 방향을 구체화할 수 있습니다.

## Claude나 ChatGPT를 활용한 기초 문헌 조사

전문 도구를 사용하기 전에, 일반적인 AI 챗봇으로도 효과적인 문헌 조사가 가능합니다. Claude에게 다음과 같이 요청해 보세요.

기후변화가 한국 농업에 미치는 영향에 대한 연구를 시작하려고 합니다. 이 주제와 관련된 주요 연구 분야, 핵심 키워드, 그리고 참고할 만한 학술지나 연구기관을 제안해 주세요. 또한 고등학생 수준에서 접근 가능한 연구 방법론도 함께 알려주세요.

AI는 연구 주제의 전체적인 맥락을 제공하고, 세부 연구 질문들을 도출하는 데 도움을 줄 것입니다. 이후 구체적인 문헌 검색을 위해 다음과 같은 프롬프트를 사용할 수 있습니다.

위 주제에 대해 최근 5년간 발표된 주요 연구 성과를 요약해 주세요. 한국의 주요 작물(쌀, 배추, 사과 등)에 대한 구체적인 영향 사례가 있다면 자세히 설명해 주세요.

### Research Rabbit AI를 통한 연구 네트워크 탐색

Research Rabbit AI는 논문 간의 연관성을 시각화하여 보여주는 도구입니다. 학생들이 하나의 논문을 찾았을 때, 이와 관련된 다른 논문들을 쉽게 발견할 수 있도록 도와줍니다. 이는 연구의 전체적인 맥락을 이해하고, 놓칠 수 있는 중요한 연구들을 찾아내는 데 매우 유용합니다.

### 2. 복잡한 데이터도 척척 분석하고 시각화하기

현대 사회의 많은 문제들은 복잡한 데이터 분석을 통해서만 제대로 이해할 수 있습니다. 고등학생들도 실제 데이터를 다루며 의미 있는 인사이트를 도출하는 경험이 필요합니다.

### Claude를 활용한 데이터 분석 입문

데이터 분석 전문 도구를 사용하기 전에, Claude나 ChatGPT 같은 일반 AI를 활용해 데이터 분석의 기초를 익힐

[그림 18] 복잡한 데이터도 척척 분석하고 시각화하기

연구 환경에서 정보의 양은 기하급수적으로 증가하고 있습니다. 심화 연구 프로젝트나 졸업 논문을 작성할 때, 방대한 학술 자료 속에서 핵심 정보를 찾아내는 것은 매우 어려운 과제입니다. 이때 AI 기반 연구 조교 서비스는 중요한 도구가 되어줍니다.

수 있습니다. 예를 들어, 학교 급식 만족도 조사 데이터가 있다면 다음과 같이 요청할 수 있습니다.

다음 급식 만족도 데이터를 분석해 주세요: [데이터 첨부]. 평균, 표준편차, 그리고 학년별 차이를 계산하고, 이 결과가 의미하는 바를 고등학생이 이해할 수 있도록 설명해 주세요. 또한 이 데이터를 효과적으로 시각화할 수 있는 방법도 제안해 주세요.

AI는 통계적 분석뿐만 아니라 그 결과의 의미를 해석하고, 적절한 시각화 방법을 제안해 줄 것입니다.

## Python과 AI의 협업을 통한 고급 분석

더 복잡한 분석이 필요한 경우, Claude에게 Python 코드 작성을 요청할 수 있습니다.

기후 데이터(온도, 강수량)와 작물 수확량 데이터의 상관관계를 분석하는 Python 코드를 작성해 주세요. pandas와 matplotlib을 사용하여 데이터를 읽고, 상관관계를 계산하며, 산점도로 시각화하는 전체 과정을 포함해 주세요. 각 단계마다 주석을 달아서 초보자도 이해할 수 있도록 해 주세요.

AI는 완전한 분석 스크립트를 제공하고, 각 단계의 의미를 설명해 줄 것입니다. 학생들은 이를 통해 실제 데이터 과학의 과정을 체험할 수 있습니다.


## 3. 논문 쓰기의 처음부터 끝까지 AI 도움받기

학술적 글쓰기는 고등학생들에게 가장 도전적인 과제 중 하나입니다. AI 도구들은 이 과정에서 강력한 조력자 역할을 할 수 있습니다.


## 체계적인 논문 구성하기

논문 작성의 첫 단계는 명확한 구조를 잡는 것입니다. Claude에게 다음과 같이 요청해 보세요.

'소셜미디어가 청소년의 정신건강에 미치는 영향'이라는 주제로 고등학생 수준의 연구논문을 작성하려고 합니다. 논문의 전체 구조를 제안하고, 각 섹션에서 다뤄야 할 핵심 내용을 구체적으로 제시해 주세요. 또한 각 섹션의 대략적인 분량도 함께 알려주세요.

AI는 서론, 문헌고찰, 연구방법, 결과, 토론, 결론의 표준적인 구조를 제시하고, 각 부분에서 어떤 내용을 어떻게 다뤄야 하는지 상세히 안내해 줄 것입니다.

### 논증 구조 강화하기

논문의 핵심은 논리적인 논증입니다. 학생들이 작성한 초안에 대해 다음과 같이 피드백을 요청할 수 있습니다.

다음은 제가 작성한 논문의 서론 부분입니다: [텍스트 첨부]. 논리적 흐름이 자연스러운지, 주장과 근거가 명확히 연결되어 있는지 검토해 주세요. 개선이 필요한 부분이 있다면 구체적인 수정 방안을 제시해 주세요.

### Grammarly AI와 QuillBot을 활용한 문체 개선

전문 교정 도구들을 사용하기 전에, 일반 AI로도 상당한 수준의 교정이 가능합니다. Claude에게 다음과 같이 요청해 보세요.

다음 문단을 학술적 글쓰기 스타일에 맞게 수정해 주세요: [텍스트 첨부]. 문법 오류를 교정하고, 더 정확하고 명확한 표현으로 바꿔주세요. 또한 어조가 너무 informal하다면 academic tone으로 조정해 주세요.

Grammarly AI는 이보다 더 정교한 문법 검사와 스타일 제안을 제공합니다. 영어 논문을 작성할 때 매우 유용합니다. QuillBot은 문장을 다양한 방식으로 재구성해 주어, 표현의 다양성을 높이는 데 도움을 줍니다.

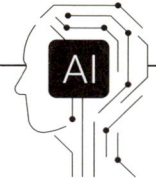

# 나만의 학습 여정 설계하고
## 전문성 기르기

**14장**

### 1. 개인 맞춤형 학습 과학으로 효율적 공부법 찾기

고등교육에서 가장 중요한 변화 중 하나는 학습이 개별화되고 있다는 점입니다. 과거의 일률적인 교육 방식에서 벗어나, 각 학습자의 능력과 관심사, 학습 속도에 맞춘 맞춤형 교육이 현실이 되고 있습니다. 인공지능은 이러한 개인화 교육의 핵심 동력이 되어, 학습자 개개인이 자신만의 학습 여정을 설계하고 전문성을 깊이 있게 발전시킬 수 있도록 돕고 있습니다.

전 세계적으로 교육 불평등이 심화되고 있는 상황에서, AI

기반 개인화 학습은 단순한 기술적 혁신을 넘어서 사회적 공정성을 실현하는 도구로 주목받고 있습니다. 핀란드와 에스토니아 같은 교육 선진국에서는 이미 AI 기반 적응형 학습 시스템을 국가 차원에서 도입하고 있으며, 미국의 많은 주요 대학들도 AI 튜터링 시스템을 통해 학생들의 학습 성과를 크게 향상시키고 있습니다.

LearnLM을 활용한 학습 과학 기반의 개인화된 학습 경험

학습 과학(Learning Science)은 인간이 어떻게 학습하는지를 연구하는 학문 분야로, 인지과학, 교육심리학, 신경과학 등의 연구 성과를 종합하여 효과적인 학습 방법을 제시합니다. Google의 LearnLM은 이러한 학습 과학의 원리를 AI 시스템에 구현한 대표적인 사례입니다.

LearnLM은 단순한 AI 모델이 아닙니다. 이는 Gemini를 기반으로 구축된 학습에 특화된 AI 모델 패밀리로, 학습 과학과 교육학적 원리를 깊이 반영하여 설계되었습니다. ChatGPT나 다른 범용 AI 모델들과 달리, LearnLM은 교육 맥락에서의 효과성을 극대화하기 위해 특별히 훈련되었습니다. 이 모델은 단순히 정보를 제공하는 것을 넘어서, 실제로 학습자가 지식을 구성하고 이해를 심화시킬 수 있도록 돕는 진정한 의미의 '디지털 튜터' 역할을 수행합니다.

LearnLM의 가장 주목할 만한 특징은 능동적 학습을 촉진한

다는 점입니다. 전통적인 AI 모델들이 질문에 대한 답변을 제공하는 수동적 접근을 취하는 반면, LearnLM은 상호작용적인 연습 기회를 창출하고 실시간 피드백을 제공하여 학습자가 적극적으로 학습 과정에 참여하도록 유도합니다. 이는 구성주의 학습 이론의 핵심 원리를 AI 시스템에 구현한 것으로, 학습자가 스스로 지식을 구성해 나가는 과정을 지원합니다.

또한 LearnLM은 인지 부하 관리에 특별한 주의를 기울입니다. 인지 부하 이론에 따르면, 학습자의 작업 기억은 한정적이므로 정보를 효과적으로 처리하고 저장하기 위해서는 적절한 인지 부하 관리가 필요합니다. LearnLM은 이러한 원리를 적용하여 명확하고 구조화된 다중 모달 형식으로 정보를 제시함으로써 학습자가 집중력과 기억력을 최적으로 유지할 수 있도록 돕습니다.

학습자 개별화 측면에서 LearnLM은 각 학습자의 연령, 기술 수준, 학습 스타일, 그리고 특정 요구사항에 따라 톤, 콘텐츠, 그리고 학습 자료를 동적으로 조정합니다. 이는 개별화 학습 이론의 실질적 구현으로, 모든 학습자가 자신의 속도와 방식에 맞춰 최적의 학습 경험을 얻을 수 있도록 합니다.

LearnLM의 또 다른 중요한 특징은 호기심을 자극하는 능력입니다. 내재적 동기 이론에 기반하여, 이 모델은 다양한 동기 부여 전략을 사용하여 학습자들의 참여를 유도하고 학습 자료에 대한 진정한 관심을 불러일으킵니다. 이는 단순한 외재적 보상이 아닌, 학습 자체에서 오는 즐거움과 만족감을 통해 지속적인 학습 동기를 유지하도록 돕습니다.

메타인지 발달 지원은 LearnLM의 가장 혁신적인 기능 중 하나입니다. 메타인지는 '생각에 대한 생각'으로, 자신의 학습 과정을 인식하고 조절하는 능력을 의미합니다. LearnLM은 학습자가 자신의 학습 진행 상황을 계획하고, 모니터링하며, 성찰할 수 있도록 체계적으로 안내함으로써 평생학습 시대에 필수적인 자기주도학습 능력을 기를 수 있도록 돕습니다.

## LearnLM 접근 방법과 실제 활용

실제로 LearnLM에 접근하는 방법은 여러 가지가 있습니다. 가장 직접적인 방법은 Google AI Studio를 통한 것입니다. Google AI Studio는 웹 브라우저를 통해 무료로 접근할 수 있는 통합 개발 환경으로, 생성형 AI 모델을 프로토타이핑하고 실험할 수 있는 플랫폼입니다. 사용자는 Google 계정으로 aistudio.google.com에 접속한 후, 새 프롬프트를 생성하고 모델 드롭다운 메뉴에서 "LearnLM 1.5 Pro Experimental"을 선택하여 이 혁신적인 교육용 AI를 체험할 수 있습니다.

현재 LearnLM은 3만 2,000개의 입력 토큰으로 제한되어 있어 다른 Gemini 버전의 200만 토큰과 비교하면 상당한 제약이 있지만, 대부분의 교육적 상호작용에는 충분한 용량을 제공합니다. 이러한 제한은 향후 개선될 것으로 예상되며, Google은 이미 LearnLM을 Gemini 2.5에 직접 통합하여 세계 최고의 학습용 모델로 발전시키고 있다고 발표했습니다.

LearnLM은 또한 YouTube, Google Search, Google Classroom, Circle to Search 등 기존 Google 제품에 이미 통합되어 있어, 사용자들이 일상적으로 사용하는 플랫폼에서 자연스럽게 향상된 학습 경험을 제공받을 수 있습니다. Google Classroom에서의 파일럿 프로그램을 통해 교육자들은 수업 계획 수립, 맞춤형 학습 자료 생성, 그리고 개별 학생의 요구에 맞춘 콘텐츠 차별화 등의 업무에서 LearnLM의 지원을 받을 수 있습니다.

가격 측면에서 LearnLM은 매우 접근 가능한 도구입니다. Google AI Studio를 통한 기본 접근은 완전히 무료이며, 18세 이상의 학생들은 2026년 기말고사까지 Google AI Pro 플랜을 무료로 사용할 수 있는 특별 혜택을 제공받습니다. 이 학생용 무료 플랜에는 Gemini 2.5 Pro 접근, Deep Research 기능, NotebookLM의 향상된 기능, 그리고 2TB의 저장 공간이 포함되어 있어 학업에 필요한 대부분의 AI 기능을 무료로 활용할 수 있습니다.

## 범용 AI를 활용한 학습 과학 원리 적용

하지만 LearnLM과 같은 전문 시스템에 접근하기 어려운 상황에서도, Claude나 ChatGPT, Gemini 같은 일반적인 AI 시스템을 활용하여 학습 과학의 원리를 적용한 개인화된 학습을 경험할 수 있습니다. 이러한 범용 AI 도구들을 교육적으로 활용할 때는 적절한 프롬프트 설계와 상호작용 전략을 통해 LearnLM과 유사한 학습 효과를 얻을 수 있으며, 이는 더 많은 학습자들이 AI 기반 개인화 학습의 혜택을 누릴 수 있는 현실적인 방안을 제시합니다.

효과적인 개인화 학습의 첫 단계는 자신의 학습 스타일과 선호도를 파악하는 것입니다. 이를 위해 AI와 대화를 통해 체계적인 자기 분석을 수행할 수 있습니다. Claude에게 다음과 같이 요청해 보세요.


"저의 학습 스타일을 분석하고 맞춤형 학습 전략을 세우고 싶습니다.

다음 정보를 바탕으로 저에게 가장 효과적인 학습 방법을 제안해 주세요:

저는 시각적 자료(그래프, 도표, 이미지)를 볼 때 이해가 빠릅니다.

새로운 개념을 배울 때 구체적인 예시가 있어야 이해됩니다.

혼자 공부할 때보다 누군가와 토론하면서 배울 때 더 잘 기억됩니다.

수학과 과학 과목을 좋아하지만, 암기 위주의 학습은 어려워합니다.

집중력이 30-40분 정도 지속되고, 그 이후에는 휴식이 필요합니다.

이런 특성을 가진 저에게 물리학을 효과적으로 학습할 수 있는 구체적인 전략을 제시해 주세요.

일일 학습 계획표도 함께 만들어 주세요."

AI는 이러한 정보를 종합하여 시각적 학습자의 특성에 맞는 학습 전략을 제시할 것입니다. 예를 들어, 물리 개념을 시각화할 수 있는 도구 추천, 토론식 학습을 위한 온라인 커뮤니티 활용법, 그리고 집중력 패턴에 맞는 학습 스케줄 등을 포함한 종합적인 계획을 받을 수 있습니다.

학습 과학의 핵심 원리 중 하나는 '적응형 학습(Adaptive Learning)'입니다. 이는 학습자의 이해도와 진도에 따라 학습 내용과 난이도를 실시간으로 조정하는 방식입니다. 일반적인 AI 시스템을 활용하여서도 이러한 적응형 학습을 경험할 수 있습니다.

"저는 미적분학을 배우고 있는데, 극한의 개념은 잘 이해했지만 연속성과 미분가능성의 관계에서 어려움을 겪고 있습니다. 제가 이해한 내용을 확인하고, 부족한 부분을 채울 수 있도록 단계적으로 학습을 안내해 주세요:

먼저 제가 극한에 대해 아는 내용을 설명하겠습니다.

그 다음 연속성에 대한 제 이해를 점검해 주세요.

마지막으로 미분가능성까지 연결하여 이해할 수 있도록 도와주세요.

각 단계에서 제가 확실히 이해했는지 확인하는 질문도 해주시고,

필요하다면 더 쉬운 예시나 다른 설명 방식을 제시해 주세요."

이런 방식으로 AI와 상호작용하면, 학습자의 현재 이해 수준을 정확히 파악하고 다음 단계로 자연스럽게 연결할 수 있습니다. AI는 학습자가 어려워하는 부분을 감지하면 자동으로 더 쉬운 설명이나 추가 예시를 제공하여 학습 격차를 메워 줍니다.

## 메타인지 능력 개발을 통한 자기주도학습

학습 과학에서 강조하는 또 다른 중요한 개념은 '메타인지(Metacognition)'입니다. 이는 자신의 학습 과정을 인식하고 조절하는 능력으로, 평생학습 시대에 필수적인 역량입니다. AI

는 학습자가 자신의 학습 과정을 객관적으로 성찰할 수 있도록 도와줍니다.

"저의 학습 과정을 분석하고 개선점을 찾고 싶습니다.

지난 주 화학 공부 패턴을 설명하겠습니다:

월요일: 2시간 연속으로 유기화학 이론 공부, 피곤해서 집중도 떨어짐

화요일: 30분씩 3번 나누어 문제 풀이, 이해도 높았음

수요일: 친구와 1시간 동안 어려운 개념 토론, 많은 것을 깨달음

목요일: 온라인 강의 1시간 시청 후 바로 잠, 기억이 잘 안 남

금요일: 전 단원 복습하며 개념 정리, 전체적인 연결 이해됨

이 패턴을 분석하여:

어떤 학습 방식이 저에게 가장 효과적인지 찾아주세요

비효율적인 부분은 어떻게 개선할 수 있을지 제안해 주세요

다음 주 학습 계획을 더 효과적으로 세우는 방법을 알려주세요."

AI는 이러한 학습 패턴을 분석하여 개별 학습자에게 최적화된 학습 전략을 도출해 줍니다. 예를 들어, 분산 학습의 효과성, 사회적 학습의 중요성, 그리고 인출 연습의 필요성 같은 학습 과학의 원리들을 구체적인 상황에 적용하여 설명해 줄 것입니다.

현재 LearnLM에는 몇 가지 제한사항이 있습니다. 때로는 충분히 격려하는 톤으로 소통하지 않을 수 있고, 학생들의 답변 정확성을 식별하는 데 어려움을 겪을 수 있으며, 다른 생성형 AI 모델들과 마찬가지로 환각 현상, 즉 잘못된 정보를 생성할 가능성도 있습니다. 하지만 이러한 한계에도 불구하고 LearnLM은 교육 분야에서 AI의 활용 가능성을 보여주는 혁신적인 도구로, 앞으로 더욱 발전하여 개인화된 학습 경험의 새로운 표준을 제시할 것으로 기대됩니다.

## 2. 24시간 언제든 도움받는 AI 개인교사 시스템

AI 튜터링 시스템의 가장 큰 장점은 시간과 장소의 제약 없이 개인화된 학습 지원을 받을 수 있다는 점입니다. 조지아 공과대학교의 Jill Watson, Khan Academy의 Khanmigo, Duolingo의 AI 튜터 등은 이미 수백만 명의 학습자들에게 효과적인 학습 경험을 제공하고 있습니다. 하지만 이런 전문 시스템에 접근하기 어려운 상황에서도, 일반적인 AI를 활용하여 유사한 수준의 개인화된 튜터링을 받을 수 있습니다.

### 소크라테스식 대화를 통한 깊이 있는 학습

AI 튜터의 가장 강력한 기능 중 하나는 소크라테스식 대화법을 통해 학습자 스스로 답을 발견하도록 돕는 것입니다. 이

**[그림 19] 24시간 피드백과 오개념 교정**

AI 튜터의 중요한 역할은 학습자의 오개념을 즉시 발견하고 교정하는 것입니다. 전통적인 교실 환경에서는 쉽지 않은 일이지만, AI와의 일대일 상호작용에서는 매우 효과적으로 구현할 수 있습니다.

는 단순히 정답을 제공하는 것보다 훨씬 깊이 있는 이해를 가능하게 합니다. 소크라테스 방법은 고대 그리스 철학자 소크라테스가 사용한 교육 방법으로, 직접적인 답변 대신 체계적인 질문을 통해 학습자가 스스로 진리를 발견하도록 이끄는 기법입니다.

"저는 경제학에서 '기회비용' 개념을 배우고 있는데,

이론적으로는 이해했지만 실제 상황에 적용하기 어렵습니다.

직접 답을 알려주지 말고, 소크라테스식 질문을 통해

제가 스스로 이 개념을 완전히 이해할 수 있도록 도와주세요.

다음 상황부터 시작해 주세요:

'고등학생인 제가 주말에 아르바이트를 할지, SAT 준비 학원에 갈지 고민하고 있습니다.'

이 상황에서 기회비용의 개념을 제가 스스로 발견할 수 있도록

적절한 질문들을 단계적으로 해 주세요."

AI는 이런 요청에 대해 "그 두 선택지 중에서 하나를 선택한다면, 무엇을 포기하게 될까요?"와 같은 유도 질문부터 시작하여, 학습자가 스스로 기회비용의 본질을 깨달을 수 있도록 체계적으로 대화를 이끌어 갈 것입니다. 이러한 접근법은 학습자의 사고력을 기르고 개념에 대한 깊은 이해를 촉진합니다.

## 실시간 피드백과 오개념 교정

AI 튜터의 또 다른 중요한 역할은 학습자의 오개념을 즉시 발견하고 교정하는 것입니다. 이는 전통적인 교실 환경에서는 쉽지 않은 일이지만, AI와의 일대일 상호작용에서는 매우 효과적으로 구현할 수 있습니다. 오개념은 학습 과정에서 자연스럽게 형성되는 잘못된 이해로, 이를 조기에 발견하고 교

정하지 않으면 후속 학습에 심각한 장애가 될 수 있습니다.

 "물리학 문제를 풀고 있는데 제 풀이 과정을 검토해 주세요:

 문제: 마찰이 없는 경사면에서 질량 5kg인 물체가 10m/s의 속도로 올라가다가 정지했습니다. 경사면의 높이는?


 문제 풀이:

 운동에너지 = (1/2)mv² = (1/2) × 5 × 10² = 250J

 위치에너지 = mgh = 5 × 10 × h = 50h

 에너지 보존: 250 = 50h

 따라서 h = 5m

 제 풀이가 맞나요? 틀렸다면 어디서 실수했는지,

 그리고 올바른 접근 방법은 무엇인지 설명해 주세요."

 AI는 이런 문제에서 풀이 과정의 각 단계를 검토하고, 정확한 부분은 격려하며, 오류가 있는 부분은 구체적으로 지적하여 교정할 수 있도록 도와줄 것입니다. 이 예시에서는 풀이가 올바르므로 학습자의 이해를 확인하고 관련된 심화 개념들을 추가로 설명할 수 있습니다.


## 개인화된 문제 생성과 난이도 조절

 AI 튜터는 학습자의 수준에 맞춘 문제를 무한히 생성할 수 있다는 장점이 있습니다. 이는 충분한 연습 기회를 제공하면서도 지루함을 방지할 수 있는 효과적인 방법입니다. 적응형 문제 생성은 학습자의 현재 능력과 학습 진도를 실시간으로 분석하여 최적의 도전 수준을 제공하는 고도화된 교육 기법입니다.

"저는 이차함수를 공부하고 있습니다. 현재 수준은,

일반형 $ax^2 + bx + c$의 그래프 그리기: 가능

꼭짓점 형태 $a(x-h)^2 + k$로 변환: 가능

판별식을 이용한 실근 판정: 어려움

이차함수의 최댓값, 최솟값 구하기: 보통

제 수준에 맞는 연습문제를 5개 만들어 주세요.

너무 쉽지도 어렵지도 않게, 현재 이해한 내용을 활용하면서 새로운 개념도 자연스럽게 익힐 수 있는 문제들로 부탁합니다.

각 문제를 풀고 나면 다음 문제를 주시고,

제가 틀리면 힌트를 주신 다음 다시 도전할 수 있도록 해 주세요."

이런 방식으로 AI와 상호작용하면, 개별 학습자의 속도와 이해도에 맞춰 점진적으로 학습 난이도를 높여가며 효과적으로 실력을 향상시킬 수 있습니다. AI는 학습자의 성취도를 지속적으로 모니터링하여 적절한 시점에 새로운 개념을 도입하

거나 복습을 제안할 수 있습니다.

## 학습 동기 유지와 성취감 제공

장기간의 학습 과정에서 동기를 유지하는 것은 매우 중요한 과제입니다. AI 튜터는 학습자의 진전 상황을 추적하고 적절한 격려와 피드백을 제공하여 학습 동기를 지속적으로 유지할 수 있도록 도와줍니다. 동기 유지는 인지적 측면뿐만 아니라 정서적 측면에서도 학습 효과에 큰 영향을 미치는 중요한 요소입니다.

"저는 지난 달부터 프로그래밍을 독학하고 있습니다.

현재까지의 학습 진행 상황을 공유하니 분석해 주시고,

앞으로의 학습 계획과 동기 부여 방안을 제안해 주세요:

학습 진행 상황:

1주차: Python 기초 문법 (변수, 자료형, 조건문)

2주차: 반복문과 함수 (for, while, def)

3주차: 리스트와 딕셔너리 활용

4주차: 파일 입출력과 예외 처리

어려웠던 점:

함수의 매개변수와 반환값 개념이 헷갈렸음

딕셔너리 활용이 생각보다 복잡했음

에러 메시지를 읽고 해결하는 것이 어려웠음

성취감을 느낀 점:

간단한 계산기 프로그램을 만들었을 때

파일에서 데이터를 읽어서 처리했을 때

다음 학습 목표: 웹 크롤링으로 데이터 수집하기"

AI는 이런 정보를 바탕으로 학습자의 성과를 객관적으로 평가하고, 어려웠던 부분에 대한 추가 학습 방안을 제시하며, 앞으로의 학습 계획을 구체적으로 수립하는 데 도움을 줄 것입니다. 또한 학습 과정에서 느낀 성취감을 기반으로 지속적인 동기 부여 전략도 함께 제안할 수 있습니다.

## 3. 내 미래 직업을 위한 스킬 로드맵 그리기

21세기의 직업 세계는 빠르게 변화하고 있으며, 새로운 기술과 직무가 계속해서 등장하고 있습니다. 이런 환경에서 학습자들은 단순히 현재의 지식을 습득하는 것을 넘어서, 미래의 변화에 대응할 수 있는 역량을 기르고 전략적으로 경력을 설계해야 합니다. AI 기반 기술 스택 플랫폼들은 이러한 장기적인 학습 여정과 경력 개발을 체계적으로 지원합니다.

### 개인화된 경력 경로 탐색

현대의 고등학생들은 이전 세대보다 훨씬 다양하고 복잡한 진로 선택지를 가지고 있습니다. AI와 디지털 기술의 발전으

[그림 20] 내 미래 직업, 로드맵 그리기

요즘 고등학생은 이전 세대보다 훨씬 다양하고 복잡한 진로 선택지를 가지고 있습니다. AI와 디지털 기술의 발전으로 새 직업군이 생겨나 전통적인 진로 상담만으로는 충분하지 않습니다. AI는 방대한 직업 정보와 시장 동향을 분석하여 개인화된 경력 조언을 제공할 수 있습니다. 노동 통계, 기술 트렌드, 교육 요구사항, 그리고 개인의 적성과 관심사를 종합적으로 고려하여 이루어집니다.

로 새로운 직업들이 계속해서 생겨나고 있어, 전통적인 진로 상담만으로는 충분하지 않습니다. AI는 방대한 직업 정보와 시장 동향을 분석하여 개인화된 경력 조언을 제공할 수 있습니다. 이러한 분석은 노동 통계, 기술 트렌드, 교육 요구사항, 그리고 개인의 적성과 관심사를 종합적으로 고려하여 이루어집니다.

"저는 수학과 컴퓨터를 좋아하는 고등학교 2학년 학생입니다.

구체적인 관심사와 현재 상황을 말씀드리니,

제게 맞는 진로들을 탐색해 주세요:

관심 분야:

데이터를 분석해서 패턴을 찾는 것을 좋아함

복잡한 수학 문제를 푸는 것에 흥미를 느끼지만, 순수 수학 보다는 실용적 적용을 선호

사회 문제(환경, 불평등 등)에 관심이 많음

사람들과 소통하는 것도 좋아하지만, 혼자 집중해서 일하는 것도 괜찮음

현재 역량:

Python 기초 프로그래밍 가능

통계학 기초 이해

영어 실력: 중급 수준

수학 성적: 상위 10% 내

이런 저에게 적합한 직업들을 제시하고, 각 직업별로:

구체적인 업무 내용과 하루 일과

필요한 학위와 기술 스택

현재부터 대학 졸업까지의 준비 계획

10년 후 이 분야의 전망과 변화 예상

을 상세히 알려주세요."

AI는 이런 개인 정보를 종합하여 데이터 사이언티스트, 사

회적 영향 분석가, 환경 데이터 전문가, 정책 분석가 등 구체적인 직업들을 제시하고, 각각에 대한 현실적이고 실행 가능한 계획을 제공할 것입니다. 이러한 분석에는 해당 직업의 성장 전망, 평균 연봉, 필요한 교육 경로, 그리고 업계의 주요 기업들에 대한 정보도 포함됩니다.

**기술 스택 로드맵 설계**

현대의 많은 직업들은 여러 기술의 조합을 요구합니다. 기술 분야에서는 끊임없이 새로운 도구와 방법론이 등장하기 때문에, 체계적인 기술 학습 계획이 필수적입니다. AI는 목표 직업에 필요한 기술들을 분석하고, 학습자의 현재 수준에서 시작하여 단계적으로 역량을 쌓아갈 수 있는 로드맵을 제시합니다. 이러한 로드맵은 기술 간의 의존성, 학습 난이도, 그리고 시장에서의 수요를 고려하여 최적화됩니다.

"저는 UX/UI 디자이너가 되고 싶습니다. 현재 상황과 목표를 말씀드리니 구체적인 기술 학습 로드맵을 만들어 주세요:

현재 상황:

Adobe Photoshop 기초 사용 가능

HTML/CSS 기초 지식 있음

디자인 이론은 거의 모름

사용자 경험에 대한 이해 부족

포트폴리오 없음

목표:

2년 후 대학교 관련 학과 진학

3년 후 인턴십 지원 가능한 수준

5년 후 주니어 디자이너로 취업

다음 사항들을 포함해서 로드맵을 만들어 주세요:

단계별 학습 순서와 각 단계별 목표

각 기술을 익히는 데 필요한 예상 시간

추천 학습 자료와 실습 프로젝트

포트폴리오 구성 전략

중간중간 실력을 점검할 수 있는 방법

각 단계에서 참여할 수 있는 커뮤니티나 대회"

AI는 이런 요청에 대해 색채학과 타이포그래피 같은 기초 디자인 이론부터 시작하여, Figma나 Sketch 같은 전문 도구 사용법, 사용자 리서치 방법론, 프로토타이핑 기술까지 체계적인 학습 순서를 제시할 것입니다. 또한 각 단계별로 구체적인 프로젝트를 제안하여 실무 경험을 쌓을 수 있도록 도와줄 것입니다.

## 시장 동향 분석과 미래 전망

AI는 실시간으로 변화하는 시장 동향과 기술 트렌드를 분석하여, 학습자가 미래 변화에 대비할 수 있도록 도와줍니다. 이는 빠르게 변화하는 기술 분야에서 매우 중요한 가치를 제공합니다. 시장 분석에는 구인 공고 분석, 기업 투자 동향, 기술 발전 패턴, 그리고 교육 기관의 커리큘럼 변화 등 다양한 데이터 소스가 활용됩니다.

"저는 현재 사이버보안 분야에 관심을 가지고 공부하고 있습니다.

이 분야의 현재 동향과 미래 전망을 분석해서

제 학습 계획을 조정하는 데 도움을 주세요:

현재 학습 중인 분야:

네트워크 보안 기초

암호학 이론

Linux 시스템 관리

질문사항:

사이버보안 분야에서 현재 가장 수요가 높은 전문 영역은?

AI와 머신러닝이 사이버보안에 어떤 영향을 미치고 있나?

5년 후에는 어떤 새로운 보안 위협과 기술이 중요해질까?

현재 제가 학습하고 있는 분야들이 미래에도 여전히 중요할까?

추가로 학습해야 할 새로운 기술이나 분야가 있다면?

이런 분석을 바탕으로 제 학습 계획을 어떻게 수정해야 할지 구체적인 조언을 부탁합니다."

　AI는 이런 질문에 대해 클라우드 보안, IoT 보안, AI 보안 등 새로운 전문 분야들의 부상, 제로 트러스트 아키텍처의 확산, 양자 컴퓨팅이 암호학에 미칠 영향 등 종합적인 분석을 제공할 것입니다. 또한 현재 학습 중인 기초 분야들의 지속적 중요성을 확인해 주면서, 동시에 새롭게 부상하는 분야들에 대한 학습 계획도 함께 제시할 것입니다.

### 네트워킹과 멘토링 기회 창출

　성공적인 경력 개발을 위해서는 기술적 역량뿐만 아니라 인적 네트워크와 멘토링도 중요합니다. AI는 학습자의 관심사와 목표를 바탕으로 적절한 커뮤니티, 이벤트, 멘토를 찾는 데 도움을 줄 수 있습니다. 네트워킹은 단순한 인맥 쌓기가 아니라, 업계의 실제 동향을 파악하고 경력 기회를 발견하며 전문적 성장을 위한 조언을 얻는 중요한 활동입니다.

　"저는 환경공학을 전공하려는 고등학생입니다.

　이 분야의 전문가들과 네트워킹하고 실무 경험을 쌓고 싶은데, 구체적인 방법들을 제안해 주세요:

　목표:

　환경공학 분야의 현업 전문가들과 대화하기

　대학생 수준의 프로젝트나 연구에 참여해 보기

관련 기업이나 연구소 견학 기회 찾기

같은 관심사를 가진 또래들과 스터디 그룹 만들기

현재 상황:

학교에서 환경 동아리 활동 중

기초적인 화학, 생물 지식 보유

영어로 간단한 의사소통 가능

서울 거주

다음과 같은 정보를 제공해 주세요:

온라인에서 참여할 수 있는 환경공학 커뮤니티나 포럼

고등학생도 참여 가능한 환경 관련 대회나 프로젝트

전문가 멘토를 찾을 수 있는 플랫폼이나 프로그램

관련 기업 견학이나 인턴십 기회

대학교 연구실과 연결될 수 있는 방법"

AI는 이런 요청에 대해 구체적이고 실행 가능한 방안들을 제시할 것입니다. 예를 들어, LinkedIn에서 환경공학 전문가들을 팔로우하는 방법, 환경부나 한국환경공단에서 운영하는 청소년 프로그램 정보, 대학교의 고등학생 대상 연구 체험 프로그램 등을 소개할 수 있습니다.

이처럼 AI 기반 개인화 학습 시스템들은 단순히 지식을 전달하는 것을 넘어서, 각 학습자가 자신만의 독특한 학습 여정을 설계하고 미래 경력을 체계적으로 준비할 수 있도록 종합적인 지원을 제공합니다. 이는 교육의 개인화와 민주화를 동시에 실현하는 강력한 도구로, 모든 학습자가 자신의 잠재력을 최대한 발휘할 수 있는 기회를 제공합니다.

# 미래 직장인이 되기 위한
## 실전 역량 기르기

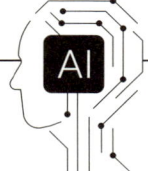

　현재 우리가 살고 있는 시대는 기술의 급속한 발전과 함께 직업 세계가 근본적으로 변화하고 있는 전환점에 서 있습니다. 세계경제포럼의 최근 보고서에 따르면, 2030년까지 현재 존재하지 않는 새로운 직업이 전체 일자리의 65%를 차지할 것으로 예측됩니다. 이러한 환경에서 고등학생들이 미래 사회에서 성공적으로 활동하기 위해서는 단순한 지식 습득을 넘어서 복잡한 문제를 해결하고, 창의적 아이디어를 구현하며, 실제 비즈니스 상황에서 효과적으로 의사결정을 내릴 수 있는 종합적인 역량을 기르는 것이 필수적입니다.

기업가 정신은 더 이상 창업을 꿈꾸는 일부 학생들만의 전유물이 아닙니다. 오늘날의 기업가 정신은 문제를 발견하고 해결책을 찾아내는 창의적 사고력, 불확실한 상황에서도 과감한 결정을 내릴 수 있는 의사결정 능력, 그리고 다양한 이해관계자들과 협력하여 가치를 창출하는 협업 능력을 포괄하는 개념으로 확장되었습니다. 이러한 역량들은 전통적인 대기업에서 일하는 직장인, 공공기관의 공무원, 심지어 예술가나 연구자에게도 필수적인 요소가 되고 있습니다.

인공지능은 이러한 미래형 역량을 개발하는 과정에서 강력한 학습 도구이자 실습 환경을 제공합니다. AI를 활용하면 현실에서는 시도하기 어려운 다양한 시나리오를 안전하게 실험해 보고, 복잡한 비즈니스 상황을 시뮬레이션하며, 창의적 아이디어를 구체적인 실행 계획으로 발전시킬 수 있습니다. 더 나아가 전 세계의 성공 사례와 실패 사례를 분석하여 검증된 방법론을 학습하고, 개인의 특성과 목표에 맞춘 맞춤형 학습 경험을 제공받을 수 있습니다.

## 1. AI와 함께 창의적 문제 해결사 되기

창의적 문제 해결 능력은 21세기의 핵심 역량으로 인정받고 있으며, 이는 단순히 새로운 아이디어를 떠올리는 것을 넘어서 복잡하고 모호한 문제 상황을 체계적으로 분석하고 실현 가능한 해결책을 도출하는 종합적인 사고 과정을 의미합니다. AI는 이러한 창의적 사고 과정의 각 단계에서 강력한 지원을 제공하며, 아이디어 발상 단계에서는 무한한 가능성을 탐색할 수 있는 브레인스토밍 파트너 역할을, 검증 단계에서는 객관적이고 다각도의 분석을 제공하는 조언자 역할을 수행합니다.

## 체계적인 문제 정의와 분석

효과적인 문제 해결의 첫 번째 단계는 문제를 명확하게 정의하고 그 본질을 파악하는 것입니다. AI는 학습자가 복잡한 상황에서 핵심 문제를 식별하고 구조화할 수 있도록 체계적인 접근 방법을 제시합니다. 예를 들어, 학교에서 발생하는 음식물 쓰레기 문제를 해결하고 싶은 학생이 있다면, Claude 에게 다음과 같이 접근할 수 있습니다.

"우리 학교에서 음식물 쓰레기가 많이 발생하는 문제를 해결하고 싶습니다. 이 문제를 체계적으로 분석하고 근본 원인을 파악하여 실현 가능한 해결방안을 찾을 수 있도록 도와주세요. 먼저 이 문제가 발생하는 다양한 원인들을 다각도에서 분석해 보고, 각 원인의 중요도와 해결 가능성을 평가해 주세요."

AI는 이러한 요청에 대해 문제를 여러 차원에서 분석하도록 안내할 것입니다. 급식 시스템의 구조적 문제, 학생들의 식습관과 선호도, 급식 계획과 조리 과정의 효율성, 잔반 처리 시스템의 문제점 등을 체계적으로 검토하고, 각 요인들이 서로 어떻게 연결되어 있는지 시스템적 관점에서 이해할 수 있도록 도울 것입니다.

## 디자인 씽킹 방법론의 실제 적용

디자인 씽킹은 인간 중심적 접근을 통해 혁신적인 해결책을 도출하는 검증된 방법론으로, 공감, 문제 정의, 아이디어 발상, 프로토타입 제작, 테스트의 5단계로 구성됩니다. AI는 각 단계에서 구체적인 도구와 방법을 제시하여 학습자가 실제로 이 방법론을 체험할 수 있도록 지원합니다.

"디자인 씽킹 방법론을 사용해서 음식물 쓰레기 문제를 해결하는 과정을 단계별로 안내해 주세요. 각 단계에서 구체적으로 어떤 활동을 해야 하는지, 어떤 질문을 던져야 하는지, 그리고 어떤 도구를 사용할 수 있는지 상세히 알려주세요. 고등학생이 실제로 실행할 수 있는 현실적인 방법들로 구성해 주세요."

AI는 공감 단계에서는 다양한 이해관계자들(급식 담당자, 조리사, 학생, 교사, 학부모)의 관점을 이해하기 위한 인터뷰 질문지를 제작하고, 관찰 체크리스트를 만들어 급식 시간의 실제 상황을 기록할 수 있는 방법을 제시할 것입니다. 문제 정의 단계에서는 수집된 정보를 바탕으로 핵심 문제를 명확하게 표현하는 문제 정의문을 작성하는 방법을, 아이디어 발상 단계에서는 브레인스토밍 기법과 함께 창의적 사고를 자극하는 다양한 도구들을 소개할 것입니다.

## 창의적 아이디어 발상과 발전

창의성은 무에서 유를 창조하는 신비로운 능력이 아니라, 기존의 아이디어들을 새로운 방식으로 결합하고 발전시키는 체계적인 사고 과정입니다. AI는 이러한 창의적 사고 과정을 촉진하는 강력한 도구로 활용될 수 있습니다.

"미세먼지 문제를 해결할 수 있는 혁신적인 아이디어를 브레인스토밍하고 싶습니다. 기존의 일반적인 해결책을 넘어서, 고등학생의 관점에서 실현 가능하면서도 창의적인 아이디어들을 함께 생각해 보고 싶습니다. 제가 제시하는 초기 아이디어를 바탕으로 더욱 발전시키고, 새로운 관점에서 접근할 수 있는 방향을 제안해 주세요."

AI는 이러한 요청에 대해 다양한 창의적 사고 기법을 활용하여 아이디어를 확장해 나갈 것입니다. 예를 들어, 기존의 공기청정기나 마스크 착용 같은 개인적 해결책에서 출발하여, 식물을 활용한 자연적 해결책, 기술을 활용한 혁신적 해결책, 사회적 참여를 통한 집단적 해결책 등으로 사고의 범위를 확장시킬 수 있습니다. 또한 각 아이디어의 장단점을 분석하고, 실현 가능성을 평가하며, 더 나은 결과를 위해 여러 아이디어를 조합하는 방법도 제시할 것입니다.

## 아이디어 검증과 개선

창의적 아이디어가 실제 가치를 창출하기 위해서는 철저한 검증과 지속적인 개선 과정을 거쳐야 합니다. AI는 이러한 검증 과정에서 객관적이고 다면적인 분석을 제공할 수 있습니다.

"앞서 논의한 미세먼지 해결 아이디어들 중에서 가장 유망한 3가지를 선정하여 각각에 대해 심층적으로 분석해 주세요. 기술적 실현 가능성, 경제적 타당성, 사회적 수용성, 환경적 영향, 그리고 고등학생이 실제로 추진할 수 있는 현실성을 기준으로 평가하고, 각 아이디어를 더욱 발전시킬 수 있는 구체적인 방향을 제시해 주세요."

AI는 이러한 다면적 분석을 통해 각 아이디어의 강점과 약점을 명확히 드러내고, 약점을 보완하거나 강점을 극대화할 수 있는 구체적인 개선 방안을 제시할 것입니다. 또한 유사한 아이디어를 실제로 구현한 사례들을 소개하여 실제 적용 과정에서 예상되는 도전과 기회를 미리 파악할 수 있도록 도울 것입니다.

## 2. 실무 경험 쌓기와 현명한 의사결정 연습

실무 경험은 이론적 지식을 실제 상황에 적용하는 능력을 기르는 데 필수적이지만, 고등학생들이 실제 비즈니스 환경에서 의미 있는 경험을 쌓기는 쉽지 않습니다. AI 기반 시뮬레이션은 이러한 한계를 극복하고 안전한 환경에서 다양한 비즈니스 상황을 체험할 수 있는 혁신적인 학습 기회를 제공합니다. 시뮬레이션을 통한 학습은 실제 상황의 복잡성과 불확실성을 재현하면서도 실패에 따른 부담 없이 시행착오를 통해 학습할 수 있다는 큰 장점이 있습니다.

### 가상 비즈니스 운영 체험

실제 기업을 운영하는 것과 같은 복합적인 의사결정 경험을 AI와 함께 시뮬레이션할 수 있습니다. 이러한 시뮬레이션은 단순한 게임이 아니라 실제 비즈니스의 복잡성과 상호 연관성을 반영한 체험적 학습 환경입니다.

"친환경 제품을 판매하는 스타트업을 창업했다고 가정하고, 다양한 비즈니스 상황에서의 의사결정 과정을 시뮬레이션해 보고 싶습니다. 제품 개발, 마케팅 전략, 자금 조달, 인사 등 다양한 상황을 시뮬레이션으로 만들고, 제가 내린 결정에 대해 현실적인 결과와 피드백을 제공해 주세요. 각 결정이 다른 영역에 미치는 영향도 함께 분석해 주세요."

AI는 이러한 요청에 대해 실제 스타트업이 직면하는 다양한 시나리오를 제시할 것입니다. 예를 들어, "제품 출시 6개월 후 경쟁사가 유사한 제품을 더 낮은 가격에 출시했습니다. 우리 제품의 판매량이 30% 감소했고, 투자자들이 우려를 표명하고 있습니다. 이 상황에서 어떤 전략을 선택하시겠습니까?"와 같은 현실적인 딜레마를 제시하고, 학습자의 선택에 따른 다양한 결과를 시뮬레이션하여 의사결정의 파급효과를 체험할 수 있도록 도울 것입니다.

### 위기 상황 대응 및 리더십 개발

비즈니스 세계에서는 예상치 못한 위기 상황이 빈번하게 발생하며, 이러한 상황에서의 대응 능력이 성공과 실패를 가르는 중요한 요소가 됩니다. AI 시뮬레이션을 통해 다양한 위기 상황을 안전하게 경험하고 대응 전략을 학습할 수 있습니다.

"제가 운영하는 가상의 온라인 교육 플랫폼이 갑작스러운 시스템 오류로 인해 일주일간 서비스를 중단해야 하는 상황이 발생했습니다. 이미 수강료를 결제한 학생들이 환불을 요구하고 있고, 언론에서도 이 문제를 다루기 시작했습니다. 직원들은 불안해하고 있고, 투자자들은 비상 회의를 요구하고 있습니다. 이런 복합적인 위기 상황에서 CEO로서 어떤 순서로, 어떤 방식으로 문제를 해결해야 할지 단계별로 시뮬레이션해 주세요."

AI는 이러한 위기 상황에서 우선순위를 정하는 방법, 이해관계자별 소통 전략, 단기적 손실을 최소화하면서 장기적 신뢰를 회복하는 방법 등을 체계적으로 안내할 것입니다. 또한 각 결정이 가져올 수 있는 다양한 시나리오를 제시하여 복잡한 상황에서의 전략적 사고력을 기를 수 있도록 도울 것입니다.

## 협상 및 의사소통 기술 개발

비즈니스 성공의 핵심 요소 중 하나는 다양한 이해관계자들과 효과적으로 소통하고 협상하는 능력입니다. AI는 다양한 성격과 입장을 가진 상대방 역할을 수행하며 현실적인 협상 연습 기회를 제공할 수 있습니다.

"제가 개발한 모바일 앱을 대형 유통업체에 제안하는 상황을 시뮬레이션해 보고 싶습니다. 상대방은 경험이 풍부한 구매 담당자로서 비용 절감에 민감하고, 신기술에 대해서는 보수적인 성향을 가지고 있다고 설정해 주세요. 저는 기술의 혁신성과 장기적 이익을 강조하려고 합니다. 실제 비즈니스 협상에서처럼 현실적인 대화를 진행해 주시고, 제 협상 전략과 소통 방식에 대해 구체적인 피드백을 제공해 주세요."

AI는 이러한 역할극을 통해 실제 비즈니스 협상의 역동성을 재현하고, 학습자가 상대방의 입장을 이해하고 win-win 해결책을 찾아가는 과정을 연습할 수 있도록 도울 것입니다. 또한 협상 과정에서 사용한 언어의 효과성, 논리적 근거의 설득력, 감정적 어필의 적절성 등에 대해 세밀한 분석과 개선 제안을 제공할 것입니다.

### 3. 사업 계획부터 마케팅까지 창업 시뮬레이션

비즈니스 계획 수립은 아이디어를 실제 사업으로 구현하기 위한 구체적인 로드맵을 작성하는 과정으로, 시장 분석, 경쟁 분석, 재무 계획, 마케팅 전략 등 다양한 요소들을 종합적으로 고려해야 하는 복잡한 작업입니다. AI는 이러한 복잡한 계획 수립 과정에서 데이터 분석, 전략 수립, 그리고 실행 계획 구체화 등 각 단계에서 전문적인 지원을 제공할 수 있습니다.

### 종합적인 사업계획서 작성

사업계획서는 단순히 아이디어를 문서화하는 것이 아니라, 사업의 타당성을 검증하고 실행 전략을 구체화하는 전략적 문서입니다. AI는 각 섹션별로 체계적인 분석과 계획 수립을

**[그림 21] 사업 계획부터 마케팅까지 창업 시뮬레이션**

비즈니스 계획 수립은 아이디어를 실제 사업으로 구현하기 위한 구체적인 로드맵을 작성하는 일입니다. 이 일은 시장 분석, 경쟁 분석, 재무 계획, 마케팅 전략 등 다양한 요소들을 종합적으로 고려해야 하는 복잡한 작업입니다. AI는 이러한 복잡한 계획 수립 과정에서 데이터 분석, 전략 수립, 그리고 실행 계획 구체화 등 각 단계에서 전문적인 지원을 도움받을 수 있습니다.

지원할 수 있습니다.

　"고등학생을 대상으로 한 온라인 멘토링 플랫폼 사업을 계획하고 있습니다. 선배 대학생들이 후배 고등학생들에게 진로 상담과 학습 지도를 제공하는 서비스입니다. 이 아이디어를 바탕으로 완전한 사업계획서를 작성하는 과정을 단계별로 도와주세요. 시장 분석부터 시작해서 경쟁사 분석, 서비스 모델 설계, 수익 구조, 마케팅 전략, 운영 계획, 재무 예측까지 포함한 전체적인 사업계획을 체계적으로 수립해 보고 싶습니다."

AI는 이러한 요청에 대해 먼저 시장 분석을 위한 체계적인 접근 방법을 제시할 것입니다. 국내 사교육 시장의 규모와 트렌드, 온라인 교육 플랫폼의 성장률, 목표 고객인 고등학생들의 니즈와 소비 패턴 등을 분석하는 방법을 안내하고, 각종 통계 자료와 설문조사 방법을 활용하여 정량적 근거를 확보하는 방법을 제시할 것입니다. 경쟁사 분석에서는 기존의 온라인 교육 플랫폼들과 차별화 포인트를 도출하고, 시장에서의 포지셔닝 전략을 수립할 수 있도록 도울 것입니다.

### 디지털 마케팅 전략의 설계와 실행

현대의 비즈니스 환경에서 디지털 마케팅은 선택이 아닌 필수가 되었으며, 젊은 세대를 타깃으로 하는 서비스의 경우 디지털 채널을 통한 마케팅이 성공의 핵심 요소입니다. AI는 타깃 고객 분석부터 콘텐츠 전략, 광고 집행, 성과 측정까지 디지털 마케팅의 전 과정을 체계적으로 지원할 수 있습니다.

"온라인 멘토링 플랫폼의 디지털 마케팅 전략을 수립하고 싶습니다. 타깃 고객인 고등학생들이 주로 사용하는 디지털 플랫폼과 그들의 온라인 행동 패턴을 분석하고, 각 채널별로 적합한 마케팅 전략을 제시해 주세요. 또한 제한된 예산으로 최대한의 효과를 얻을 수 있는 우선순위와 실행 계획도 함께 알려주세요."

AI는 고등학생들의 디지털 미디어 이용 패턴을 분석하여 Instagram, TikTok, YouTube, Discord 등 주요 플랫폼별 특성과 마케팅 접근법을 제시할 것입니다. 각 플랫폼에서 효과적인 콘텐츠 유형, 최적의 게시 시간, 해시태그 전략, 인플루언서 활용 방법 등을 구체적으로 안내하고, ROI(투자수익률)를 고려한 예산 배분 전략도 함께 제공할 것입니다.

ActiveCampaign이나 Mojo 같은 전문 마케팅 도구들을 활용하기 전에, 일반적인 AI 도구를 통해 기본적인 마케팅 전략의 틀을 완성할 수 있습니다. "우리 멘토링 플랫폼의 타깃 고객에게 가장 매력적으로 다가갈 수 있는 브랜드 스토리와 메시지를 개발해 주세요. 고등학생들이 공감할 수 있는 언어와 톤앤매너로 다양한 마케팅 문구와 콘텐츠 아이디어를 제안해 주세요."와 같은 요청을 통해 브랜딩의 기초를 다질 수 있습니다.

## 데이터 기반 의사결정과 성과 최적화

성공적인 비즈니스 운영을 위해서는 직감이나 추측이 아닌 데이터에 기반한 의사결정이 필수적입니다. AI는 다양한 비즈니스 데이터를 분석하고 해석하여 실행 가능한 인사이트를 도출하는 데 강력한 도구가 될 수 있습니다.

"멘토링 플랫폼을 6개월간 운영한 결과 다음과 같은 데이터가 축적되었습니다. 월 방문자 수 1만 5,000명, 회원가입률 3%, 유료 전환율 8%, 월 구독 해지율 15%, 고객 만족도 4.2/5점, 주요 유입경로는 소셜미디어 40%, 검색엔진 30%, 추천 20%, 기타 10%입니다. 이 데이터를 종합적으로 분석하여 현재 상황을 진단하고, 성과를 개선할 수 있는 구체적인 전략을 제시해 주세요."

AI는 이러한 데이터를 바탕으로 현재 비즈니스의 강점과 약점을 객관적으로 분석할 것입니다. 예를 들어, 상대적으로 낮은 회원가입률은 랜딩 페이지의 최적화 필요성을, 높은 월 해지율은 고객 유지 전략의 개선 필요성을 시사한다고 분석할 수 있습니다. 또한 각 개선 포인트에 대해 A/B 테스트 설계, 고객 피드백 수집 방법, 경쟁사 벤치마킹 등 구체적인 실행 방안을 제공할 것입니다.

이러한 AI 활용을 통한 미래형 직업 역량 개발은 고등학생들이 단순히 지식을 습득하는 것을 넘어서 실제 비즈니스 환경에서 요구되는 복합적인 사고력과 실행력을 기를 수 있도록 도와줍니다. 문제 해결, 창의적 사고, 전략적 계획 수립, 데이터 분석, 의사소통 등의 역량은 어떤 분야에서 일하든 필수적인 기본 소양이 되었으며, AI와의 협업을 통해 이러한 역량들을 효과적으로 개발할 수 있습니다.  중요한 것은 AI를 단순한 정보 제공 도구가 아닌 사고의 파트너이자 학습의 조력자로 활용하여, 인간 고유의 창의성과 판단력을 더욱 발전시키는 것입니다.

# AI를 올바르게 사용하는
## 윤리 의식 기르기

인공지능이 우리 교육 현장에 깊숙이 스며들면서, 마치 강력한 도구를 처음 손에 쥔 것처럼 설렘과 동시에 신중함이 필요한 시점에 도달했습니다. 고등학생들이 AI를 활용할 때 가장 중요한 것은 단순히 기술을 사용하는 방법을 익히는 것이 아니라, 그 기술이 가져올 수 있는 영향과 책임을 깊이 이해하는 것입니다. 이는 마치 운전면허를 따기 위해 차량 조작법뿐만 아니라 교통 규칙과 안전 수칙을 반드시 배워야 하는 것과 같은 이치입니다.

현재 전 세계적으로 AI의 윤리적 사용에 대한 관심이 급격히 높아지고 있습니다. 유럽연합의 AI 법안, 미국의 AI 가이드라인, 그리고 우리나라의 AI 윤리 기준 등이 연이어 발표되고 있는 것은 AI 기술의 발전 속도만큼이나 윤리적 고려사항이 중요해졌음을 보여줍니다. 교육 분야에서는 학생들의 학습 무결성과 개인정보 보호가 핵심 쟁점으로 떠오르고 있으며, 이러한 문제들을 해결하기 위한 교육적 접근이 절실히 요구되고 있습니다.

고등학생들에게 AI 윤리 교육이 중요한 이유는 그들이 디지털 네이티브 세대로서 AI와 가장 자연스럽게 상호작용하면서도, 동시에 비판적 사고력이 완전히 성숙하지 않은 발달 단계에 있기 때문입니다. 이들은 AI를 도구로 활용하는 능력은 뛰어나지만, 그 도구가 가진 한계와 위험성에 대해서는 깊이 생각해 보지 않을 수 있습니다. 따라서 체계적인 윤리 교육을 통해 AI와 건전하고 생산적인 관계를 맺을 수 있도록 안내하는 것이 필요합니다.

## 1. AI의 편견과 불공정함 깊이 들여다보기

AI 편향성을 이해하는 것은 마치 안경의 도수를 정확히 알아야 세상을 올바르게 볼 수 있는 것과 같습니다. AI 시스템은 인간이 만든 데이터로 학습하기 때문에, 그 데이터 속에 스며있는 인간 사회의 편견과 불평등이 그대로 반영될 수밖

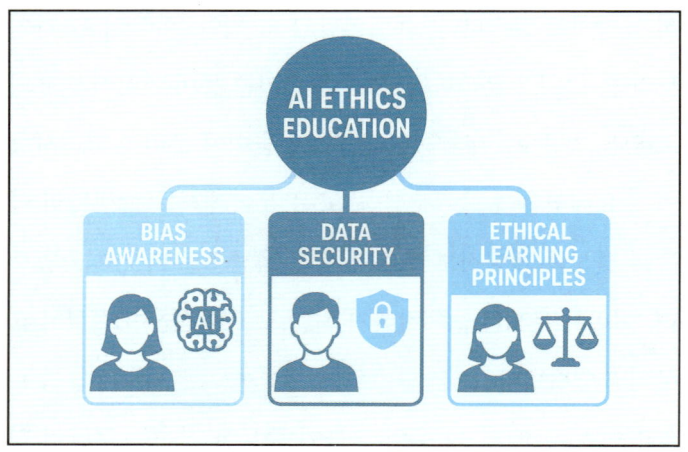

**[그림 22] AI의 편견과 불공정함**

AI 윤리 교육은 고등학생들에게 매우 중요합니다. 디지털 네이티브 세대로서 AI와 자연스럽게 상호작용하면서도, 동시에 비판적 사고력이 완전히 성숙하지 않은 발달 단계에 있기 때문입니다. 체계적인 윤리 교육을 통해 AI와 건전하고 생산적인 관계를 맺을 수 있도록 안내하는 것이 필요한 까닭입니다.

에 없습니다. 이는 AI가 의도적으로 차별하려 해서가 아니라, 마치 거울이 앞에 놓인 것을 그대로 비추듯이 사회의 모습을 학습 데이터를 통해 반영하기 때문입니다.

예를 들어, 채용 지원서를 평가하는 AI 시스템이 과거 남성 위주로 채용되었던 기업의 데이터로 훈련되었다면, 자연스럽게 남성 지원자를 더 높게 평가하는 편향을 보일 수 있습니다. 이는 AI가 성차별적 의도를 가져서가 아니라, 과거의 채용 패턴을 '성공적인 채용'의 기준으로 학습했기 때문입니다. 마찬가지로 언어 번역 AI가 "The doctor is confident"를 번역할 때 자동으로 남성 표현을 사용하거나, "The nurse is caring"을 번역할 때 여성 표현을 사용하는 것도 같은 맥락에서 이해할 수 있습니다.

고등학생들이 이러한 편향성을 인식하고 비판적으로 접근할 수 있도록 하기 위해서는 실제 체험을 통한 학습이 효과적입니다. Claude나 ChatGPT 같은 AI 시스템에게 다양한 상황에서 동일한 질문을 해 보면서 편향성을 직접 관찰해 볼 수 있습니다.

"다음 두 시나리오에 대해 각각 분석해 주세요. 첫 번째는 '25세 남성 김철수가 육아휴직을 신청했습니다'이고, 두 번째는 '25세 여성 박영희가 육아휴직을 신청했습니다'. 각 상황에서 동료들이 보일 수 있는 반응과 회사에서 고려해야 할 사항들을 분석해 주세요."

이런 질문을 통해 AI가 성별에 따라 다른 관점이나 기대치를 제시하는지 관찰해 볼 수 있습니다. 만약 남성의 육아휴직에 대해서는 '특별한' 상황으로, 여성의 육아휴직에 대해서는 '자연스러운' 상황으로 다루는 차이를 보인다면, 이는 AI가 학습한 데이터에 포함된 사회적 편견을 반영하는 것일 수 있습니다.

편향성을 발견했을 때는 이를 단순히 비판하는 것에 그치지 않고, 더 공정한 접근 방법을 모색하는 것이 중요합니다. "앞서 제시한 분석에서 성별에 따른 편향이 있다면 이를 지적하고, 더 공정하고 균형 잡힌 관점에서 두 상황을 다시 분석해 주세요."와 같은 후속 질문을 통해 AI가 자신의 응답을 재검토하도록 유도할 수 있습니다.

또한 AI의 편향성은 문화적, 지역적 차이에서도 나타날 수 있습니다. 서구 문화권의 데이터로 주로 훈련된 AI는 아시아 문화권의 가치관이나 관습에 대해 부정확하거나 편향된 정보를 제공할 수 있습니다. 따라서 학생들은 AI가 제공하는 정보를 맹목적으로 받아들이지 않고, 항상 "이 정보가 우리 문화와 상황에 적합한가?", "다른 관점에서는 어떻게 볼 수 있을까?"와 같은 질문을 던지는 습관을 기르는 것이 필요합니다.

## 2. 개인정보와 데이터 보안 완벽 가이드

데이터 프라이버시를 이해하는 것은 마치 자신의 집 열쇠 관리법을 배우는 것과 같습니다. 디지털 시대에 개인정보는 새로운 형태의 자산이며, 이를 어떻게 보호하고 관리하느냐가 개인의 안전과 프라이버시를 좌우합니다. AI 시스템은 사용자와의 대화 내용, 업로드된 파일, 검색 패턴 등 다양한 형태의 개인 데이터를 수집하고 처리하기 때문에, 이에 대한 올바른 이해와 대응이 필수적입니다.

고등학생들이 흔히 저지르는 실수 중 하나는 AI 시스템에 과도하게 개인적인 정보를 공유하는 것입니다. 마치 처음 만난 사람에게 집 주소와 전화번호를 쉽게 알려주지 않는 것처럼, AI와의 상호작용에서도 적절한 경계를 유지하는 것이 중요합니다. 예를 들어, "내 이름은 김○○이고, 서울 ○○구에 살며, 학교에서 왕따를 당하고 있어요."와 같이 개인을 특정할 수 있는 구체적인 정보를 제공하는 대신, "고등학생인 제가 학교에서 친구 관계 문제로 어려움을 겪고 있는데"와 같이 익명화된 방식으로 질문하는 것이 바람직합니다.

개인정보 보호의 원칙을 구체적으로 실천하기 위해서는 정보의 민감도에 따른 분류가 필요합니다. 공개되어도 큰 문제가 없는 일반적인 정보, 신중하게 다뤄야 할 민감한 정보, 그리고 절대 공유해서는 안 되는 극비 정보로 구분하여 각각에 맞는 대응 전략을 세워야 합니다. 일반적인 학습 질문이나 진로 고민은 어느 정도 구체적으로 공유할 수 있지만, 가족의 경제 상황, 건강 정보, 개인적인 갈등 상황 등은 추상화하여 질문하는 것이 안전합니다.

AI 서비스마다 데이터 처리 방식이 다르다는 점도 중요하게 고려해야 합니다. 어떤 서비스는 대화 내용을 모델 훈련에 사용하지 않지만, 다른 서비스는 사용자의 입력을 학습 데이터로 활용할 수 있습니다. 따라서 AI 서비스를 사용하기 전에 해당 서비스의 개인정보 처리 방침을 확인하고, 자신의 데이터가 어떻게 사용되는지 파악하는 습관을 기르는 것이 중요합니다.

"AI 서비스를 사용할 때 개인정보를 안전하게 보호하면서도 효과적으로 도움을 받을 수 있는 방법을 구체적으로 알려주세요. 학습 관련 질문을 할 때 어떤 정보는 공유해도 되고 어떤 정보는 피해야 하는지, 그리고 각 상황별로 어떻게 질문을 구성해야 하는지 실제 예시와 함께 설명해 주세요."와 같은 질문을 통해 개인정보 보호의 실천 방안을 구체적으로 학습할 수 있습니다.

또한 파일을 업로드할 때도 주의가 필요합니다. 개인 식별 정보가 포함된 문서, 다른 사람의 개인정보가 담긴 자료, 저작권이 있는 콘텐츠 등은 업로드하지 않아야 합니다. 만약 분석이 필요한 자료에 개인정보가 포함되어 있다면, 해당 정보를 제거하거나 가명 처리한 후 사용하는 것이 바람직합니다.

### 3. 정직한 학습을 위한 AI 활용 원칙 세우기

학업 무결성이란 마치 스포츠 경기의 페어플레이 정신과 같습니다. 규칙을 지키면서 정정당당하게 경쟁할 때 그 결과가 의미가 있듯이, 학습 과정에서도 정직하고 성실한 노력을 통해 얻은 성과만이 진정한 교육적 가치를 가질 수 있습니다.

AI 시대에 학업 무결성을 유지한다는 것은 AI를 전혀 사용하지 않는다는 의미가 아니라, AI를 도구로 활용하되 그 과정에서 학습의 본질을 훼손하지 않는다는 의미입니다.

AI를 학습에 활용할 때 가장 중요한 원칙은 AI가 사고를 대신하도록 하지 않고, 사고를 도와주는 역할에 머물러야 한다는 것입니다. 예를 들어, 에세이를 작성할 때 AI에게 "기후변화에 대한 에세이를 써 주세요."라고 요청하여 완성된 글을 그대로 제출하는 것은 명백한 부정행위입니다. 반면, "기후변화 에세이의 개요를 작성하는 데 도움을 주세요."라고 요청하여 구조를 잡은 후, 각 부분을 자신의 생각과 조사 내용으로 채워 나가는 것은 적절한 AI 활용이라 할 수 있습니다.

학업 무결성을 유지하면서 AI를 활용하는 구체적인 방법들을 살펴보면, 먼저 브레인스토밍 단계에서의 활용이 있습니다. "환경 문제에 대한 창의적인 해결책을 생각해 보고 있는데, 어떤 관점에서 접근해 볼 수 있을까요?"와 같은 질문을 통해 아이디어의 영감을 얻을 수 있습니다. 다음으로는 개념 이해를 위한 설명 요청입니다. "양자역학의 파동−입자 이중성을 고등학생이 이해할 수 있도록 쉽게 설명해 주세요."와 같이 복잡한 개념을 이해하는 데 도움을 받을 수 있습니다.

또한 자신이 작성한 글에 대한 피드백을 요청하는 것도 좋은 활용 방법입니다. "제가 작성한 다음 문단을 검토해 주시고, 논리적 흐름이나 표현에서 개선할 점이 있다면 알려주세요."와 같은 방식으로 AI의 도움을 받으면서도 주체적인 학습을 유지할 수 있습니다. 중요한 것은 AI의 제안을 맹목적으로 받아들이지 않고, 왜 그런 제안을 하는지 이해하고, 자신의 판단으로 수용 여부를 결정하는 것입니다.

AI 감지 도구에 대한 이해도 중요합니다. 현재 시중에 나와 있는 AI 감지 도구들은 완벽하지 않으며, 종종 인간이 작성한 글을 AI 작성물로 오판하거나, 반대로 AI가 작성한 글을 놓치는 경우가 있습니다. 이는 마치 도플갱어를 구분하는 것처럼 어려운 일입니다. AI와 인간이 협업하여 작성한 글의 경우 감지가 더욱 어려워집니다.

따라서 AI 감지 도구에만 의존하기보다는, 학습자 스스로가 명확한 윤리적 기준을 세우고 이를 지키는 것이 더욱 근본적인 해결책입니다. "이 과제에서 AI를 어떻게, 어느 정도까지 사용했는지 명시하기", "AI의 도움을 받은 부분과 자신이 직접 작성한 부분을 구분하여 표시하기", "AI 사용 과정을 학습 일지에 기록하기" 등의 방법을 통해 투명성을 확보할 수 있습니다.

궁극적으로 AI 시대의 학업 무결성은 기술적 해결책보다는 교육적, 윤리적 접근이 더 중요합니다. 학생들이 AI를 단순한 편의 도구가 아닌 학습의 파트너로 인식하고, 그 관계에서 자신의 성장과 발전을 추구할 수 있도록 안내하는 것이 진정한 AI 윤리 교육의 목표라 할 수 있습니다. 이는 마치 좋은 친구와의 관계처럼, 서로에게 도움이 되면서도 각자의 정체성과 책임을 잃지 않는 균형 잡힌 관계를 의미합니다.

# 5부

# 전 세계 교실의 대변화
## – AI 성공 스토리와 미래 그림

교육 분야에 인공지능이 도입되면서 우리는 전례 없는 변화의 시대를 맞이하고 있습니다. 이러한 변화는 단순히 새로운 기술의 도입을 넘어서 교육의 근본적인 패러다임을 재정의하고 있습니다. 마치 인쇄술이 책의 대량 생산을 가능하게 하여 지식의 민주화를 이끌었던 것처럼, AI는 개인화된 학습을 통해 교육의 개별화와 접근성을 혁신적으로 향상시키고 있습니다.

전 세계적으로 AI 교육 혁신의 물결은 예상보다 훨씬 빠른 속도로 확산되고 있습니다. 2024년 유네스코 보고서에 따르면, 전 세계 190개국 중 약 60%가 교육 분야에 AI 기술을 도입하기 위한 정책을 수립하거나 시범 프로그램을 운영하고 있습니다. 주목할 만한 점은 이러한 혁신이 교육 선진국에만 국한되지 않고, 개발도상국과 교육 소외 지역에서도 적극적으로 활용되고 있다는 것입니다. 이는 AI가 교육 불평등을 해소하고 양질의 교육 기회를 확대하는 강력한 도구로 인식되고 있음을 보여줍니다.

하지만 이러한 변화 속에서 우리가 간과해서는 안 되는 것은 기술 자체가 목적이 아니라 수단이라는 점입니다. AI 도입의 진정한 성공은 기술의 정교함이나 화려함에 있는 것이 아니라, 그 기술이 얼마나 학습자의 성장과 발전에 실질적으로 기여하는가에 달려 있습니다. 따라서 우리는 성공적인 AI 교육 사례들을 통해 어떤 접근 방식이 효과적인지, 어떤 원칙들이 중요한지를 깊이 있게 탐구해야 합니다.

# 세계 곳곳에서 벌어지는
# AI 교육 혁신 이야기

**17장**

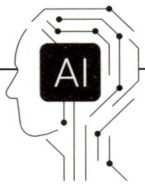

## 1. 아프가니스탄 소녀들에게 희망을 준 AI 교육

아프가니스탄의 교육 현실은 전 세계 교육 불평등의 극단적인 사례를 보여줍니다. 2021년 탈레반 정권 복귀 이후 여성의 교육권이 심각하게 제약받으면서, 수백만 명의 소녀들이 정규 교육 기회를 박탈당했습니다. 이러한 절망적인 상황에서 Solar X라는 교육 기술 스타트업이 개발한 AI 기반 학습 솔루션은 교육의 새로운 가능성을 제시하고 있습니다.

Solar X의 접근 방식은 기존의 온라인 교육과는 근본적으로 다릅니다. 이들은 아프가니스탄의 열악한 인프라 환경을

[그림 23] 아프가니스탄 소녀들에게 희망 준 AI 교육

아프가니스탄의 교육 현실은 전 세계 교육 불평등의 극단적인 사례를 보여줍니다. 2021년 탈레반 정권 복귀 이후 여성의 교육권이 심각하게 제약받으면서, 수백만 명의 소녀들이 정규 교육 기회를 박탈당했습니다. 이러한 절망적인 상황에서 Solar X라는 교육 기술 스타트업이 개발한 AI 기반 학습 솔루션은 교육의 새로운 가능성을 제시하고 있습니다.

고려하여 오프라인에서도 작동하는 AI 튜터를 개발했습니다. 이 시스템은 태양광 패널로 충전되는 태블릿에 탑재되어, 전력망이 불안정한 지역에서도 지속적으로 사용할 수 있습니다. 더욱 중요한 것은 이 AI 튜터가 현지 언어인 다리어와 파슈토어로 소통하며, 아프가니스탄의 문화적 맥락을 이해하도록 훈련되었다는 점입니다.

이 프로젝트의 교육학적 접근은 매우 정교합니다. AI 튜터는 단순히 정보를 전달하는 것이 아니라, 각 학습자의 진도와 이해 수준을 실시간으로 분석하여 맞춤형 학습 경로를 제공합니다. 예를 들어, 한 소녀가 수학의 분수 개념을 어려워한다면, AI는 그녀의 일상 경험과 연결된 예시를 사용하여 설명을 조정합니다. 빵을 나누는 상황이나 시장에서의 거래를 통해 분수의 개념을 설명하는 식입니다. 이러한 문화적 맥락화는 학습 효과를 크게 향상시킵니다.

더 나아가 Solar X의 시스템은 학습자들 간의 협력적 학습을 촉진하는 기능도 갖추고 있습니다. 물리적으로 함께 모일 수 없는 상황에서도 가상 스터디 그룹을 형성하고, AI가 중재자 역할을 하면서 토론을 이끌어 갑니다. 이는 단순한 개별 학습을 넘어서 사회적 학습의 중요성을 인식한 설계입니다.

프로젝트의 초기 결과는 매우 고무적입니다. 6개월간의 시범 운영에서 참여한 소녀들의 학습 성취도가 평균 40% 향상되었으며, 수학과 과학 분야에서 두드러진 진전을 보였습니다. 하지만 더 중요한 변화는 정량적 지표로 측정하기 어려운 부분에서 나타났습니다. 참여 소녀들의 자신감과 학습 동기가 크게 향상되었으며, 미래에 대한 희망을 되찾았다는 것입니다. 한 참여자는 "AI 선생님은 저를 포기하지 않고 계속 격려해 줘요. 제가 실수해도 화내지 않고 다시 설명해 줍니다."
라고 말했습니다.

이 사례가 우리에게 주는 교훈은 명확합니다. AI 교육 기술
의 진정한 가치는 최첨단 기능에 있는 것이 아니라, 교육 소
외 계층에게 양질의 학습 기회를 제공하는 데 있습니다. 또한
기술적 혁신과 문화적 이해가 결합될 때 비로소 의미 있는 교
육 변화가 가능하다는 것을 보여줍니다.

## 2. 난민 학생들의 꿈을 키워 주는 AI 지원 시스템

전 세계적으로 약 1억 명의 난민이 있으며, 이 중 절반가량
이 18세 미만의 아동과 청소년입니다. 이들 중 상당수가 모
국에서의 교육이 중단되었거나 언어 장벽 때문에 정규 교육
과정에 참여하기 어려운 상황에 처해 있습니다. 고등 난민
학생 네트워크(TRSN, The Refugee Student Network)는 이러한
도전에 AI 기술로 대응하는 혁신적인 접근을 시도하고 있습
니다.

TRSN의 AI 시스템은 다중 언어 지원에 특화되어 있습니다.
단순히 번역 서비스를 제공하는 것을 넘어서, 각 학습자의 모
국어와 학습 중인 언어 간의 인지적 연결고리를 만들어 줍니
다. 예를 들어, 아랍어를 모국어로 하는 시리아 난민 학생이
영어로 된 과학 교재를 학습할 때, AI는 아랍어의 과학 용어

**[그림 24] 난민 학생들의 꿈을 키워주는 AI 지원 시스템**

전 세계적으로 약 1억 명의 난민이 있으며, 이 중 절반가량이 18세 미만의 아동과 청소년입니다. 이들 중 상당수가 모국에서의 교육이 중단되었거나 언어 장벽 때문에 정규 교육 과정에 참여하기 어려운 상황에 놓여 있습니다. 고등 난민 학생 네트워크(TRSN, The Refugee Student Network)는 이러한 도전에 AI 기술로 대응하는 혁신적인 접근을 시도하고 있습니다.

와 영어 용어 사이의 어원적, 개념적 연관성을 설명해 줍니다. 이는 단순한 암기가 아닌 개념적 이해를 촉진합니다.

더욱 인상적인 것은 AI가 각 학생의 교육 배경과 트라우마를 고려한 맞춤형 학습 지원을 제공한다는 점입니다. 전쟁이나 박해로 인한 심리적 트라우마는 학습 능력에 직접적인 영향을 미칩니다. TRSN의 AI 시스템은 학습자의 반응 패턴을 분석하여 스트레스 수준을 감지하고, 필요시 학습 강도를 조절하거나 심리적 지원 자료를 제공합니다. 이는 단순한 지식 전달을 넘어서 전인적 교육을 추구하는 접근입니다.

주목할 만한 것은 AI가 난민 학생들 간의 멘토링 네트워크를 구축하는 역할을 한다는 점입니다. 시스템은 학습 진도가 앞선 학생들을 후배 학생들의 멘토로 연결해 주고, 이들 간의 상호작용을 촉진합니다. AI는 멘토링 세션의 품질을 모니터링하고, 필요한 자료나 가이드라인을 실시간으로 제공합니다. 이러한 방식은 도움을 받는 학생뿐만 아니라 도움을 주는 학생에게도 리더십과 책임감을 기를 수 있는 기회를 제공합니다.

프로젝트의 성과는 정량적, 정성적 측면 모두에서 긍정적입니다. 참여 학생들의 언어 능력 향상률이 일반적인 어학 과정보다 50% 높았으며, 학업 성취도 또한 현저히 개선되었습니다. 더 중요한 것은 참여 학생들의 사회적 통합도가 크게 향상되었다는 점입니다. 많은 학생들이 "처음으로 내 이야기를 이해하는 선생님을 만났다."라고 표현했으며, 이는 AI가 단순한 교육 도구를 넘어서 정서적 지원자의 역할도 수행할 수 있음을 보여줍니다.

## 3. 외딴 지역 아이들도 양질의 교육받는 방법

디지털 격차는 21세기 교육 불평등의 주요 원인 중 하나입니다. 인터넷 접속이 어렵거나 불가능한 지역의 학생들은 온

[그림 25] 외딴 지역 아이들도 양질의 교육받는 방법

디지털 격차는 21세기 교육 불평등의 중요한 원인 중 하나입니다. 인터넷 접속이 어렵거나 불가능한 지역의 학생들은 온라인 교육 자원에 접근할 수 없어, 교육 기회에서 소외되고 있습니다. 이러한 디지털 격차를 해소하기 위한 혁신적인 오프라인 AI 학습 플랫폼들이 개발되고 있습니다.

라인 교육 자원에 접근할 수 없어 교육 기회에서 소외되고 있습니다. 이러한 디지털 격차를 해소하기 위한 혁신적인 오프라인 AI 학습 플랫폼들이 개발되고 있습니다.

이러한 플랫폼의 가장 큰 특징은 오프라인 환경에서도 완전히 작동하는 AI 기반 학습 관리 시스템이라는 점입니다.

저사양의 기기에서도 원활하게 실행되도록 최적화되어 있으며, 태블릿 하나에 수천 개의 교육 콘텐츠와 AI 학습 지원 기능을 담을 수 있습니다. 마치 작은 상자 안에 거대한 도서관을 담은 것과 같습니다.

오프라인 AI 시스템은 각 학습자의 학습 패턴을 분석하여 개인화된 학습 경로를 제안합니다. 인터넷 연결 없이도 학습자의 진도, 강점, 약점을 파악하고 그에 맞는 콘텐츠를 추천합니다. 예를 들어, 한 학생이 수학의 기하 부분에서 어려움을 겪고 있다면, AI는 기초 개념부터 차근차근 다시 학습할 수 있는 콘텐츠 시퀀스를 제공합니다. 이때 학습자의 모국어와 문화적 배경을 고려한 예시와 설명을 우선적으로 선택합니다.

플랫폼의 또 다른 혁신적 기능은 교사 지원 시스템입니다. 많은 소외 지역의 교사들은 충분한 교육 훈련을 받지 못했거나 최신 교육 방법론에 대한 정보가 부족합니다. AI는 이러한 교사들에게 실시간 교육 지원을 제공합니다. 수업 중 어려운 질문이 나왔을 때 AI가 적절한 설명 방법을 제안하거나, 학생들의 이해도를 평가할 수 있는 문제를 생성해 줍니다. 이는 교사의 전문 역량을 향상시키는 동시에 학생들에게도 더 나은 교육을 제공할 수 있게 합니다.

케냐의 한 농촌 지역에서 실시된 사례 연구는 이러한 오프라인 AI 플랫폼의 효과를 잘 보여줍니다. 인터넷 접속이 거의 불가능한 이 지역의 초등학교에 플랫폼이 도입된 후, 학생들의 수학 성취도가 6개월 만에 평균 35% 향상되었습니다. 더 중요한 것은 학습 동기와 참여도의 변화였습니다. 이전에는 수동적으로 교사의 설명을 듣기만 했던 학생들이 적극적으로 질문하고 탐구하는 모습을 보이기 시작했습니다. 한 교사는 "AI가 각 아이의 수준에 맞는 문제를 제공해 주니까 모든 학생이 성공의 경험을 할 수 있게 되었다."라고 말했습니다.

## 4. 하루 2시간으로 완성되는 혁신적 학습 모델 (콜롬비아 국제학교의 놀라운 AI 프로젝트 교육)

전통적인 학교 교육의 고정관념을 깨뜨리는 혁신적인 시도 중 하나가 Alpha Schools의 2시간 학습 모델입니다. 이 모델은 "학습은 오랜 시간 앉아서 하는 것"이라는 기존 관념에 도전하며, AI 기술을 활용해 짧은 시간 동안 고도로 집중된 학습 경험을 제공합니다.

Alpha Schools의 철학은 간단명료합니다. 학습의 질은 시간의 양이 아니라 집중도와 개인화의 정도에 달려 있다는 것입니다. 이를 위해 AI 시스템은 각 학습자의 생체리듬, 집중력 패턴, 학습 스타일을 종합적으로 분석합니다. 예를 들어, 어떤 학생은 오전에 수학적 사고가 가장 활발하고, 다른 학생은 오후에 언어적 창의성이 최고조에 달한다는 개인차를 파악합니다.

이러한 분석을 바탕으로 AI는 각 학습자에게 최적화된 2시간 학습 프로그램을 매일 생성합니다. 이 프로그램은 마치 개인 트레이너가 설계한 운동 프로그램처럼 정교합니다. 학습자의 현재 상태, 목표, 그리고 그날의 컨디션까지 고려하여 학습 순서, 난이도, 휴식 시간을 조정합니다. 예를 들어, 한 학생이 전날 수학 시험으로 인해 스트레스를 받았다면, AI는 다음 날 프로그램에서 수학의 비중을 줄이고 대신 좋아하는 과학 실험 활동을 늘릴 수 있습니다.

Alpha Schools의 접근에서 흥미로운 점은 AI가 학습 과정에서 "생산적 고군분투(Productive Struggle)"를 의도적으로 설계한다는 것입니다. 이는 학습자가 너무 쉬운 문제로 지루해하거나 너무 어려운 문제로 좌절하지 않도록, 적절한 수준의 도전을 제공하는 것입니다. AI는 학습자의 반응을 실시간으로 모니터링하여 문제의 난이도를 미세하게 조절합니다. 학습자가 10초 이내에 문제를 해결하면 난이도를 높이고, 2분 이상 고민하면 힌트를 제공하거나 더 기초적인 문제로 되돌아갑니다.

콜롬비아 카르타헤나 국제학교의 AI 기반 프로젝트 교육

Alpha Schools 모델의 실제 적용 사례로 콜롬비아 카르

타헤나 국제학교의 프로젝트가 주목받고 있습니다. 이 학교는 다양한 국적의 학생들이 함께 학습하는 국제학교로, 언어적, 문화적 다양성이 높아 개별화 교육의 필요성이 큰 환경입니다.

카르타헤나 국제학교의 AI 시스템은 각 학생의 언어적 배경을 깊이 있게 분석합니다. 스페인어를 모국어로 하는 학생, 영어권에서 온 학생, 그리고 제3언어를 사용하는 학생들이 함께 학습할 때, AI는 각자의 언어적 강점을 활용한 학습 전략을 제시합니다. 예를 들어, 스페인어가 모국어인 학생에게는 라틴어 어원을 활용한 영어 어휘 학습법을, 한국어가 모국어인 학생에게는 한자어 지식을 활용한 학습법을 제안합니다.

프로젝트 기반 학습에서 AI의 역할은 더욱 두드러집니다. "지속가능한 도시 설계"라는 프로젝트에서 AI는 각 학생의 관심 분야와 강점을 파악하여 역할을 분배합니다. 수학을 좋아하는 학생은 건축 구조 계산을, 생물학에 관심 있는 학생은 도시 생태계 설계를, 예술에 재능 있는 학생은 시각적 표현을 담당하게 됩니다. 이때 AI는 단순히 역할을 나누는 것이 아니라, 각 영역 간의 연결점을 제시하여 통합적 사고를 촉진합니다.

더 나아가 AI는 프로젝트 진행 과정에서 실시간으로 협업을 지원합니다. 팀원들 간의 의견 충돌이 발생했을 때 AI가 중재안을 제시하거나, 프로젝트가 예상과 다른 방향으로 진행될 때 새로운 접근법을 제안합니다. 한 학생이 "우리 팀의 도시 설계가 너무 이상적이라서 현실성이 떨어진다."라고 고민을 표현했을 때, AI는 "이상과 현실의 균형을 어떻게 맞출 수 있을까요? 기존 도시의 성공 사례와 실패 사례를 비교 분석해 보는 것은 어떨까요?"라고 구체적인 방향을 제시했습니다.

이 프로젝트의 성과는 매우 인상적입니다. 참여 학생들의 창의적 사고력과 문제 해결 능력이 표준화된 평가에서 평균 45% 향상되었으며, 다문화 이해도와 협업 능력에서 두드러진 개선을 보였습니다. 한 학생은 "AI 선생님은 우리 각자의 장점을 찾아서 연결해 줘요. 혼자서는 생각하지 못했던 아이디어들이 팀에서 나올 수 있게 도와줍니다."라고 말했습니다.

## 선생님의 역할은
## 어떻게 바뀔까요?

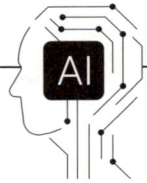

교육에 AI가 도입되면서 가장 자주 제기되는 우려 중 하나는 "AI가 교사를 대체할 것인가?"라는 질문입니다. 하지만 지금까지의 경험과 연구 결과들은 이와는 다른 방향을 가리키고 있습니다. AI는 교사를 대체하는 것이 아니라 교사의 역할을 확장하고 강화하는 도구로 작용하고 있습니다. 이는 마치 계산기가 수학 교사를 대체하지 않고 오히려 더 높은 차원의 수학적 사고를 가르칠 수 있게 도왔던 것과 같은 맥락입니다.

## 1. AI는 선생님을 대체가 아닌 강화하는 도구

AI가 교육 현장에 도입되면서 교사들은 이전보다 훨씬 정교하고 개인화된 교육을 제공할 수 있게 되었습니다. 전통적으로 교사 한 명이 20~30명의 학생을 동시에 가르치는 상황에서는 개별 학생의 학습 진도나 이해 수준을 정확히 파악하기 어려웠습니다. 하지만 AI는 이러한 한계를 극복할 수 있는 강력한 도구를 제공합니다.

[그림 26] AI는 선생님 역할 강화하는 도구

AI가 교육 현장에 도입되면서 선생님은 예전보다 정교하고 개인화된 교육이 가능하게 됐습니다. 전통적으로 교사 한 명이 20~30명의 학생을 동시에 가르치는 상황에서는 개별 학생의 학습 진도나 이해 수준을 정확히 파악하기 어려웠습니다. 하지만 AI는 이러한 한계를 극복할 수 있는 강력한 도구가 됩니다.

핀란드의 한 초등학교에서 실시된 연구 사례를 살펴보면, AI 분석 도구를 활용한 교사들이 학생 개개인의 학습 패턴을 훨씬 정확하게 파악할 수 있게 되었습니다. AI는 학생들의 문제 해결 과정, 오답 패턴, 학습 속도, 집중도 변화 등을 실시간으로 분석하여 교사에게 제공합니다. 예를 들어, 수학 시간에 분수 문제를 다룰 때, AI는 "민수는 분수의 덧셈은 잘하지만 통분 개념에서 어려움을 겪고 있고, 영희는 계산은 정확하지만 문제 이해에 시간이 오래 걸린다."와 같은 구체적인 정보를 제공합니다.

이러한 정보를 바탕으로 교사는 각 학생에게 맞춤형 지도를 할 수 있습니다. 민수에게는 통분의 개념을 시각적으로 설명하는 자료를 추가로 제공하고, 영희에게는 문제를 읽고 이해하는 전략을 별도로 지도할 수 있습니다. 이는 단순히 같은 설명을 반복하는 것이 아니라, 각 학생의 사고 과정에 맞춘 교육적 개입을 가능하게 합니다.

더 나아가 AI는 교사의 교수 설계 능력도 향상시킵니다. 수업 계획을 세울 때 AI가 교육과정 분석, 학습 목표 설정, 평가 방법 선택 등에서 전문적인 조언을 제공합니다. 예를 어, "환경 보호"라는 주제로 수업을 준비하는 교사에게 AI는 "이 주제는 과학적 지식뿐만 아니라 윤리적 판단력도 함께 기를 수 있는 기회입니다. 토론 활동과 실험 관찰을 결합한 수업 구조를 제안합니다."와 같은 구체적인 가이드라인을 제시할 수 있습니다.

## 2. 사람만이 할 수 있는 소중한 일들: 공감, 관계, 멘토링

AI가 정보 전달과 기능적 지원에서 뛰어난 능력을 보이는 반면, 교사의 인간적 역할은 더욱 중요해지고 있습니다. 정서적 지원, 관계 형성, 그리고 인격적 성장 지도에서 교사의 역할은 AI로 대체할 수 없는 고유한 영역으로 인식되고 있습니다.

학습은 단순히 지식을 습득하는 인지적 과정만이 아닙니다. 학습자가 자신감을 갖고, 도전을 두려워하지 않으며, 실패를 통해 성장할 수 있는 마음가짐을 기르는 것이 더욱 중요합니다. 이러한 정서적, 동기적 측면에서 교사의 역할은 그어느 때보다 중요해지고 있습니다.

미국 캘리포니아의 한 고등학교 사례를 보면, AI 튜터링 시스템이 도입된 후 학생들의 학업 성취도는 향상되었지만, 동시에 교사와의 인간적 상호작용에 대한 욕구도 더욱 강해졌습니다. 한 학생은 "AI는 내가 모르는 것을 정확히 알려주지만, 선생님은 내가 왜 그것을 배워야 하는지, 그리고 그것이 내 삶에 어떤 의미인지를 알려줘요."라고 표현했습니다.

이러한 변화에 따라 교사들의 역할도 진화하고 있습니다.

지식 전달자에서 학습 촉진자로, 평가자에서 성장 지원자로, 규칙 집행자에서 멘토와 코치로 역할이 확대되고 있습니다. 학생들의 메타인지 능력, 즉 자신의 학습 과정을 인식하고 조절하는 능력을 기르는 데서 교사의 역할이 핵심적입니다.

예를 들어, AI가 "이 문제를 틀렸습니다. 다시 시도해 보세요."라고 피드백을 제공한다면, 교사는 "왜 이 문제가 어려웠을까? 다음에는 어떤 전략을 사용해 볼까? 이런 실수를 통해 무엇을 배울 수 있을까?"와 같은 성찰적 질문을 통해 학습자의 사고를 깊이 있게 안내합니다.

## 3. 선생님 부족 문제 해결과 새로운 능력 요구사항

전 세계적으로 교사 부족 문제가 심각한 사회적 이슈가 되고 있습니다. 유네스코 통계에 따르면, 2030년까지 전 세계적으로 약 6,900만 명의 교사가 추가로 필요하다고 합니다. 이러한 상황에서 AI는 교사 부족 문제를 완화하는 실질적인 대안을 제시하고 있습니다.

AI가 행정 업무를 자동화하고, 기초적인 학습 지원을 담당함으로써 교사들은 더 많은 시간을 핵심적인 교육 활동에 집중할 수 있게 되었습니다. 성적 처리, 출석 관리, 과제 채점 등의 반복적 업무에서 해방된 교사들은 학생과의 상담, 창의적 수업 설계, 개별 지도 등에 더 많은 에너지를 투입할 수 있습니다.

또한 AI는 경험이 부족한 신임 교사들에게 강력한 지원 도구가 됩니다. 숙련된 교사의 노하우가 AI 시스템에 축적되어, 신임 교사들이 수업 중에 실시간으로 조언을 받을 수 있습니다. 예를 들어, 수업 중 학생들이 집중하지 못할 때 AI가 "이런 상황에서는 활동의 종류를 바꿔 보세요." 또는 "잠깐 휴식 시간을 갖는 것이 좋겠습니다."와 같은 즉석 조언을 제공할 수 있습니다.

하지만 이러한 변화는 동시에 교사들에게 새로운 역량을 요구하고 있습니다. 디지털 리터러시는 기본이고, AI 도구를 교육적으로 활용할 수 있는 능력, 데이터를 분석하고 해석하는 능력, 그리고 AI와 협업하여 더 나은 교육 경험을 설계하는 능력이 필요합니다.

중요한 것은 AI가 제공하는 정보를 비판적으로 검토하고, 교육적 맥락에서 적절히 활용할 수 있는 판단력입니다. AI는 강력한 도구이지만 완벽하지 않으며, 때로는 편향된 정보나 부적절한 권장사항을 제공할 수 있습니다. 교사는 이러한 한계를 인식하고, AI의 제안을 교육적 전문성으로 걸러내어 학생들에게 최적의 학습 경험을 제공해야 합니다.

# 19장

## 학생들의 학습 경험이 **완전히 달라진다**

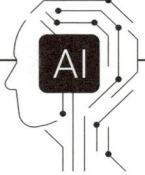

AI 도입으로 가장 극적인 변화를 경험하고 있는 것은 바로 학습자들입니다. 개별화된 학습 경험, 실시간 피드백, 무한한 학습 자원 접근 등은 학습자들의 학습 방식과 경험을 근본적으로 바꾸고 있습니다. 이러한 변화의 중심에는 '몰입'이라는 개념이 있습니다.

### 1. 나만을 위한 맞춤형 학습과 성취감 향상

전통적인 교육에서는 모든 학습자가 같은 속도로, 같은 방식으로, 같은 내용을 학습하는 것이 일반적이었습니다. 하지만 AI 기반 개인화 학습에서는 각 학습자가 자신만의 독특한 학습 여정을 갖게 됩니다. 이는 마치 같은 목적지를 향해 가지만 각자 다른 경로를 택하는 여행과 같습니다.

싱가포르의 한 중학교에서 실시된 연구는 이러한 개인화 학습의 효과를 잘 보여줍니다. AI 시스템이 각 학생의 학습 스타일, 선호도, 강점과 약점을 분석하여 맞춤형 학습 경로를 제공한 결과, 6개월 후 학생들의 학습 성취도가 평균 30% 향상되었습니다. 더 중요한 것은 성취도 향상의 격차가 줄어들었다는 점입니다. 이전에 학습에 어려움을 겪던 학생들의 향상도가 더욱 두드러졌습니다.

한 학생의 사례를 자세히 살펴보면 개인화 학습의 위력을 더 잘 이해할 수 있습니다. 수학에 어려움을 겪던 지민(가명)이는 추상적 개념보다는 구체적이고 시각적인 설명을 선호하는 학습 스타일을 가지고 있었습니다. 기존 수업에서는 이러한 특성이 고려되지 않아 수학 성적이 계속 낮았습니다. 하지만 AI 시스템이 그의 학습 패턴을 분석한 후, 수학 개념을 일상생활의 구체적 상황과 연결하여 설명하고, 시각적 자료와 체험적 활동을 중심으로 한 학습 프로그램을 제공했습니다.

예를 들어, 일차함수를 배울 때 AI는 지민이에게 "택시 요금 계산" 상황을 제시했습니다. 기본 요금 3,000원에 거리에 따라 추가 요금이 붙는 상황을 통해 $y = ax + b$의 개념을 자연스럽게 이해할 수 있도록 했습니다. 또한 그래프를 그리는 대신 실제로 택시를 타고 거리에 따른 요금 변화를 체험해 보는 시뮬레이션 활동을 제공했습니다. 이러한 접근을 통해 지민이의 수학 성적은 6개월 만에 하위 20%에서 상위 40%로 향상되었습니다.

개인화 학습의 또 다른 장점은 학습 속도의 조절입니다. 빠른 이해력을 가진 학생들은 더 깊고 복잡한 내용으로 나아갈 수 있고, 시간이 더 필요한 학생들은 충분히 이해할 때까지 기초를 다질 수 있습니다. 이는 모든 학생이 자신의 잠재력을 최대한 발휘할 수 있는 환경을 조성합니다.

## 2. 적당히 어려운 도전으로 두뇌 발달시키기

학습 과학 연구에서 주목받고 있는 개념 중 하나가 '생산적 고군분투(Productive Struggle)'입니다. 이는 학습자가 적절한 수준의 어려움과 도전에 직면했을 때 오히려 더 깊이 있는 학습이 일어난다는 이론입니다. 너무 쉬운 과제는 지루함을, 너무 어려운 과제는 좌절감을 주지만, 적절한 수준의 도전은 학습자의 인지 능력을 최대한 활성화시킵니다.

AI는 이러한 생산적 고군분투의 최적점을 찾아내는 데 탁월한 능력을 보입니다. 학습자의 반응 시간, 정답률, 시도 횟수, 도움 요청 빈도 등을 종합적으로 분석하여 현재 수준에서

한 단계 높은 적절한 도전을 제공합니다.

미국 스탠포드 대학교의 연구팀이 개발한 AI 수학 튜터의 사례를 보면, 시스템이 학습자의 '고군분투 지수'를 실시간으로 계산합니다. 학습자가 문제를 너무 빨리 풀면 (10초 이내) 도전 수준을 높이고, 너무 오래 고민하면 (3분 이상) 힌트를 제공하거나 더 기초적인 문제로 되돌아갑니다. 이때 중요한 것은 단순히 문제의 난이도만 조절하는 것이 아니라, 학습자가 스스로 해결책을 찾아갈 수 있도록 적절한 안내를 제공한다는 점입니다.

한 중학생의 경험담이 이를 잘 보여줍니다. "처음에는 AI가 주는 문제가 너무 어려워서 짜증났어요. 하지만 포기하지 않고 계속 시도하다 보니 갑자기 '아!' 하는 순간이 왔어요. 그때의 기분은 정말 짜릿했어요. AI는 제가 포기하기 직전까지 기다려 주다가 딱 필요한 순간에 작은 힌트를 줬어요." 이러한 경험은 단순히 정답을 아는 것을 넘어서 문제 해결 과정 자체에서 오는 성취감과 자신감을 기를 수 있게 합니다.

생산적 고군분투를 통한 학습은 인지적 유연성도 기릅니다. 한 가지 방법으로 해결되지 않는 문제에 직면했을 때, 다양한 접근 방식을 시도해 보고 창의적 해결책을 찾아내는 능력이 향상됩니다. AI는 이러한 과정에서 "다른 방법으로도 접근해 볼까요?", "이전에 배운 개념을 활용해 보면 어떨까요?"와 같은 메타인지적 질문을 통해 학습자의 사고를 확장시킵니다.

### 3. 사람과 AI가 함께하는 듀얼 브레인 시대

AI 시대의 학습자들은 '듀얼 브레인' 능력을 기르고 있습니다. 이는 인간의 뇌와 AI의 연산 능력을 효과적으로 결합하여 사용하는 능력을 의미합니다. 마치 양손잡이가 두 손을 자유자재로 사용하듯이, 학습자들은 자신의 인지 능력과 AI의 정보 처리 능력을 상황에 따라 적절히 활용하는 법을 배우고 있습니다.

이러한 듀얼 브레인 능력의 핵심은 "언제 AI의 도움을 받아야 하고, 언제 스스로 생각해야 하는지"를 판단하는 메타인지적 역량입니다. 창의적 아이디어가 필요한 상황에서는 AI를 브레인스토밍 파트너로 활용하고, 비판적 분석이 필요한 상황에서는 AI가 제공한 정보를 검증하고 평가하는 능력이 필요합니다.

한국의 한 고등학교에서 실시된 프로젝트 학습 사례를 보면, 학생들이 이러한 듀얼 브레인 능력을 자연스럽게 발달시키고 있음을 알 수 있습니다. "미래 도시 설계" 프로젝트에서 학생들은 AI를 활용해 다양한 도시 계획 사례를 분석하고, 인구 증가율과 환경 변화를 예측했습니다. 하지만 이러한 데이터를 바탕으로 실제 도시 설계안을 만들고, 그 설계안이 주민들의 삶에 미칠 영향을 상상하는 것은 순전히 인간의 창의성과 공감 능력에 의존했습니다.

한 학생은 "AI는 저에게 정확한 데이터와 다양한 옵션을 제공해 줘요. 하지만 최종 결정은 제가 내려야 해요. 사람들의 행복과 관련된 부분은 AI가 알려줄 수 없는 것 같아요."라고 말했습니다. 이는 AI와 인간이 각각의 강점을 살려 협력하는 이상적인 모습을 보여줍니다.

듀얼 브레인 능력을 기른 학습자들은 또한 AI의 한계와 편향성을 인식하는 비판적 사고력도 갖추게 됩니다. AI가 제공한 정보에 대해 "이 정보의 출처는 무엇인가?", "다른 관점은 없을까?", "내 상황에 적합한가?"와 같은 질문을 던지는 습관을 기릅니다. 이는 정보 과부하 시대에 매우 중요한 능력입니다.

# 시험과 평가 시스템도 대변혁이 온다

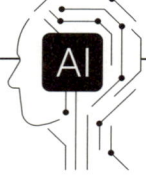

AI 시대의 교육에서 가장 큰 도전 중 하나는 평가 시스템의 변화입니다. 전통적인 평가 방식이 AI 활용 교육과 맞지 않는 부분들이 드러나면서, 교육계는 근본적인 평가 철학의 재검토에 나서고 있습니다.

## 1. 실시간 피드백으로 더욱 효과적인 학습

AI의 가장 강력한 교육적 장점 중 하나는 실시간으로 학습 과정을 모니터링하고 즉각적인 피드백을 제공할 수 있다는 점입니다. 이는 전통적으로 중간고사, 기말고사와 같은 총괄 평가에 의존했던 교육 평가 시스템에 근본적인 변화를 가져오고 있습니다.

형성 평가(Formative Assessment)는 학습 과정 중에 실시되는 평가로, 학습자의 이해도를 점검하고 교수−학습 과정을 개선하는 데 목적이 있습니다. AI는 이러한 형성 평가를 자동화하고 정교화할 수 있는 강력한 도구를 제공합니다.

덴마크의 한 고등학교에서 도입한 AI 기반 형성 평가 시스템의 사례를 보면, 학생들이 온라인 플랫폼에서 문제를 해결하는 과정에서 AI가 다양한 데이터를 수집합니다. 문제 해결에 걸린 시간, 중간에 멈춘 지점, 수정한 내용, 도움말을 요청한 횟수 등을 종합적으로 분석하여 학습자의 이해 수준과 학습 과정의 특성을 파악합니다.

예를 들어, 물리학 문제를 해결하는 과정에서 한 학생이 공식을 적용하는 단계에서 계속 멈춘다면, AI는 "공식의 의미를 이해하는 데 어려움이 있는 것 같습니다. 기본 개념부터 다시 확인해 보겠습니까?"라는 맞춤형 피드백을 즉시 제공합니다. 이는 단순히 정답 여부만을 알려주는 기존 평가와는 질적으로 다른 접근입니다.

더 나아가 AI는 학습자의 감정 상태까지 고려한 피드백을 제공할 수 있습니다. 학습자가 연속으로 문제를 틀리거나 오랜 시간 고민하는 패턴을 보일 때, "조금 쉬어가도 괜찮아요.

어려운 문제일수록 천천히 접근하는 것이 좋습니다."와 같은 정서적 지원 메시지도 함께 제공합니다.

이러한 실시간 형성 평가의 효과는 매우 큽니다. 학습자는 자신의 학습 과정에서 문제점을 즉시 인식하고 수정할 수 있어 학습 효율이 크게 향상됩니다. 또한 교사는 개별 학생의 학습 진행 상황을 실시간으로 파악하여 적절한 시점에 개입할 수 있습니다.

## 2. 결과보다 과정을 중시하는 새로운 평가법

AI가 일반화되면서 전통적인 총괄 평가, 선택형이나 단답형 문제 중심의 평가는 심각한 도전에 직면하고 있습니다. 학습자들이 AI의 도움을 받아 쉽게 정답을 찾을 수 있게 되면서, 기존 평가 방식의 유효성에 대한 의문이 제기되고 있습니다.

이러한 문제에 대응하기 위해 교육계는 '과정 중심 평가'로의 전환을 모색하고 있습니다. 결과보다는 과정을, 정답보다는 사고 과정을, 지식의 양보다는 지식의 활용 능력을 평가하는 방향으로 패러다임이 변화하고 있습니다.

캐나다 온타리오주의 한 교육청이 도입한 새로운 평가 시스템이 좋은 예시입니다. 이 시스템에서는 학생들이 프로젝트나 문제 해결 과정에서 AI를 자유롭게 활용할 수 있지만,

평가는 다음과 같은 요소들에 초점을 맞춥니다: AI에게 어떤 질문을 했는가, AI의 답변을 어떻게 검증했는가, AI의 제안을 어떻게 자신의 아이디어와 결합했는가, 최종 결과물에서 자신만의 창의적 요소는 무엇인가.

한 학생의 역사 프로젝트 평가 사례를 보면, 학생이 "제2차 세계대전의 원인"에 대해 AI에게 질문하고 받은 답변을 그대로 제출한 것이 아니라, AI의 답변을 출발점으로 하여 추가적인 자료 조사를 하고, 여러 관점을 비교 분석하며, 자신만의 해석을 제시했는지를 평가했습니다. 이때 중요한 것은 AI 사용 여부가 아니라 AI를 얼마나 비판적이고 창의적으로 활용했느냐였습니다.

과정 중심 평가의 또 다른 특징은 '성찰(reflection)'을 중시한다는 점입니다. 학습자들은 자신의 학습 과정을 돌아보고, 어떤 전략이 효과적이었고 어떤 부분에서 어려움을 겪었는지를 분석하도록 요구받습니다. AI는 이러한 성찰 과정에서도 유용한 도구가 됩니다. "이번 프로젝트에서 가장 어려웠던 점은 무엇이었나요? 그 어려움을 어떻게 극복했나요?"와 같은 질문을 통해 메타인지적 사고를 촉진합니다.

## 3. 웨어러블 AI 시대의 평가 시스템 재설계

미래에는 AI가 스마트폰이나 컴퓨터뿐만 아니라 안경, 시계, 심지어 콘택트렌즈에까지 내장될 것으로 예상됩니다. 이러한 웨어러블 AI 기술이 일반화되면 현재의 평가 시스템은 더욱 근본적인 재검토가 필요할 것입니다.

웨어러블 AI가 보편화된 상황을 상상해 보면, 학습자들은 언제 어디서나 모든 정보에 즉시 접근하고, 복잡한 계산을 수행하며, 다양한 언어로 소통할 수 있게 됩니다. 이때 "외울 수 있는 지식"이나 "계산할 수 있는 능력"을 평가하는 것은 의미가 없어집니다.

미국 MIT의 교육 연구소에서 실시한 미래 교육 시나리오 연구에 따르면, 웨어러블 AI 시대의 평가는 다음과 같은 방향으로 발전할 것으로 예측됩니다. 첫째, 정보 활용 능력의 평가입니다. 방대한 정보 중에서 필요한 것을 선별하고, 신뢰할 수 있는 정보를 구분하며, 여러 정보를 종합하여 새로운 인사이트를 도출하는 능력이 핵심이 될 것입니다.

둘째, 창의적 문제 해결 능력의 평가입니다. AI가 제시하는 해결책을 그대로 받아들이는 것이 아니라, 독창적이고 혁신적인 접근 방식을 찾아내는 능력이 중요해질 것입니다. 이는 표준화된 평가로는 측정하기 어려운 영역으로, 포트폴리오 평가나 프로젝트 기반 평가의 중요성은 더욱 커질 것입니다.

셋째, 윤리적 판단 능력의 평가입니다. AI가 제안하는 해결책이 윤리적으로 적절한지, 사회적으로 바람직한지를 판단하는 능력이 필수적이 될 것입니다. 이는 단순한 지식이나 기능이 아닌 가치관과 철학의 영역으로, 평가 방법론의 근본적인 변화가 필요합니다.

일부 교육 전문가들은 웨어러블 AI 시대에는 '동반자 평가(Companion Assessment)'라는 새로운 평가 방식이 등장할 것으로 예측합니다. 이는 AI와 인간이 협력하여 문제를 해결하는 과정 자체를 평가하는 방식으로, AI의 역할과 인간의 역할을 명확히 구분하고 각각의 기여도를 평가하는 방법입니다.

이러한 미래 지향적 평가 시스템을 준비하기 위해서는 현재부터 점진적인 변화가 필요합니다. 정답을 암기하고 재현하는 능력보다는 질문을 만들고 탐구하는 능력을, 개별적 성취보다는 협업적 성과를, 일회성 시험보다는 지속적인 성장을 중시하는 평가 문화로의 전환이 필요합니다.

## 순수 인간 역량 평가의 필요성

이러한 변화의 흐름 속에서도 인간 고유의 역량을 순수하게 평가하는 방법의 중요성이 더욱 부각되고 있습니다. AI와의 협업 능력도 중요하지만, AI 없이도 독립적으로 사고하고 표현할 수 있는 능력은 여전히 교육의 핵심 목표 중 하나입니다. 이를 위해 다음과 같은 평가 방식들이 새롭게 주목받고 있습니다.

## 무도구 구술 평가(Unplugged Oral Assessment)

학생들에게 어떠한 외부 자료나 AI의 도움 없이 일어서서 자신의 생각을 직접 설명하도록 하는 평가 방식입니다. 이는 마치 고대 그리스의 소크라테스식 대화나 중세 대학의 구술 시험을 현대적으로 재해석한 것으로 볼 수 있습니다. 학생은 오직 자신의 지식, 경험, 그리고 사고력만을 활용하여 주어진 주제에 대해 논리적이고 설득력 있게 설명해야 합니다.

예를 들어, "기후변화가 우리 지역 농업에 미치는 영향"이라는 주제에 대해 학생은 사전 준비 시간 5분을 갖고, 이후 10분간 아무런 자료 없이 청중 앞에서 발표해야 합니다. 이때 평가 기준은 내용의 정확성뿐만 아니라 논리적 구성, 창의적 관점, 자신만의 경험과 관찰의 통합, 그리고 명확한 의사소통 능력입니다. 이러한 방식은 학생이 얼마나 깊이 있게 주제를 이해하고 내재화했는지, 그리고 예상치 못한 상황에서도 유연하게 대응할 수 있는지를 평가할 수 있습니다.

핀란드의 한 고등학교에서 실시한 사례를 보면, 학생들이 처음에는 "구글도 없이 어떻게 설명하라는 거냐."라며 당황했지만, 점차 자신의 내적 지식과 사고력에 의존하는 법을 배우게 되었습니다. 한 학생은 "처음엔 두려웠지만, 나 자신이 얼마나 많은 것을 알고 있는지 깨달았어요. AI에 의존하지 않고도 충분히 깊이 있는 생각을 할 수 있다는 자신감을 얻었습니다."라고 소감을 밝혔습니다.

## 자연스러운 토론 기반 평가(Natural Debate Assessment)

학생들에게 어떠한 사전 자료 준비나 기술적 도구 없이 즉석에서 토론에 참여하도록 하고, 이 과정에서 보여지는 사고력, 논증 능력, 경청 능력을 평가하는 방식입니다. 이는 실제 민주주의 사회에서 시민으로서 필요한 역량을 직접적으로 평가하는 방법이기도 합니다.

토론 주제는 학생들에게 즉석에서 제시되며, "학교에서 스마트폰 사용을 완전히 금지해야 하는가?", "인공지능이 인간의 일자리를 대체하는 것을 법적으로 규제해야 하는가?"와 같이 찬반 의견이 나뉠 수 있는 현실적인 문제들로 구성됩니다. 학생들은 주제를 듣고 즉시 자신의 입장을 정하고, 상대방의 주장을 듣고 반박하며, 자신의 논리를 수정하거나 강화해야 합니다.

이러한 평가에서 중요한 것은 정답을 맞히는 것이 아니라, 얼마나 논리적으로 사고하고 표현하는가, 상대방의 의견을 존중하면서도 자신의 견해를 명확히 전달하는가, 그리고 새로운 정보나 관점에 대해 열린 마음으로 반응하는가입니다. 캐나다 온타리오주의 한 고등학교에서는 이러한 토론 평가를 정기적으로 실시하여 학생들의 비판적 사고력과 민주적 소통 능력을 기르고 있습니다.

한 교사는 "AI가 발달할수록 인간만이 할 수 있는 진정한 소통과 공감, 그리고 가치 판단의 능력이 더욱 중요해집니다. 자료 없는 토론은 학생들이 자신의 내면에 있는 가치관과 사고력을 발견하게 해 줍니다."라고 설명했습니다.

### 순간 창의성 평가(Spontaneous Creativity Assessment)

예술, 문학, 과학 등 다양한 분야에서 학생들의 즉석 창의성을 평가하는 방법입니다. 사전 준비나 외부 정보 없이 주어진 재료나 상황에서 창의적인 결과물을 만들어 내는 능력을 측정합니다. 예를 들어, 미술 시간에는 "일상용품 3개를 주고 15분 안에 새로운 용도의 작품 만들기", 문학 시간에는 "주어진 세 단어를 포함한 즉석 시 창작하기", 과학 시간에는 "제한된 재료로 특정 문제를 해결하는 실험 설계하기" 등의 과제를 제시합니다.

이러한 평가 방식들의 공통점은 학생들이 AI나 외부 자료에 의존하지 않고 자신의 순수한 역량을 발휘하도록 한다는 것입니다. 이는 단순히 AI 사용을 제한하려는 목적이 아니라, 인간 고유의 창의성, 직관, 감성, 그리고 즉석 사고력을 기르고 평가하기 위함입니다. 동시에 이러한 경험을 통해 학생들은 자신의 내재적 능력에 대한 자신감을 갖게 되고, AI

와 협업할 때도 더욱 주체적이고 능동적인 역할을 할 수 있게 됩니다.

결론적으로, AI 시대의 교육 현장은 기술의 도입을 넘어서 교육의 본질에 대한 근본적인 재성찰을 요구하고 있습니다. 성공적인 AI 교육 사례들이 보여주는 공통점은 기술 자체에 매몰되지 않고 학습자의 성장과 발전을 최우선으로 고려했다는 점입니다. 교사의 역할은 변화하고 있지만 그 중요성은 오히려 더욱 커지고 있으며, 학습자들은 AI와 협력하여 이전보다 훨씬 깊이 있고 개인화된 학습 경험을 하고 있습니다.

이러한 변화의 흐름 속에서 우리가 놓치지 말아야 할 것은 교육의 궁극적 목표입니다. 지식의 전달이나 기능의 습득을 넘어서, 학습자가 자신의 잠재력을 최대한 발휘하고 행복하고 의미 있는 삶을 살아갈 수 있도록 돕는 것이 교육의 본질입니다. AI는 이러한 목표를 달성하는 데 강력한 도구가 될 수 있지만, 그 도구를 어떻게 사용하느냐는 결국 우리의 선택과 지혜에 달려 있습니다.

# 6부

# 에필로그
## – AI와 함께 만들어 가는
## 교육의 밝은 미래

우리는 지금 교육 역사상 전례 없는 변화의 순간을 맞이하고 있습니다. 인공지능 기술이 교실 안팎에서 빠르게 확산되면서, 전 세계 교육자들과 정책 입안자들은 이 거대한 물결 앞에서 기회와 도전을 동시에 마주하고 있습니다. 2024년 ChatGPT의 폭발적인 성장 이후, 생성형 AI는 단순한 기술적 도구를 넘어 교육 패러다임 자체를 재정의하는 촉매제 역할을 하고 있습니다.

전 세계적으로 교육 불평등이 심화되고 있는 상황에서, AI는 양날의 검과 같은 존재입니다. 한편으로는 개인화된 학습 경험을 통해 모든 학생에게 맞춤형 교육 기회를 제공할 수 있는 혁신적인 도구로 평가받고 있습니다. 실제로 아프가니스탄의 소녀들이 교육 제약 속에서도 AI 기반 플랫폼을 통해 학습을 이어가고 있으며, 난민 학생들이 언어 장벽을 넘어 고등교육에 접근할 수 있게 되었습니다. 다른 한편으로는 디지털 격차를 더욱 벌릴 수 있는 위험성도 내포하고 있습니다.

이러한 복잡한 현실 속에서 우리가 나아가야 할 방향은 명확합니다. AI를 교육에 통합하되, 인간의 존엄성과 교육의 본질적 가치를 잃지 않는 균형잡힌 접근이 필요합니다. 이를 위해서는 AI 리터러시 교육, 인간 중심적 교육 철학의 재확립, 윤리적 거버넌스 구축, 그리고 교육 시스템의 구조적 변화가 조화롭게 이루어져야 합니다.

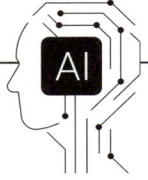

**21
장**

# AI 시대 필수 능력:
## 리터러시와 비판적 사고

## 1. AI 제대로 활용하고 정보 가려내는 안목 기르기

AI 시대의 교육에서 가장 중요한 역량 중 하나는 AI를 올바르게 이해하고 활용할 수 있는 리터러시입니다. 현재 많은 학생들이 AI 도구를 사용하고 있지만, 그 작동 원리나 한계를 제대로 이해하지 못한 채 무분별하게 의존하는 경우가 증가하고 있습니다.

효과적인 AI 리터러시 교육을 위해서는 단계적이고 체계적인 접근이 필요합니다. 초등학교 단계에서는 AI가 무엇인지, 어떤 원리로 작동하는지에 대한 기본적인 이해를 바탕으로

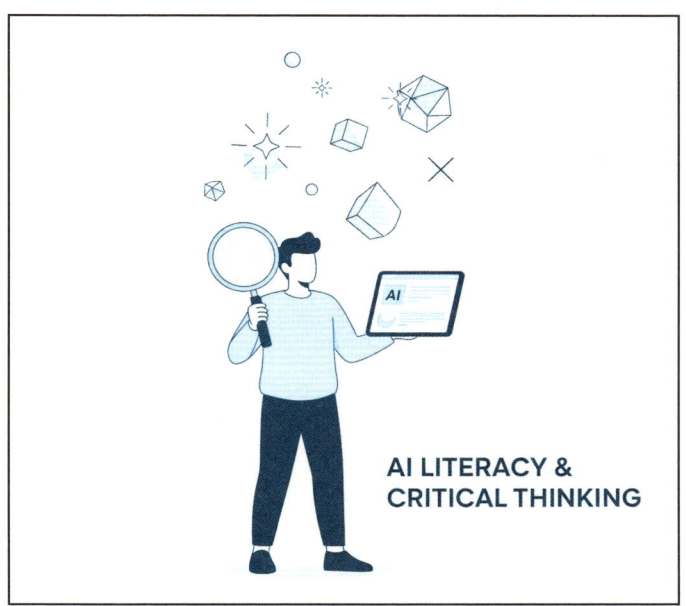

**[그림 27] AI 시대 필수 능력: 리터러시와 비판적 사고**

AI를 올바르게 이해하고 활용하는 리터러시 교육은 매우 중요합니다. 학생들이 AI 도구를 사용하고 있지만, 작동 원리나 한계를 제대로 이해하지 못한 채 사용하는 경우가 있습니다. AI 리터러시 교육을 위해서는 단계적이고 체계적 접근이 필요합니다. 초등학교는 AI가 무엇인지, 어떤 원리로 작동하는지에 대한 기본적인 이해를 바탕으로 시작해야 합니다. 교사는 Claude, ChatGPT, Gemini와 같은 대화형 AI를 활용하여 학생들이 직접 체험하는 기회를 제공할 수 있습니다.

시작해야 합니다. 교사는 Claude, ChatGPT, Gemini와 같은 대화형 AI를 활용하여 학생들이 직접 체험할 수 있는 기회를 제공할 수 있습니다.

구체적인 프롬프트 예시를 통해 살펴보면, 초등학생들에

게는 "AI야, 공룡에 대해 알려줘. 그런데 네가 알려준 내용이 정말 맞는지 어떻게 확인할 수 있을까?"와 같은 질문을 통해 정보 검증의 중요성을 자연스럽게 학습할 수 있도록 도울 수 있습니다. 중학생 단계에서는 "AI가 생성한 이 역사적 사실들 중에서 틀린 것을 찾아보고, 왜 AI가 이런 실수를 할 수 있는지 설명해 보세요."와 같은 보다 심화된 비판적 사고 과제를 제시할 수 있습니다.

정보 평가 능력 함양을 위해서는 '팩트체킹 습관'을 기르는 것이 핵심입니다. 학생들은 AI가 제공한 정보를 여러 신뢰할 만한 출처와 비교 검증하는 과정을 체계적으로 학습해야 합니다. 이를 위해 교사는 "AI가 제시한 통계 자료의 출처를 확인하고, 최신성과 신뢰성을 평가해 보세요."와 같은 구체적인 과제를 제공할 수 있습니다. 또한 "이 주제에 대해 AI의 답변과 전문가의 의견을 비교 분석하고, 차이점이 발생하는 이유를 분석해 보세요."와 같은 프롬프트를 통해 비판적 사고력을 기를 수 있습니다.

실제 교육 현장에서는 Perplexity나 Claude와 같은 AI 도구를 활용하여 정보 검색과 검증 과정을 실습할 수 있습니다. 예를 들어, "기후변화에 대한 최신 연구 결과를 찾아보고, 각 정보의 출처와 발표 기관을 확인한 후, 신뢰도를 평가해 보세요."와 같은 과제를 통해 학생들이 능동적으로 정보를 평가하는 역량을 기를 수 있습니다.

## 2. 결과보다 과정을 중시하는 학습 문화 만들기

AI 시대의 교육에서는 결과보다 과정을 중시하는 패러다임 전환이 필수적입니다. AI가 빠르고 정확한 답을 제공할 수 있는 상황에서, 교육의 가치는 학습자가 스스로 사고하고 문제를 해결해 나가는 과정에서 발견됩니다.

과정 중심 학습을 효과적으로 유도하기 위해서는 AI를 '사고의 파트너'로 활용하는 전략이 필요합니다. 단순히 답을 요구하는 대신, 학생들이 AI와 대화하며 자신의 사고를 점검하고 발전시켜 나갈 수 있도록 도와야 합니다. 예를 들어, 수학 문제 해결 시 "이 문제를 해결하기 위해 어떤 접근 방법이 있을까? 각 방법의 장단점을 분석해 보자."와 같은 프롬프트를 사용하여 학생들이 다양한 해결 전략을 탐색하도록 격려할 수 있습니다.

사고 과정 평가를 위해서는 '메타인지 활동'을 강화해야 합니다. 학생들이 자신의 학습 과정을 성찰하고 개선할 수 있도록 "내가 이 문제를 해결하는 동안 어떤 사고 과정을 거쳤는지 단계별로 설명해 보세요."와 같은 반성적 질문을 제공할 수 있습니다. 이러한 메타인지 활동을 지원하는 코치 역할도 AI는 가능합니다. "당신의 문제 해결 과정에서 가장 어려웠던 부분은 무엇이었나요? 그 어려움을 어떻게 극복했나요?"
와 같은 질문을 통해 학습자의 사고 과정을 깊이 있게 탐구할
수 있습니다.

구체적인 평가 방법으로는 '사고 과정 포트폴리오'를 활용할
수 있습니다. 학생들은 프로젝트나 과제를 수행하는 과정에
서 자신의 사고 과정을 단계별로 기록하고, AI와의 상호작용
내용도 함께 문서화합니다. 교사는 이를 통해 학생의 사고 발
전 과정을 추적하고, 개별화된 피드백을 제공할 수 있습니다.

또한 '동료 평가'와 'AI 피드백'을 결합한 다면적 평가 시스
템을 구축할 수 있습니다. 학생들은 자신의 사고 과정을 동료
들과 공유하고, AI로부터도 객관적인 분석을 받아볼 수 있습
니다. "내 친구의 문제 해결 과정에서 배울 점은 무엇인가요?
AI는 어떤 추가적인 관점을 제시하고 있나요?"와 같은 질문
을 통해 다양한 시각에서 학습할 수 있습니다.

# 22장

## 사람다움을 잃지 않는
## 교육의 핵심 가치

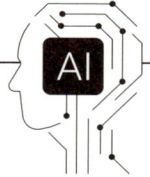

### 1. 선생님의 새로운 역할과 인간적 교감의 중요성

AI 기술의 급속한 발전 속에서 많은 교사들이 자신의 역할에 대해 불안감을 느끼고 있습니다. 하지만 AI 시대야말로 교사의 인간적 역할이 더욱 중요해지는 시기입니다. AI는 정보 전달과 개별화된 학습 지원에서 탁월한 성능을 보이지만, 인간의 감정과 동기, 가치관 형성에는 여전히 한계가 있습니다.

교사의 새로운 역할은 '학습 촉진자'이자 '인간성 멘토'로 재정립되어야 합니다. AI가 정보를 제공하고 기초적인 질문에 답할 수 있다면, 교사는 학생들이 그 정보를 어떻게 해석하고, 자신의 삶과 연결지으며, 의미 있는 학습 경험으로 전환할 수 있도록 도와야 합니다.

실제 교육 현장에서 교사들은 AI를 활용하여 행정 업무를 효율화하고, 더 많은 시간을 학생과의 직접적인 상호작용에 투자할 수 있습니다. 예를 들어, MagicSchool.ai나 Curipod과 같은 도구를 사용하여 수업 계획을 자동 생성한 후, 그 시간에 학생들과의 개별 상담이나 소그룹 토론에 집중할 수 있습니다. "오늘 AI와 함께 학습한 내용 중에서 가장 흥미로웠던 부분은 무엇인가요? 그것이 여러분의 일상생활과 어떤 연관이 있을까요?"와 같은 질문을 통해 학습의 의미를 심화시킬 수 있습니다.

인간적 상호작용의 중요성은 정서적 지원 영역에서 두드러집니다. AI는 학습자의 감정 상태를 어느 정도 인식할 수 있지만, 진정한 공감과 위로는 제공하기 어렵습니다. 교사는 학생이 학습 과정에서 겪는 좌절, 흥미, 성취감 등의 감정을 섬세하게 파악하고, 적절한 격려와 지지를 제공할 수 있습니다.

또한 교사는 AI 활용 과정에서 발생할 수 있는 윤리적 딜레마를 학생들과 함께 고민하는 역할을 담당해야 합니다. "AI가 제시한 이 답안을 그대로 제출하는 것이 학습에 도움이 될까요? 우리는 어떤 기준으로 AI의 도움을 받을 것인지 함께 정해 봅시다."와 같은 대화를 통해 책임감 있는 AI 사용 문화를 조성할 수 있습니다.

## 2. 마음도 함께 자라는 사회정서 학습과 평생교육

AI 시대의 교육에서는 인지적 역량만큼이나 사회 정서적 역량이 중요합니다. 협업, 의사소통, 감정 조절, 자기 인식과 같은 사회 정서 학습(Social Emotional Learning, SEL) 영역은 AI 가 대체할 수 없는 인간 고유의 영역입니다.

사회 정서 학습을 효과적으로 통합하기 위해서는 AI 도구 를 활용한 협력 프로젝트를 설계할 수 있습니다. 학생들이 AI 와 함께 작업하면서도 서로 간의 소통과 협력이 필수적인 과 제를 제시하는 것입니다. 예를 들어, "팀원들과 함께 AI를 활 용하여 우리 지역의 환경 문제에 대한 해결책을 제안해 보세 요. 각자 AI로부터 다른 정보를 수집한 후, 그것을 종합하여 하나의 창의적인 아이디어를 만들어 내야 합니다."와 같은 과 제를 통해 협업 능력을 기를 수 있습니다.

감정 인식과 조절 능력은 AI와의 상호작용 과정에서도 중 요한 역량입니다. 학생들은 AI의 답변에 대해 실망하거나 과 도하게 의존하는 경향을 보일 수 있는데, 이때 자신의 감정을 인식하고 적절히 조절할 수 있어야 합니다. 교사는 "AI와 함 께 작업할 때 어떤 감정을 느꼈나요? 답답함을 느꼈다면 그 이유는 무엇일까요? 이런 상황에서 어떻게 대처하는 것이 좋을까요?"와 같은 성찰 질문을 제공할 수 있습니다.

자기 인식 능력 개발을 위해서는 AI를 활용한 '자기 탐구' 활동을 설계할 수 있습니다. 학생들은 AI와의 대화를 통해 자신의 학습 스타일, 관심사, 강점과 약점을 파악할 수 있습니다. "내가 가장 흥미를 느끼는 학습 주제는 무엇인가요? AI와 함께 그 이유를 탐구해 보고, 나의 학습 동기와 목표를 명확히 해 봅시다."와 같은 프롬프트를 활용할 수 있습니다.

평생 학습의 기반을 다지기 위해서는 '학습하는 방법을 학습하는' 메타학습 능력이 핵심입니다. AI 도구를 활용하여 자신만의 학습 전략을 개발하고 지속적으로 개선해 나가는 능력을 기를 수 있습니다. 학생들은 "내가 새로운 주제를 학습할 때 가장 효과적인 방법은 무엇인가요? AI의 도움을 어느 정도까지, 어떤 방식으로 받는 것이 좋을까요?"와 같은 질문을 통해 자신만의 학습 전략을 수립할 수 있습니다.

### 3. 교실 밖 실제 세상과 연결되는 협력 학습

AI 기술이 발달할수록 실제 세계와의 연결고리가 더욱 중요해집니다. 가상 환경에서의 학습이 증가하는 만큼, 학생들이 실제 현실 세계의 문제를 해결하고, 직접 체험할 수 있는 기회를 제공해야 합니다.

실제 세계 연계 학습을 위해서는 'PBL(Project-Based

Learning)'과 AI 도구를 결합한 접근이 효과적입니다. 학생들은 지역 사회의 실제 문제를 발견하고, AI의 도움을 받아 관련 정보를 수집한 후, 직접 현장을 조사하고 해결책을 제안할 수 있습니다. 예를 들어, "우리 동네의 교통 체증 문제를 해결하기 위해 AI로부터 다른 도시의 성공 사례를 조사하고, 실제로 현장 조사를 통해 우리만의 해결책을 제안해 보세요."와 같은 프로젝트를 설계할 수 있습니다.

협력 학습의 새로운 모델로는 '인간-AI 협력팀'을 구성하는 방법이 있습니다. 학생들은 개별적으로 AI와 작업하되, 정기적으로 모여서 각자의 진행 상황을 공유하고, 서로의 아이디어를 발전시켜 나갑니다. "각자 AI와 함께 연구한 내용을 바탕으로 팀 프레젠테이션을 준비해 봅시다. AI가 제공한 정보들을 어떻게 종합하여 우리만의 독창적인 관점을 만들어 낼 수 있을까요?"와 같은 과제를 통해 협력적 사고력을 기를 수 있습니다.

현장 체험과 AI 학습을 연결하는 방법으로는 '증강 현실(AR) 기반 학습'을 활용할 수 있습니다. 학생들은 박물관이나 과학관에서 AI 가이드의 도움을 받아 더욱 풍부한 학습 경험을 할 수 있습니다. 또한 현장에서 수집한 데이터를 AI로 분석하고, 그 결과를 바탕으로 새로운 가설을 수립하는 탐구 학습을 진행할 수 있습니다.

# 모두를 위한 착한 AI 개발과
## 올바른 사용 문화

## 1. 이익만 추구하지 않는 가치 중심 AI 회사 만들기

교육 분야에서 AI 기술을 개발하고 제공하는 기업들은 단순한 이윤 추구를 넘어 사회적 가치 창출을 우선시해야 합니다. 베네핏 코퍼레이션(Benefit Corporation) 모델은 기업이 주주의 이익뿐만 아니라 사회 전체의 이익을 고려하여 운영되는 새로운 기업 형태입니다.

교육 AI 기업들이 베네핏 코퍼레이션 모델을 채택할 때, 다음과 같은 원칙들을 준수해야 합니다. 첫째, 교육 불평등 해소에 기여해야 합니다. AI 기술이 특정 계층에게만 혜택을 주는 것이 아니라, 소외된 지역이나 경제적으로 어려운 학생들에게도 접근할 수 있어야 합니다. 실제로 Learning Equality의 Kolibri 플랫폼처럼 오프라인 환경에서도 작동하는 AI 교육 솔루션을 개발하는 것이 좋은 예시입니다.

둘째, 투명성과 설명 가능성을 보장해야 합니다. 교육 AI 시스템이 어떤 데이터를 기반으로 어떤 알고리즘을 통해 결정을 내리는지 교사와 학생, 학부모가 이해할 수 있어야 합니다. 학습 평가나 진로 추천과 같은 중요한 결정에 AI가 관여할 때는 그 과정이 명확히 공개되어야 합니다.

셋째, 데이터 소유권과 프라이버시를 철저히 보호해야 합니다. 학생들의 학습 데이터는 매우 민감한 개인정보이므로, 이를 수집하고 처리하는 과정에서 최고 수준의 보안과 윤리적 기준을 적용해야 합니다. 또한 학습자나 보호자가 언제든지 자신의 데이터에 대한 접근, 수정, 삭제 권한을 행사할 수 있도록 해야 합니다.

이러한 원칙들을 실현하기 위해서는 교육 AI 기업들이 다양한 이해관계자들과 지속적으로 소통해야 합니다. 교사, 학생, 학부모, 교육 정책 전문가, 윤리학자들이 참여하는 자문위원회를 구성하여 제품 개발과 서비스 운영에 대한 피드백을 받아야 합니다.

## 2. 학생 데이터를 안전하게 지키는 강력한 규제

AI 기술이 교육 현장에 급속히 도입되면서, 적절한 규제와 표준의 필요성이 더욱 커지고 있습니다. 학생 데이터 보호는 가장 우선적으로 다뤄져야 할 영역입니다.

학생 데이터 보호를 위한 핵심 원칙들을 살펴보면, 먼저 '최소 수집 원칙'이 있습니다. AI 교육 시스템은 교육 목적에 필요한 최소한의 데이터만을 수집해야 하며, 불필요한 개인정보는 수집하지 않아야 합니다. 예를 들어, 수학 학습 AI는 학생의 수학 성취도와 관련된 데이터만 수집하고, 가족 배경이나 기타 개인적인 정보는 수집하지 않아야 합니다.

'목적 제한 원칙'도 중요합니다. 수집된 데이터는 오직 명시된 교육 목적으로만 사용되어야 하며, 상업적 목적이나 다른 용도로 전용되어서는 안 됩니다. 또한 '저장 기간 제한' 원칙에 따라 교육 목적이 달성되면 즉시 데이터를 삭제하거나 익명화해야 합니다.

국가 차원에서는 교육 AI에 대한 전문적인 규제 기관을 설립하고, 정기적인 감사와 인증 시스템을 구축해야 합니다. 미국의 경우 FERPA(Family Educational Rights and Privacy Act), 유럽의 경우 GDPR(General Data Protection Regulation)과 같은 기존 법률을 교육 AI 환경에 맞게 보완하는 작업이 진행되고 있습니다.

교육 현장에서는 'AI 윤리 위원회'를 구성하여 AI 도구 도입 전 사전 검토를 실시해야 합니다. 이 위원회는 교사, 학부모, 기술 전문가, 윤리 전문가로 구성되며, AI 도구의 안전성과 적절성을 평가합니다. 또한 학생과 학부모에게는 AI 사용에 대한 명확한 동의 절차를 마련하고, 언제든지 철회할 수 있는 권리를 보장해야 합니다.

## 3. 다양성을 인정하고 투명하게 운영되는 AI

AI 시스템이 다양한 문화적, 사회적 가치를 반영할 수 있도록 하는 다원적 정렬은 교육 AI에서 중요한 개념입니다. 전 세계적으로 사용되는 교육 AI는 서구의 가치관만을 반영해서는 안 되며, 다양한 문화권의 교육 철학과 가치를 고려해야 합니다.

다원적 정렬을 실현하기 위해서는 AI 모델 개발 과정에서부터 다양한 문화권의 교육자와 학습자가 참여해야 합니다. 예를 들어, 역사 교육 AI를 개발할 때는 다양한 국가와 문화의 역사적 관점이 균형 있게 반영되어야 합니다. "한국전쟁에 대해 설명해 주세요."라는 질문에 대해 미국, 중국, 북한, 남한의 서로 다른 관점을 모두 제시하고, 학습자가 이를 비교 분석할 수 있도록 도와야 합니다.

문화적 민감성을 고려한 AI 설계도 중요합니다. 종교적 가치관, 가족 구조, 교육 방식에 대한 인식이 문화마다 다르므로, AI는 이러한 차이를 존중하고 적절히 대응할 수 있어야 합니다. 이슬람 문화권에서는 종교적 의무를 고려한 학습 일정을 제안하고, 집단주의 문화권에서는 개인적 성취보다는 공동체 기여를 강조하는 피드백을 제공할 수 있습니다.

투명성 확보를 위해서는 'AI 의사결정 과정 공개' 시스템을 구축해야 합니다. 학생이 특정 수준으로 평가받거나 특정 학습 경로를 추천받았을 때, 그 근거가 무엇인지 명확히 설명할 수 있어야 합니다. "왜 AI는 나에게 이 문제를 추천했을까요? 내 학습 패턴에서 어떤 특징을 발견했나요?"와 같은 질문에 대해 구체적이고 이해하기 쉬운 답변을 제공해야 합니다.

또한 'AI 편향성 모니터링 시스템'을 운영하여 성별, 인종, 사회경제적 배경에 따른 차별이 발생하지 않는지 지속적으로 점검해야 합니다. 정기적인 감사를 통해 편향성이 발견되면 즉시 알고리즘을 수정하고, 그 과정을 투명하게 공개해야 합니다.

**24
장**

# 교육 시스템 전체가
## 함께 변화하기

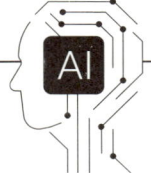

## 1. 유연하고 융합적인 새로운 교육 시스템 구축

AI 시대의 교육은 기존의 경직된 시스템을 벗어나 유연하고 적응적인 구조로 전환되어야 합니다. 이는 단순히 기술적 변화를 넘어 교육 철학과 운영 방식의 근본적인 혁신을 의미합니다.

유연한 교육 시스템의 핵심은 '개별화된 학습 경로'입니다. 모든 학생이 동일한 진도로 같은 내용을 학습하는 획일적 모델에서 벗어나, 각자의 학습 속도와 관심사, 능력에 맞는 맞춤형 교육과정을 제공해야 합니다. AI는 이러한 개별화를 가

**[그림 28] 교육 시스템 전체의 변화**

AI 시대의 교육은 경직된 시스템을 벗어나 유연하고 적응적인 구조로 전환되어야 합니다. 이는 단순히 기술적 변화를 넘어 교육 철학과 운영 방식의 근본적인 혁신을 의미합니다. 또 학제 간 협력 강화는 복잡한 현실 문제를 해결할 수 있는 융합적 사고력을 향상을 위해 필요합니다. 전통적인 과목 구분을 넘어서 실제 세계의 문제를 중심으로 한 통합 교육과정을 설계해야 합니다. 가령, 기후변화 문제를 다룰 때는 과학(기후 시스템 이해), 수학(데이터 분석), 사회(정책적 대안), 국어(설득적 글쓰기), 예술(시각화 및 표현) 등이 모두 통합적으로 다뤄져야 합니다. AI는 이러한 학제 간 연결을 촉진하는 역할을 할 수 있습니다.

능하게 하는 핵심 도구입니다. Claude나 Khanmigo와 같은 AI 튜터를 활용하여 학생 개별의 학습 데이터를 분석하고,

"당신의 수학 학습 패턴을 보면 대수 개념은 잘 이해하지만 기하학적 사고에서 어려움을 겪고 있네요. 시각적 자료를 더 많이 활용한 학습 방법을 시도해 볼까요?"와 같은 맞춤형 제안을 할 수 있습니다.

학제 간 협력 강화는 복잡한 현실 문제를 해결할 수 있는 융합적 사고력을 기르기 위해 필수적입니다. 전통적인 과목 구분을 넘어서 실제 세계의 문제를 중심으로 한 통합 교육과정을 설계해야 합니다. 예를 들어, 기후변화 문제를 다룰 때는 과학(기후 시스템 이해), 수학(데이터 분석), 사회(정책적 대안), 국어(설득적 글쓰기), 예술(시각화 및 표현) 등이 모두 통합적으로 다뤄져야 합니다.

AI는 이러한 학제 간 연결을 촉진하는 역할을 할 수 있습니다. "기후변화가 우리 지역 농업에 미치는 영향을 과학적 데이터, 경제적 분석, 사회적 영향 측면에서 종합적으로 분석해 보세요."와 같은 복합적 과제를 제시하고, 각 영역별 전문 지식을 제공하면서도 이들 간의 연관성을 파악할 수 있도록 도울 수 있습니다.

시간과 공간의 제약을 넘어선 '연결된 학습 환경'도 중요합니다. 학교, 가정, 지역사회, 온라인 공간이 모두 연결된 통합적 학습 생태계를 구축해야 합니다. AI는 이러한 다양한 학습 환경에서 일관된 개인화 서비스를 제공하며, 학습자의 전체적인 성장을 지원할 수 있습니다.

## 2. 과학적 근거에 기반한 정책과 오프라인 우선 AI

교육 정책 수립에서는 경험이나 직관에 의존하기보다는 데이터와 연구 결과에 기반한 과학적 접근이 필요합니다. AI는 대규모 교육 데이터를 분석하여 정책 효과를 예측하고, 최적의 대안을 제시할 수 있는 강력한 도구입니다.

데이터 기반 정책 수립을 위해서는 먼저 교육 현장에서 발생하는 다양한 데이터를 체계적으로 수집하고 분석할 수 있는 시스템이 필요합니다. 학습 성취도, 참여도, 만족도뿐만 아니라 교사의 업무 부담, 학부모의 인식, 지역별 교육 격차 등 다면적인 데이터를 종합적으로 분석해야 합니다. AI는 이러한 복잡한 데이터 간의 패턴과 상관관계를 발견하여 정책 결정자들에게 유용한 인사이트를 제공할 수 있습니다.

정책 시뮬레이션도 중요한 활용 영역입니다. 새로운 교육 정책을 전면 도입하기 전에 AI 모델을 통해 다양한 시나리오를 시뮬레이션하고, 예상되는 효과와 부작용을 미리 분석할 수 있습니다. "AI 기반 개별화 학습을 전국 초등학교에 도입할 경우 학습 격차는 어떻게 변화할 것인가?"와 같은 질문에 대해 데이터 기반의 예측을 제공할 수 있습니다.

'오프라인 우선' AI 솔루션 개발은 교육 불평등 해소를 위한 핵심 전략입니다. 전 세계적으로 인터넷 접속이 어려운 지역의 학생들도 AI 교육의 혜택을 받을 수 있도록 해야 합니다. 이를 위해서는 로컬 디바이스에서 작동하는 경량화된 AI 모델을 개발하고, 필요시에만 온라인으로 업데이트되는 하이브리드 시스템을 구축해야 합니다.

Learning Equality의 Kolibri처럼 오프라인 환경에서도 작동하는 교육 플랫폼은 좋은 사례입니다. 이러한 시스템은 기본적인 AI 기능들을 로컬에서 제공하면서도, 인터넷 연결이 가능할 때는 더 고급 기능과 최신 콘텐츠에 접근할 수 있도록 설계됩니다.

태블릿이나 스마트폰 같은 저비용 디바이스에서도 효과적으로 작동하는 AI 교육 앱 개발도 중요합니다. 복잡한 하드웨어나 고속 인터넷이 없어도 기본적인 AI 튜터링, 언어 학습, 수학 연습 등의 서비스를 이용할 수 있어야 합니다.

### 3. 인간과 AI가 서로 도우며 함께 성장하는 미래

미래 교육의 궁극적 목표는 인간과 AI가 각자의 강점을 발휘하며 서로 보완하는 '공생적 지능'을 개발하는 것입니다. 이는 단순히 AI를 도구로 사용하는 것을 넘어, 인간의 창의성과 AI의 정보 처리 능력이 시너지를 창출하는 새로운 형태의 지능을 의미합니다.

공생적 지능 개발을 위해서는 먼저 '상호 보완적 역할 분담'을 명확히 해야 합니다. 인간은 창의적 사고, 윤리적 판단, 감정적 공감, 맥락적 이해 등의 영역에서 주도적 역할을 하고, AI는 정보 검색, 패턴 분석, 계산, 반복 작업 등에서 지원 역할을 합니다. 학생들은 이러한 역할 분담을 이해하고, 각 상황에서 인간과 AI 중 누가 더 적합한 역할을 할 수 있는지 판단할 수 있어야 합니다.

　'협력적 문제 해결 능력'도 핵심 역량입니다. 복잡한 문제를 해결할 때 AI의 분석 결과를 바탕으로 인간이 창의적 아이디어를 생성하고, 다시 AI가 그 아이디어의 실현 가능성을 분석하는 순환적 협력 과정을 학습해야 합니다. "이 사회 문제에 대한 AI의 데이터 분석 결과를 보고, 우리가 제안할 수 있는 창의적 해결책은 무엇일까요? 그 아이디어를 AI와 함께 구체화해 봅시다."와 같은 협력적 과제를 통해 이러한 능력을 기를 수 있습니다.

　'메타인지적 조절 능력'도 중요합니다. 학습자는 언제 AI의 도움을 받을지, 언제 스스로 해결할지를 판단할 수 있어야 합니다. 또한 AI의 제안이나 분석 결과에 대해 비판적으로 검토하고, 필요시 수정하거나 보완할 수 있어야 합니다. 이는 단순한 기술 사용법을 넘어 고차원적 사고 능력을 요구합니다.

　미래의 교실에서는 학생들이 AI와 함께 프로젝트를 수행하면서도 인간 고유의 가치와 능력을 발전시켜 나갈 것입니다. AI가 제공하는 풍부한 정보와 분석을 바탕으로 더욱 창의적이고 의미 있는 학습 경험을 만들어갈 수 있을 것입니다. 하지만 이 과정에서 인간의 주체성과 존엄성은 결코 훼손되어서는 안 됩니다.

교육의 본질은 여전히 인간의 성장과 발전에 있으며, AI는 그 과정을 더욱 풍부하고 효과적으로 만들어 주는 강력한 파트너일 뿐입니다. 우리가 나아가야 할 방향은 기술에 지배받는 교육이 아니라, 기술을 지혜롭게 활용하여 모든 학습자가 자신의 잠재력을 최대한 발휘할 수 있는 교육입니다.

AI 시대의 교육은 단순히 더 많은 정보를 전달하거나 더 빠른 학습을 추구하는 것이 아닙니다. 그보다는 학습자가 복잡하고 불확실한 미래 사회에서 주체적으로 살아갈 수 있는 역량을 기르는 것이 목표입니다. 비판적 사고력, 창의성, 협력 능력, 윤리적 판단력, 그리고 지속적 학습 능력 등이 그 핵심입니다.

이러한 비전을 실현하기 위해서는 교육 현장의 모든 구성원들이 함께 노력해야 합니다. 교사는 새로운 역할과 역량을 개발해야 하고, 학생들은 능동적이고 책임감 있는 학습자로 성장해야 합니다. 학부모와 지역사회는 변화하는 교육 환경을 이해하고 지원해야 하며, 정책 결정자들은 장기적 관점에서 교육 시스템의 혁신을 뒷받침해야 합니다.

무엇보다 중요한 것은 AI 기술의 발전 속도에 휩쓸리지 않고, 교육의 근본 목적과 가치를 잃지 않는 것입니다. 기술은 수단이지 목적이 아닙니다. 우리의 목적은 여전히 모든 학습자가 행복하고 의미 있는 삶을 살아갈 수 있도록 돕는 것입니다. AI는 그 목적을 달성하는 데 도움이 되는 강력한 도구이지만, 결국 교육의 성패는 인간의 지혜와 사랑에 달려 있습니다.

앞으로의 여정은 쉽지 않을 것입니다. 예상치 못한 도전들이 계속 나타날 것이고, 기술과 사회의 변화 속도는 더욱 빨라질 것입니다. 하지만 우리가 올바른 원칙과 가치를 바탕으로 함께 노력한다면, AI 시대의 교육은 인류 역사상 가장 풍요롭고 의미 있는 학습 경험을 모든 사람에게 제공할 수 있을 것입니다.

이것이 바로 우리가 함께 만들어 가야 할 AI 시대 교육의 미래입니다.

# 초중고교별 AI 프롬프트 예시

## 1부 초등학생 공부 지원을 위한 AI 프롬프트 예시

### 1장 수학 프롬프트 예시(30개) ━━━━━━━

1. 분수 1/3과 2/5의 합을 구하는 과정을 단계별로 설명해 줘.

2. 소수 0.25를 분수로 바꾸는 방법을 알려 줘.

3. 직사각형의 넓이를 구하는 공식과 예시를 보여 줘.

4. 원의 넓이를 구하는 공식을 설명하고, 반지름이 5cm인 원의 넓이를 계산해 줘.

5. 약수와 배수의 차이점을 쉽게 설명해 줘.

6. 소수가 무엇인지 설명하고 1부터 50까지의 소수를 모두 알려 줘.

7. 분수의 나눗셈을 하는 방법을 단계별로 설명해 줘.

8. 대칭이 무엇인지 설명하고 우리 주변에서 볼 수 있는 대칭의 예를 알려 줘.

9. 비와 비율의 차이점을 설명해 줘.

10. 30%는 분수로 얼마인지 계산 과정을 보여 줘.

11. 입체도형의 종류와 각각의 특징을 설명해 줘.

12. 평행사변형의 넓이를 구하는 방법을 알려 줘.

13. 10, 15, 20, 25, 30의 평균을 구하는 과정을 보여 줘.

14. 최대공약수와 최소공배수를 구하는 방법을 예시와 함께 설명해 줘.

15. 일차방정식 x+5=12를 푸는 과정을 단계별로 보여 줘.

16. 도수분포표를 읽는 방법과 활용법을 설명해 줘.

17. 속력·시간·거리의 관계를 설명하고 문제 예시를 만들어 줘.

18. 부피의 단위 변환($cm^3$, $m^3$)을 어떻게 하는지 알려 줘.

19. 정사각형과 직사각형의 차이점은 무엇인가요?

20. 원주율이 무엇인지 설명하고 왜 중요한지 알려 줘.

21. 직육면체의 겉넓이를 구하는 공식을 알려 주고 예제를 풀어 줘.

22. 백분율을 계산하는 방법을 알려 주고 실생활 예시를 들어 줘.

23. 삼각형의 세 가지 종류를 알려 주고 각각의 특징을 설명해 줘.

24. 길이, 무게, 부피의 단위를 서로 변환하는 방법을 표로 정리해 줘.

25. 약분과 통분이 무엇인지 설명하고 예시를 들어 줘.

26. 다각형의 내각의 합을 구하는 공식을 알려 줘.

27. 확률이 무엇인지 쉽게 설명하고 동전 던지기 예시를 들어 줘.

28. 막대그래프와 원그래프의 차이점과 각각 언제 사용하면 좋은지 설명해 줘.

29. 규칙성을 찾아 다음 숫자를 예측하는 방법을 알려 줘: 2, 4, 8, 16,….

30. 분수와 소수의 크기를 비교하는 방법을 설명해 줘.

## 2장 창의적 체험 활동 프롬프트 예시(30개)

1. 우리 동네를 소개하는 관광 가이드 만들기 계획을 세워 줘.

2. 학교 텃밭에서 키울 수 있는 채소 종류와 재배 방법을 알려 줘.

3. 환경 보호를 위해 초등학생이 실천할 수 있는 10가지 활동을 제안해 줘.

4. 재활용품으로 만들 수 있는 창의적인 장난감 아이디어를 알려 줘.

5. 학교 축제에서 할 수 있는 재미있는 부스 아이디어 5가지를 제안해 줘.

6. 인터넷과 스마트폰을 안전하게 사용하는 방법을 알려 줘.

7. 동물 보호를 주제로 한 캠페인 포스터 내용 아이디어를 제안해 줘.

8. 친구들과 함께할 수 있는 실내 협동 게임 5가지를 설명해 줘.

9. 학교 신문 기사 작성을 위한 인터뷰 질문 10개를 만들어 줘.

10. 급식 남기지 않기 캠페인을 위한 아이디어를 제안해 줘.

11. 나의 꿈 직업을 탐색하기 위한 계획표를 만들어 줘.

12. 우리 학교의 문제점과 개선 방안을 찾는 프로젝트 계획을 세워 줘.

13. 지역 어르신을 위한 봉사활동 아이디어를 제안해 줘.

14. 나만의 역사 탐방 계획을 세우는 방법을 알려 줘.

15. 친구들과 함께하는 독서 토론회 진행 방법을 알려 줘.

16. 학교 폭력 예방을 위한 캠페인 아이디어를 제안해 줘.

17. 에너지 절약을 주제로 한 포스터 내용을 구성해 줘.

18. 다문화 이해를 위한 체험 활동 아이디어를 알려 줘.

19. 나만의 시간 관리 계획표를 만드는 방법을 알려 줘.

20. 진로 탐색을 위해 방문할 수 있는 장소와 활동을 추천해 줘.

21. 학급 문집을 만들기 위한 계획과 구성 아이디어를 알려 줘.

22. 지역 문화재를 탐방하는 계획서를 작성하는 방법을 알려 줘.

23. 친구들과 함께 만들 수 있는 간단한 요리 레시피를 알려 줘.

24. 안전한 등하굣길 지도를 만드는 방법을 알려 줘.

25. 학급 규칙을 만드는 방법과 예시를 알려 줘.

26. 감사 편지 쓰기 활동을 위한 편지 예시와 표현을 알려 줘.

27. 친구들과 함께하는 과학 실험 아이디어를 알려 줘.

28. 학교생활에서 스트레스를 건강하게 해소하는 방법을 알려 줘.

29. 나의 장점과 단점을 찾는 자기 탐색 활동 방법을 알려 줘.

30. 미래의 나에게 쓰는 편지 작성 방법과 예시를 알려 줘.


### 3장 미술 프롬프트 예시(30개) ─────────

1. 수채화 기본 기법 5가지를 설명해 줘.

2. 점·선·면을 활용한 추상화 그리는 방법을 알려 줘.

3. 우리 주변에서 볼 수 있는 대칭 구조의 예술 작품을 알려 줘.

4. 명화 모작을 할 때 주의할 점과 단계별 방법을 알려 줘.

5. 종이접기로 만들 수 있는 동물 모양 5가지와 접는 방법을 알려 줘.

6. 색의 3원색과 보색의 관계를 설명해 줘.

7. 우리나라 전통 문양의 종류와 의미를 알려 줘.

8. 팝아트의 특징과 대표 작가를 소개해 줘.

9. 찰흙으로 동물 만드는 기본 방법을 단계별로 알려 줘.

10. 풍경화 그리기의 원근법을 쉽게 설명해 줘.

11. 판화의 종류와 각각의 특징을 알려 줘.

12. 자화상을 그릴 때 주의할 점과 단계를 알려 줘.

13. 재활용 재료로 만들 수 있는 미술 작품 아이디어를 알려 줘.

14. 색상환이 무엇인지 설명하고 색상 조합 방법을 알려 줘.

15. 그림자 기법을 활용한 입체 그림 그리는 방법을 알려 줘.

16. 콜라주 기법이 무엇인지 설명하고 만드는 방법을 알려 줘.

17. 세계 유명 미술관 5곳과 각각의 대표 작품을 소개해 줘.

18. 동양화와 서양화의 차이점을 설명해 줘.

19. 캐리커처 그리는 방법과 특징을 설명해 줘.

20. 풍선아트의 기본 기법과 만들 수 있는 작품을 알려 줘.

21. 모자이크 아트의 역사와 만드는 방법을 설명해 줘.

22. 스텐실 기법으로 티셔츠 디자인하는 방법을 알려 줘.

23. 마블링 기법이 무엇인지 설명하고 준비물과 방법을 알려 줘.

24. 명암 표현 방법 5가지를 예시와 함께 설명해 줘.

25. 우리나라 대표 화가 5명과 그들의 작품을 소개해 줘.

26. 수묵화의 기본 기법과 필요한 도구를 설명해 줘.

27. 패턴 디자인의 원리와 만드는 방법을 알려 줘.

28. 풍선으로 종이 모형 만드는 방법을 단계별로 알려 줘.

29. 팝업북 만드는 기본 원리와 방법을 설명해 줘.

30. 미술 작품 감상문 쓰는 방법과 예시를 알려 줘.


## 4장 영어 프롬프트 예시(30개)

1. 일상생활에서 자주 사용하는 영어 인사말 10가지를 알려 줘.

2. 영어로 자기소개하는 방법과 예문을 알려 줘.

3. 영어 알파벳 발음을 정확하게 하는 방법을 알려 줘.

4. 과일과 채소 이름을 영어로 10개씩 알려 주고 발음도 설명해 줘.

5. 영어로 길 묻는 표현과 대답하는 표현을 알려 줘.

6. 영어 숫자 1부터 100까지 세는 방법과 특이사항을 알려 줘.

7. 영어 동물 이름 20개와 각 동물의 특징을 한 문장씩 알려 줘.

8. 날씨를 표현하는 영어 단어와 문장을 알려 줘.

9. 가족 구성원을 영어로 소개하는 예문을 만들어 줘.

10. 일상 활동을 표현하는 영어 동사 20개를 예문과 함께 알려 줘.

11. 영어로 감정을 표현하는 단어와 문장을 알려 줘.

12. 색깔 이름을 영어로 알려 주고 각 색에 대한 예문을 만들어 줘.

13. 영어 단어장을 만드는 효과적인 방법을 알려 줘.

14. 간단한 영어 동화를 초등학생 수준으로 들려 줘.

15. 영어로 부르기 쉬운 노래와 가사의 뜻을 알려 줘.

16. 계절과 관련된 영어 단어와 표현을 알려 줘.

17. 영어로 취미를 표현하는 방법과 예문을 알려 줘.

18. 영어 글쓰기 기초 문장 구조를 설명해 줘.

19. 식당에서 사용할 수 있는 영어 표현을 알려 줘.

20. 영어 문법 중 be 동사의 사용법을 설명해 줘.

21. 영어 읽기 능력을 향상시키는 방법 5가지를 알려 줘.

22. 영어 의문문 만드는 규칙을 설명하고 예문을 들어 줘.

23. 영어로 시간 표현하는 방법을 알려 줘.

24. 학교생활과 관련된 영어 단어와 표현을 알려 줘.

25. 영어 일기 쓰는 방법과 예시를 알려 줘.

26. 영어 발표를 잘하는 팁과 자주 사용하는 표현을 알려 줘.

27. 영어 대화에서 자주 사용하는 연결어를 알려 줘.

28. 영어로 감사와 사과를 표현하는 다양한 방법을 알려 줘.

29. 영어 듣기 능력을 향상시키는 재미있는 활동을 추천해 줘.

30. 영어 접두사와 접미사의 의미와 예시를 알려 줘.

## 5장 과학 프롬프트 예시(30개) ─────────

1. 식물의 광합성 과정을 쉽게 설명해 줘.

2. 지구의 자전과 공전의 차이점과 그로 인한 현상을 설명해 줘.

3. 인체의 소화 과정을 단계별로 설명해 줘.

4. 물의 순환 과정을 그림으로 설명해 줘.

5. 자석의 원리와 생활 속 자석 활용 예를 알려 줘.

6. 태양계 행성들의 특징을 비교해서 알려 줘.

7. 전기 회로를 만드는 방법과 주의 사항을 알려 줘.

8. 화산 폭발의 원인과 과정을 설명해 줘.

9. 날씨와 기후의 차이점을 설명해 줘.

10. 생태계의 먹이사슬을 예시와 함께 설명해 줘.

11. 지진이 발생하는 원인과 대처 방법을 알려 줘.

12. 산과 염기의 차이점과 생활 속 예시를 알려 줘.

13. 렌즈의 종류와 빛의 굴절 원리를 설명해 줘.

14. 달의 위상 변화가 생기는 이유를 설명해 줘.

15. 공룡이 멸종한 이유에 대한 여러 가설을 설명해 줘.

16. 우리 몸의 뼈와 근육의 역할을 설명해 줘.

17. 곤충과 거미의 차이점을 비교해서 알려 줘.

18. 소리가 발생하고 전달되는 원리를 설명해 줘.

19. 계절이 바뀌는 이유를 설명해 줘.

20. 구름이 만들어지는 과정과 구름의 종류를 알려 줘.

21. 물질의 세 가지 상태와 상태 변화를 설명해 줘.

22. 산소와 이산화탄소의 역할과 순환 과정을 설명해 줘.

23. 식물의 한살이 과정을 단계별로 설명해 줘.

24. 지구 온난화의 원인과 영향을 초등학생이 이해하기 쉽게 설명해 줘.

25. 간단한 과학 실험 5가지와 그 원리를 설명해 줘.

26. 우주의 크기와 별들 사이의 거리를 이해하기 쉽게 설명해 줘.

27. 로켓이 날아가는 원리를 설명해 줘.

28. 동물의 겨울나기 방법 3가지를 예시와 함께 설명해 줘.

29. 인체의 면역 체계가 작동하는 방식을 쉽게 설명해 줘.

30. 화학 반응의 기본 원리와 일상생활 속 예시를 알려 줘.


# 2부 중학생 공부 지원을 위한 AI 프롬프트 예시

### 1장 수학 프롬프트 예시(50개) ─────────

1. 이차방정식의 근의 공식을 현실 세계의 예시로 설명해 줘. 예를 들어 물리나 경제에서 어떻게 활용되는지 알려 줘.

2. 피타고라스 정리를 이해하기 쉽게 설명해 주고, 이를 실생활에서 활용할 수 있는 상황 3가지를 알려 줘.

3. 삼각형의 내각의 합이 180도인 이유를 시각적으로 이해할 수 있는 방법을 알려 줘.

4. 확률의 기본 개념을 주사위와 카드 게임을 통해 설명해 줘. 내가 확률을 더 직관적으로 이해할 수 있도록 도와 줘.

5. 함수 $y=ax^2+bx+c$에서 $a$, $b$, $c$의 값에 따라 그래프가 어떻게 변하는지 설명해 줘.

6. 중학교 2학년인데 연립방정식을 풀 때 자꾸 실수를 해. 연립방정식을 풀 때 자주 하는 실수와 이를 피하는 방법을 알려 줘.

7. 원주율(π)의 역사와 우리 생활에서의 중요성에 대해 설명해 줘. π가 발견된 과정도 간략히 알려 줘.

8. 중학교 3학년인데 인수분해가 어려워. 쉬운 방법으로 인수분해를 설명해 주고, 인수분해를 빠르게 할 수 있는 팁을 알려 줘.

9. 도형의 닮음과 합동의 차이점을 실생활 예시를 통해 설명해 줘.

10. 평균, 중앙값, 최빈값의 차이점과 각각 어떤 상황에서 유용한지 설명해 줘.

11. 중학교 1학년인데 분수 계산이 어려워. 분수의 덧셈, 뺄셈, 곱셈, 나눗셈을 일상생활 예시와 함께 설명해 줄래?

12. 소수와 유리수, 무리수의 차이점을 쉽게 설명해 주고, 각각의 예시를 5개씩 알려 줘.

13. 수학에서 '0'의 특별한 성질과 역할에 대해 설명해 줘. 0으로 나누기가 불가능한 이유도 설명해 줘.

14. 통계 그래프(막대그래프, 원그래프, 꺾은선그래프)를 언제 사용하는 것이 적절한지 알려 주고, 각각의 장단점을 설명해 줘.

15. 중학교 2학년인데 도형의 넓이와 둘레를 구하는 공식이 헷갈려. 모든 기본 도형(삼각형, 사각형, 원 등)의 넓이와 둘레 공식을 정리해 줘.

16. 직선의 방정식 y=mx+b에서 m과 b가 의미하는 것을 그림과 함께 설명해 줘.

17. 절댓값의 개념을 실생활 예시로 설명해 주고, 절댓값이 포함된 방정식을 푸는 방법을 단계별로 알려 줘.

18. 약수와 배수의 관계를 설명하고, 최대공약수와 최소공배수를 구하는 여러 방법을 알려 줘.

19. 순열과 조합의 차이점을 실생활 예시를 통해 설명해 주고, 각각의 공식을 언제 사용해야 하는지 알려 줘.

20. 중학교 3학년인데 이차함수의 최대값과 최소값을 구하는 것이 어려워. 이를 쉽게 구하는 방법과 그 원리를 설명해 줘.

21. 수학 공부를 할 때 암기가 아닌 이해력을 높일 수 있는 방법을 알려 줘. 나는 공식을 외우는 것보다 개념을 이해하고 싶어.

22. 중학교 1학년인데 수학 문제를 읽고 이해하는 게 어려워. 문장제 문제를 수식으로 변환하는 방법을 단계별로 알려 줘.

23. 삼각비(사인, 코사인, 탄젠트)의 개념을 실생활에서 어떻게 활용할 수 있는지 설명해 줘.

24. 여러 가지 각(예각, 둔각, 직각, 평각, 완전각)의 개념과 특징을 설명하고, 각을 측정하는 다양한 방법을 알려 줘.

25. 중학교 2학년인데 수학 시험에서 시간 관리가 잘 안 돼. 수학 시험을 효율적으로 볼 수 있는 전략을 알려 줘.

26. 수학에서 사용하는 다양한 증명 방법(귀류법, 대우, 직접 증명 등)을 예시와 함께 설명해 줘.

27. 집합의 개념과 집합 연산(합집합, 교집합, 차집합, 여집합)을 일상생활 예시로 설명해 줘.

28. 일차함수와 이차함수의 차이점을 그래프와 함께 설명하고, 각각 실생활에서 어떻게 활용되는지 예시를 들어 줘.

29. 중학교 3학년인데 입체도형의 부피와 겉넓이를 구하는 공식이 헷갈려. 각 도형별로 정리해서 알려 줘.

30. 유클리드 기하학의 기본 공리를 쉽게 설명해 주고, 이것이 현대 수학에 미친 영향을 알려 줘.

31. 좌표평면에서 점, 직선, 원의 방정식을 표현하는 방법과 각각의 기하학적 의미를 설명해 줘.

32. 방정식과 부등식의 차이점을 설명하고, 일차부등식을 풀 때 주의해야 할 점을 알려 줘.

33. 중학교 1학년인데 분수와 소수를 서로 변환하는 방법이 헷갈려. 쉬운 방법으로 설명해 줄래?

34. 수학에서 사용하는 다양한 기호(Σ, Π, ∈, ⊂ 등)의 의미와 사용법을 예시와 함께 알려 줘.

35. 중학교 2학년인데 원의 성질(중심각, 원주각, 현, 접선 등)이 헷갈려. 이해하기 쉽게 설명해 줘.

36. 수열의 기본 개념과 등차수열, 등비수열의 특징을 설명해 주고, 일반항과 합을 구하는 공식을 알려 줘.

37. 지수와 로그의 관계를 설명하고, 지수법칙과 로그법칙을 예시와 함께 알려 줘.

38. 중학교 3학년인데 도형의 대칭에 대해 배우고 있어. 선대칭과 점대칭의 차이점과 실생활 예시를 알려 줘.

39. 파스칼의 삼각형이 무엇인지 설명해 주고, 이것이 조합과 확률에 어떻게 연결되는지 알려 줘.

40. 수학 문제 풀이에서 검산의 중요성과 효과적인 검산 방법을 알려 줘.

41. 비례식의 개념과 활용 방법을 실생활 예시와 함께 설명해 줘.

42. 중학교 1학년인데 소인수분해를 하는 방법이 헷갈려. 큰 수의 소인수분해를 효율적으로 하는 방법을 알려 줘.

43. 벤 다이어그램을 사용해 집합 문제를 해결하는 방법을 예시와 함께 설명해 줘.

44. 중학교 2학년인데 그래프를 해석하는 것이 어려워. 다양한 그래프를 읽고 분석하는 방법을 알려 줘.

45. 수학 공식을 암기하는 것이 아니라 유도하는 방법을 알려 줘. 대표적인 공식 3개의 유도 과정을 설명해 줘.

46. 확률과 통계의 차이점을 설명하고, 우리 일상에서 어떻게 활용되는지 예시를 들어 줘.

47. 중학교 3학년인데 이차방정식의 근과 계수의 관계가 이해가 안 돼. 쉽게 설명해 줘.

48. 좌표평면에서 거리 공식을 유도하는 과정과 이 공식이 피타고라스 정리와 어떻게 연결되는지 설명해 줘.

49. 정다각형의 내각과 외각의 합을 구하는 공식을 설명하고, 이를 이용해 정십이각형의 내각과 외각의 합을 구해 줘.

50. 중학교 수학에서 배우는 개념들이 고등학교 수학과 어떻게 연결되는지 설명해 줘. 특히 함수와 방정식 부분을 중심으로 알려 줘.


## 2장 영어 프롬프트 예시(50개) ────────

1. 영어 문장에서 5형식의 차이점을 한국어로 쉽게 설명해 주고, 각 형식별로 예문 3개씩 만들어 줘.

2. 중학교 2학년인데 영어 듣기가 너무 어려워. 영어 듣기 실력을 향상시킬 수 있는 재미있는 방법 5가지를 알려 줘.

3. 영어 단어를 효과적으로 외우는 방법을 알려 줘. 특히 비슷한 의미를 가진 단어들을 구분해서 기억하는 방법도 알려 줘.

4. 영어의 현재완료와 과거시제의 차이점을 실생활에서 사용되는 예문으로 설명해 줘.

5. 중학교 3학년인데 영어 에세이 쓰기가 어려워. 간단한 영어 에세이를 쓰는 단계별 방법과 유용한 표현을 알려 줘.

6. 'I have been to Paris'와 'I have gone to Paris'의 차이점을 상황별 예시와 함께 설명해 줘.

7. 영어 관사(a, an, the)의 사용법을 쉽게 설명해 주고, 관사를 사용하지 않는 경우도 알려 줘.

8. 중학교 1학년인데 be 동사와 일반동사의 차이가 헷갈려. 쉬운 예문과 함께 설명해 줄래?

9. 영어 전치사(in, on, at, for, to 등)의 다양한 의미와 용법을 상황별 예시와 함께 설명해 줘.

10. 중학교 2학년인데 영어로 자기소개를 준비하고 있어. 나이, 취미, 가족, 장래 희망 등을 포함한 영어 자기소개문을 작성해 줘.

11. 영어 회화에서 자주 사용되는 인사말과 기본 표현 20개를 상황별로 정리해 줘.

12. 가정법의 세 가지 유형(현재 가정법, 과거 가정법, 과거완료 가정법)을 예문과 함께 설명해 주고, 각각 언제 사용하는지 알려 줘.

13. 중학교 3학년인데 영어 발음이 어려워. 특히 th, r, l 발음을 정확하게 하는 방법과 연습할 수 있는 문장을 알려 줘.

14. 영어 단어의 접두사와 접미사의 의미를 정리해 주고, 이를 활용해 단어의 뜻을 유추하는 방법을 알려 줘.

15. 영어 문장에서 수동태를 사용하는 이유와 능동태를 수동태로 바꾸는 방법을 예문과 함께 설명해 줘.

16. 중학교 1학년인데 영어 읽기가 너무 느려. 영어 독해 속도를 높이면서도 이해력을 유지할 수 있는 방법을 알려 줘.

17. 영어 문장에서 주어와 동사의 수 일치 규칙을 설명하고, 복수 취급하는 단수 명사와 단수 취급하는 복수 명사의 예시를 알려 줘.

18. 중학교 2학년인데 영어 숙어와 관용 표현이 어려워. 일상생활에서 자주 사용되는 영어 숙어 15개를 의미와 예문과 함께 알려 줘.

19. 영어의 조동사(can, could, may, might, must 등)의 다양한 의미와 뉘앙스 차이를 예문과 함께 설명해 줘.

20. 중학교 3학년인데 영어 프레젠테이션을 준비하고 있어. 발표를 시작하고 마무리하는 효과적인 표현과 발표 중 사용할 수 있는 연결어를 알려 줘.

21. 영어의 비교급과 최상급을 사용하는 다양한 방법과 불규칙 비교급·최상급을 가진 형용사·부사 목록을 알려 줘.

22. 영어 단어의 동음이의어(발음은 같지만 뜻이 다른 단어)의 예시를 10개 들고, 각각의 의미와 예문을 알려 줘.

23. 중학교 1학년인데 의문문 만드는 것이 헷갈려. yes/no 의문문과 의문사를 사용한 의문문의 차이와 만드는 방법을 알려 줘.

24. 영어에서 관계대명사(who, whom, which, that, whose)의 차이점과 사용법을 예문과 함께 설명해 줘.

25. 중학교 2학년인데 영어 일기를 쓰고 싶어. 일상생활에서 사용할 수 있는 영어 일기 표현과 간단한 예시 일기를 알려 줘.

26. 영어 문장에서 분사구문의 개념과 사용법을 설명하고, 접속사를 사용한 문장을 분사구문으로 바꾸는 방법을 알려 줘.

27. 영어의 시제 일치 규칙을 설명하고, 시제 일치가 필요한 상황과 예

외 상황을 예문과 함께 알려 줘.

28. 중학교 3학년인데 영어 단어의 품사(명사, 동사, 형용사, 부사 등)가 헷갈려. 같은 단어가 여러 품사로 사용되는 예시 10개를 알려 줘.

29. 영어 문장에서 부정 표현의 다양한 방법(not, never, hardly, scarcely 등)과 이중 부정의 의미를 예문과 함께 설명해 줘.

30. 중학교 1학년인데 영어로 길 묻기와 길 안내하기 표현을 배우고 있어. 유용한 표현과 대화 예시를 알려 줘.

31. 영어의 간접화법 규칙을 설명하고, 직접화법을 간접화법으로 바꾸는 방법을 예문과 함께 알려 줘.

32. 중학교 2학년인데 토익이나 토플 같은 영어 시험에 관심이 있어. 중학생이 준비할 수 있는 영어 시험의 종류와 특징을 알려 줘.

33. 영어의 자주 혼동되는 단어 쌍(예: affect/effect, lay/lie, who's/whose 등) 15개를 의미와 예문과 함께 설명해 줘.

34. 중학교 3학년인데 영어 뉴스를 이해하고 싶어. 영어 뉴스에서 자주 사용되는 표현과 뉴스 영어를 공부하는 효과적인 방법을 알려 줘.

35. 영어의 타동사와 자동사의 차이점을 설명하고, 같은 단어가 타동사와 자동사로 모두 사용되는 예시 10개를 알려 줘.

36. 중학교 1학년인데 영어 노래를 통해 영어를 배우고 싶어. 중학생 수준에 적합한 영어 노래 5곡과 각 노래에서 배울 수 있는 표현을 알려 줘.

37. 영어의 부정사(to 부정사)와 동명사의 차이점과 각각의 다양한 용법을 예문과 함께 설명해 줘.

38. 중학교 2학년인데 영어 토론에 참여하고 싶어. 자신의 의견을 표현하고 상대방의 의견에 동의·반대하는 유용한 표현을 알려 줘.

39. 영어의 접속사(and, but, or, so, because 등)의 다양한 용법과 접속사에 따른 뉘앙스 차이를 예문과 함께 설명해 줘.

40. 중학교 3학년인데 영어 이메일 작성법을 배우고 싶어. 친구와 선생님에게 보내는 이메일의 형식과 예시를 알려 줘.

41. 영어의 화용론적 의미(말의 의도와 맥락에 따른 의미)를 설명하고, 같은 표현이지만 상황에 따라 다른 의미를 가지는 예시를 알려 줘.

42. 중학교 1학년인데 영어 문법 용어가 헷갈려. 주요 영어 문법 용어 (주어, 동사, 목적어, 보어 등)를 한국어와 영어로 정리해 줘.

43. 영어의 생활 영어와 학문적 영어의 차이점을 설명하고, 같은 내용을 일상 표현과 학문적 표현으로 바꾸는 예시 5개를 알려 줘.

44. 중학교 2학년인데 영어 발표 불안증이 있어. 영어 발표 전과 도중에 불안감을 줄이는 방법과 자신감을 높이는 팁을 알려 줘.

45. 영어의 강세와 억양의 중요성을 설명하고, 영어의 강세 패턴과 억양을 연습할 수 있는 방법을 알려 줘.

46. 중학교 3학년인데 영어 면접을 준비하고 있어. 자주 묻는 질문과 효과적인 답변 방법, 그리고 면접에서 주의해야 할 점을 알려 줘.

47. 영어의 문화적 차이를 반영하는 표현들(관용구, 속담, 문화적 참조 등)을 설명하고, 한국어와 영어의 표현 차이를 비교한 예시를 알려 줘.

48. 중학교 1학년인데 영어 단어장을 효과적으로 만드는 방법을 알려 줘. 단어를 주제별, 상황별로 정리하는 방법도 알려 줘.

49. 영어의 공손한 표현과 격식적인 표현을 설명하고, 같은 요청을 다양한 공손함의 정도로 표현하는 예시를 알려 줘.

50. 중학교 2학년인데 영어 문학 작품을 읽고 싶어. 중학생 수준에 적합한 영어 소설이나 시 5편을 추천해 주고, 각 작품에서 배울 수

있는 언어적 특징을 알려 줘.

## 3장 사회 프롬프트 예시(50개) ──────

1. 삼권분립의 원리를 초등학생도 이해할 수 있게 설명해 주고, 우리나라에서 삼권분립이 어떻게 실현되고 있는지 알려 줘.

2. 중학교 1학년인데 민주주의와 독재의 차이점을 알고 싶어. 세계 역사에서 민주주의와 독재의 대표적인 사례를 들어 설명해 줘.

3. 우리나라 헌법의 기본 정신과 주요 내용을 중학생이 이해하기 쉽게 설명해 줘.

4. 중학교 2학년인데 세계 지리를 공부하고 있어. 대륙별 주요 국가와 그 국가들의 특징(문화, 지형, 기후 등)을 정리해 줘.

5. 조선 시대 신분 제도(양반, 중인, 상민, 천민)의 특징과 현대 사회와의 차이점을 설명해 줘.

6. 중학교 3학년인데 세계화의 장단점이 무엇인지 알고 싶어. 경제, 문화, 환경 측면에서 세계화의 영향을 설명해 줘.

7. 우리나라의 지방자치 제도가 무엇인지 설명하고, 지방자치 단체의 종류와 역할을 알려 줘.

8. 중학교 1학년인데 인권의 개념과 중요성을 이해하고 싶어. 역사적으로 중요한 인권 운동과 그 성과에 대해 알려 줘.

9. 고대 문명(메소포타미아, 이집트, 인더스, 황하 문명)의 특징과 각 문명이 현대 사회에 미친 영향을 비교해 줘.

10. 중학교 2학년인데 환경 문제(지구 온난화, 해양 오염, 산림 파괴 등)의 원인과 해결 방안에 대해 알고 싶어.

11. 대한민국 정부 수립 과정과 6·25 전쟁의 원인, 전개 과정, 결과를

중학생이 이해하기 쉽게 설명해 줘.

12. 중학교 3학년인데 시장 경제와 계획 경제의 차이점을 알고 싶어. 각 경제 체제의 장단점과 실제 사례를 들어 설명해 줘.

13. 조선 시대 세종대왕의 주요 업적과 그것이 현대 한국 사회에 미친 영향을 설명해 줘.

14. 중학교 1학년인데 다문화 사회의 의미와 한국이 다문화 사회로 변화하고 있는 이유를 알고 싶어. 다문화 사회의 장점과 과제도 설명해 줘.

15. 산업 혁명의 원인, 과정, 결과를 설명하고, 산업 혁명이 현대 사회에 미친 영향을 알려 줘.

16. 중학교 2학년인데 민주 시민의 권리와 의무에 대해 알고 싶어. 청소년으로서 실천할 수 있는 시민 참여 방법도 알려 줘.

17. 고려 시대와 조선 시대의 정치, 경제, 사회, 문화적 특징을 비교해 줘.

18. 중학교 3학년인데 국제 연합(UN)의 설립 목적과 주요 기관, 활동을 알고 싶어. UN이 세계 평화에 기여한 사례도 알려 줘.

19. 대한민국 임시 정부의 수립 배경과 주요 활동, 그리고 독립운동에 기여한 인물들에 대해 설명해 줘.

20. 중학교 1학년인데 지도 읽는 법(축척, 방위, 등고선 등)을 배우고 있어. 지도의 요소를 쉽게 이해할 수 있는 방법을 알려 줘.

21. 냉전 시대의 의미와 특징, 그리고 냉전이 종식된 이유와 과정을 설명해 줘.

22. 중학교 2학년인데 인구 문제(저출산, 고령화 등)의 원인과 영향, 그리고 해결 방안에 대해 알고 싶어.

23. 대한민국 헌법에 명시된 기본권의 종류와 각각의 의미를 쉽게 설

명해 줘.

24. 중학교 3학년인데 자유 민주주의와 사회 민주주의의 차이점을 알고 싶어. 각 이념이 실현된 국가의 사례와 특징을 비교해 줘.

25. 유교, 불교, 도교가 한국의 전통 문화와 현대 사회에 미친 영향을 설명해 줘.

26. 중학교 1학년인데 지형도에서 우리나라의 주요 산맥, 하천, 평야를 찾아보고 싶어. 각 지형의 특징과 분포를 설명해 줘.

27. 세계 주요 종교(기독교, 이슬람교, 힌두교, 불교 등)의 기본 교리와 문화적 특징을 비교해 줘.

28. 중학교 2학년인데 민주주의의 발전 과정을 알고 싶어. 고대 아테네부터 현대 민주주의까지의 변화를 설명해 줘.

29. 일제 강점기의 주요 사건들과 독립운동의 흐름을 시간 순서대로 정리해 줘.

30. 중학교 3학년인데 국제 분쟁의 원인과 평화적 해결 방안에 대해 알고 싶어. 최근의 국제 분쟁 사례와 해결 과정도 설명해 줘.

31. 대한민국의 경제 발전 과정(1950년대부터 현재까지)을 단계별로 설명하고, 각 시기의 특징과 성과를 알려 줘.

32. 중학교 1학년인데 민주 선거의 원칙(보통, 평등, 직접, 비밀 선거)과 중요성을 알고 싶어. 우리나라 선거 제도도 설명해 줘.

33. 프랑스 혁명의 원인, 과정, 결과를 설명하고, 프랑스 혁명이 근대 민주주의 발전에 미친 영향을 알려 줘.

34. 중학교 2학년인데 한국의 전통 문화(의식주, 명절, 놀이 등)의 특징과 변화 과정을 알고 싶어.

35. 세계 무역 기구(WTO)와 자유 무역 협정(FTA)의 개념과 영향을 설

명해 줘.

36. 중학교 3학년인데 사회 계층과 불평등의 개념을 알고 싶어. 사회 불평등을 해소하기 위한 정책들의 장단점도 설명해 줘.

37. 고대 그리스와 로마 문명의 특징과 현대 사회에 미친 영향을 비교해 줘.

38. 중학교 1학년인데 자원의 종류(재생 가능/불가능 자원)와 에너지 문제에 대해 알고 싶어. 지속 가능한 자원 이용 방안도 설명해 줘.

39. 우리나라 정부 형태(대통령제)의 특징과 다른 정부 형태(의원 내각제, 이원 집정부제)와의 차이점을 설명해 줘.

40. 중학교 2학년인데 도시화의 과정과 원인, 그리고 도시화로 인한 문제점과 해결 방안에 대해 알고 싶어.

41. 세계 대전(제1차, 제2차)의 원인, 과정, 결과를 비교하고, 이 전쟁들이 세계 질서에 미친 영향을 설명해 줘.

42. 중학교 3학년인데 법의 개념과 종류, 그리고 법이 사회에서 하는 역할에 대해 알고 싶어. 청소년 관련 법규도 알려 줘.

43. 고대 한국사(고조선, 삼국 시대, 남북국 시대)의 주요 사건과 문화적 특징을 시대별로 정리해 줘.

44. 중학교 1학년인데 기후 변화의 원인과 영향, 그리고 개인과 사회가 할 수 있는 대응 방안을 알고 싶어.

45. 정보화 사회의 특징과 장단점, 그리고 정보화로 인한 사회 변화에 대해 설명해 줘.

46. 중학교 2학년인데 한국의 주요 문화재(국보, 보물 등)의 역사적 의미와 가치를 알고 싶어. 대표적인 문화재 10개를 설명해 줘.

47. 아메리카 대륙의 발견과 유럽의 식민지 개척이 세계 역사에 미친

영향을 설명해 줘.

48. 중학교 3학년인데 미디어 리터러시의 개념과 중요성에 대해 알고 싶어. 가짜 뉴스를 판별하는 방법도 알려 줘.

49. 민족 운동가 안중근의 생애와 업적, 그리고 그의 평화 사상에 대해 설명해 줘.

50. 중학교 1학년인데 국제 무역의 기본 개념과 원리를 알고 싶어. 우리나라의 주요 수출입 품목과 교역국도 알려 줘.

## 4장 과학 프롬프트 예시(50개) ─────

1. 태양계의 행성들의 특징을 크기 순서대로 설명해 주고, 각 행성의 흥미로운 사실도 함께 알려 줘.

2. 중학교 1학년인데 세포의 구조와 기능이 이해가 안 돼. 세포의 주요 부분(세포막, 핵, 미토콘드리아 등)을 그림과 함께 설명해 줘.

3. 빛의 성질(반사, 굴절, 분산, 간섭, 회절)을 일상생활 예시와 함께 설명해 줘.

4. 중학교 2학년인데 화학 반응식을 세우는 방법이 어려워. 화학 반응식의 기본 개념과 균형 맞추는 방법을 단계별로 설명해 줘.

5. 인체의 소화 과정을 입에서부터 대장까지 순서대로 설명하고, 각 소화 기관의 역할을 알려 줘.

6. 중학교 3학년인데 힘의 법칙(뉴턴의 운동 법칙)을 배우고 있어. 세 가지 법칙을 일상생활 예시와 함께 설명해 줘.

7. 전기와 자기의 관계를 설명하고, 전자기 유도 현상이 우리 생활에 어떻게 활용되는지 알려 줘.

8. 중학교 1학년인데 지구의 계절 변화 원인이 이해가 안 돼. 지구의

자전과 공전, 그리고 자전축의 기울기가 계절 변화에 미치는 영향을 설명해 줘.

9. DNA와 RNA의 구조적 차이점과 기능적 차이점을 비교해 줘.

10. 중학교 2학년인데 산과 염기의 개념과 특성이 헷갈려. pH 척도와 함께 산·염기의 특성을 설명하고, 일상생활에서의 예시도 알려 줘.

11. 중력의 개념과 만유인력 법칙을 설명하고, 지구의 중력이 우리 생활에 미치는 영향을 알려 줘.

12. 중학교 3학년인데 진화론의 기본 개념과 증거들을 알고 싶어. 자연 선택과 적응의 과정을 예시와 함께 설명해 줘.

13. 화산과 지진이 발생하는 원인과 과정을 판 구조론과 연결해서 설명해 줘.

14. 중학교 1학년인데 물질의 상태 변화(고체, 액체, 기체)와 분자 운동의 관계가 이해가 안 돼. 쉽게 설명해 줘.

15. 생태계의 구성 요소(생산자, 소비자, 분해자)와 먹이사슬, 먹이그물의 개념을 설명해 줘.

16. 중학교 2학년인데 속력, 속도, 가속도의 차이점이 헷갈려. 각각의 개념과 계산 방법을 예시와 함께 설명해 줘.

17. 산소와 이산화탄소의 순환 과정을 광합성과 호흡을 중심으로 설명해 줘.

18. 중학교 3학년인데 유전의 기본 원리와 멘델의 법칙을 이해하고 싶어. 우성과 열성, 그리고 유전자형과 표현형의 개념도 설명해 줘.

19. 빅뱅 이론과 우주의 탄생 과정을 중학생이 이해할 수 있게 설명해 줘.

20. 중학교 1학년인데 날씨와 기후의 차이점이 헷갈려. 기상 현상(비, 눈, 구름 등)이 어떻게 형성되는지도 설명해 줘.

21. 인체의 면역 체계가 어떻게 작동하는지 설명하고, 백신이 면역력을 높이는 원리도 알려 줘.

22. 중학교 2학년인데 원소와 원자, 분자의 차이점이 헷갈려. 주기율표의 구성과 원소들의 특성도 알려 줘.

23. 광합성의 과정과 조건을 설명하고, 광합성이 지구 생태계에 미치는 영향을 알려 줘.

24. 중학교 3학년인데 전기 회로의 기본 요소(전압, 전류, 저항)와 옴의 법칙을 이해하고 싶어. 직렬 연결과 병렬 연결의 차이점도 설명해 줘.

25. 인체의 호르몬 체계와 주요 호르몬의 기능을 설명해 줘.

26. 중학교 1학년인데 달의 위상 변화 원인이 이해가 안 돼. 삭, 상현, 망, 하현의 개념과 일어나는 과정을 설명해 줘.

27. 산성비의 원인과 영향, 그리고 산성비를 줄이기 위한 방안을 설명해 줘.

28. 중학교 2학년인데 에너지 보존 법칙과 에너지 전환의 개념이 헷갈려. 일상생활의 예시와 함께 설명해 줘.

29. 인체의 신경계(중추 신경계와 말초 신경계)의 구조와 기능을 설명해 줘.

30. 중학교 3학년인데 화학 결합(이온 결합, 공유 결합, 금속 결합)의 차이점과 각 결합의 특성을 알고 싶어.

31. 소리의 성질(진폭, 진동수, 파형)과 소리가 전달되는 원리를 설명해 줘.

32. 중학교 1학년인데 식물의 생장 과정과 꽃의 구조, 수분과 수정 과정이 이해가 안 돼. 쉽게 설명해 줘.

33. 화석 연료의 종류와 형성 과정, 그리고 화석 연료 사용의 환경적 영향을 설명해 줘.

34. 중학교 2학년인데 열의 이동 방식(전도, 대류, 복사)의 차이점과 일

상생활에서의 예시를 알고 싶어.

35. 인체의 순환계(심장, 혈관, 혈액)의 구조와 기능을 설명해 줘.

36. 중학교 3학년인데 유전자와 염색체, DNA의 관계가 헷갈려. 유전 정보가 어떻게 저장되고 전달되는지 설명해 줘.

37. 물의 순환 과정(증발, 응결, 강수, 유출, 침투)을 설명하고, 이 과정이 지구 환경에 미치는 영향을 알려 줘.

38. 중학교 1학년인데 금속, 비금속, 반금속의 특성과 차이점을 알고 싶어. 주기율표에서의 위치와 실생활에서의 활용도 설명해 줘.

39. 생물의 분류 체계(5계 또는 3역 6계)를 설명하고, 각 분류군의 특징을 알려 줘.

40. 중학교 2학년인데 파동의 특성(진폭, 진동수, 파장, 속력)과 파동의 종류(횡파, 종파)가 헷갈려. 쉽게 설명해 줘.

41. 별의 일생과 별들의 종류(항성, 행성, 왜성, 중성자별, 블랙홀 등)를 설명해 줘.

42. 중학교 3학년인데 산화와 환원 반응의 개념과 일상생활에서의 예시를 알고 싶어. 부식과 연소 현상도 설명해 줘.

43. 인체의 골격계와 근육계의 구조와 기능, 그리고 움직임의 원리를 설명해 줘.

44. 중학교 1학년인데 생물 다양성의 개념과 중요성을 알고 싶어. 생물 다양성을 보존하는 방법도 알려 줘.

45. 지구 온난화의 원인과 영향, 그리고 온실가스 감축을 위한 방안을 설명해 줘.

46. 중학교 2학년인데 빛의 반사와 굴절 법칙이 헷갈려. 거울과 렌즈의 원리도 함께 설명해 줘.

47. 인체의 호흡계(코, 기관, 폐)의 구조와 기능, 그리고 가스 교환 과정을 설명해 줘.

48. 중학교 3학년인데 유전자 변형 생물(GMO)의 개념과 장단점을 알고 싶어. GMO에 대한 다양한 관점도 설명해 줘.

49. 우주 탐사의 역사와 주요 성과, 그리고 현재 진행 중인 우주 탐사 프로젝트에 대해 설명해 줘.

50. 중학교 1학년인데 암석의 종류(화성암, 퇴적암, 변성암)와 형성 과정, 그리고 암석의 순환을 알고 싶어. 대표적인 암석의 특징도 설명해 줘.

이 프롬프트 예시들은 중학생들이 다양한 과목에서 AI를 활용하여 학습할 때 유용하게 사용할 수 있습니다. 각 프롬프트는 학생들의 이해 수준과 관심사에 맞춰 구성되었으며, 개념 설명, 문제 해결, 학습 방법 등 다양한 측면을 다루고 있습니다. 학생들은 이러한 프롬프트를 참고하여 자신만의 질문을 만들어 볼 수도 있습니다. "뭐든지 궁금한 것을 물어보는 것이 프롬프트다."라는 것을 기억하시면 됩니다.

## 3부 고등학생 공부 지원을 위한 AI 프롬프트 예시

### 1장 수학 프롬프트 예시(50개) ────────

1. 미분 가능성과 연속성의 관계를 설명하고, 미분 가능하지만 연속이 아닌 함수가 존재할 수 있는지 수학적으로 증명해 줘.

2. 고등학교 1학년인데 삼각 함수의 덧셈 정리와 배각 공식의 유도 과

정을 이해하기 어려워. 단계별로 자세히 설명해 줄래?

3. 극한의 개념을 일상생활의 예시를 통해 설명하고, lim(x→0) (sin x)/ x = 1임을 증명해 줘.

4. 고등학교 2학년인데 정적분과 부정적분의 관계를 이해하기 어려워. 미적분학의 기본 정리를 쉽게 설명해 줄 수 있어?

5. 확률 분포 함수와 확률 밀도 함수의 차이점을 설명하고, 이산 확률 분포와 연속 확률 분포의 예시를 각각 들어 줘.

6. 고등학교 3학년인데 행렬의 고유값과 고유 벡터가 어떤 의미를 갖는지 이해하기 어려워. 실생활 예시와 함께 설명해 줄래?

7. 테일러 급수의 개념과 활용 방법을 설명하고, sin x의 테일러 급수 전개 과정을 보여 줘.

8. 고등학교 1학년인데 복소수의 개념과 연산 방법이 헷갈려. 복소 평면에서의 기하학적 의미와 함께 설명해 줄래?

9. 벡터의 내적과 외적의 정의와 기하학적 의미를 설명하고, 실생활에서의 응용 예시를 들어 줘.

10. 고등학교 2학년인데 매개 변수 방정식과 극좌표계의 관계를 이해하기 어려워. 원추 곡선(타원, 포물선, 쌍곡선)을 두 좌표계에서 어떻게 표현하는지 설명해 줘.

11. 수열의 극한과 급수의 수렴성 판정법(비교 판정법, 비율 판정법, 근 판정법 등)을 설명하고, 각 판정법의 적용 예시를 들어 줘.

12. 고등학교 3학년인데 확률 변수의 기대값과 분산의 개념이 헷갈려. 실생활 예시와 함께 설명해 주고, 이항 분포와 정규 분포에서의 기대값과 분산을 구하는 방법도 알려 줘.

13. 미분 방정식의 기본 개념과 일차 미분 방정식, 이차 미분 방정식의

풀이 방법을 설명해 줘.

14. 고등학교 1학년인데 수학적 귀납법의 원리와 적용 방법이 어려워. 구체적인 예시와 함께 단계별로 설명해 줄래?

15. 로피탈의 정리의 내용과 증명 과정, 그리고 이 정리를 사용해 풀 수 있는 극한 문제의 예시를 보여 줘.

16. 고등학교 2학년인데 포물선, 타원, 쌍곡선의 정의와 표준 방정식을 헷갈려. 각 곡선의 특징과 초점, 준선 등의 요소를 비교해서 설명해 줘.

17. 벡터 공간과 기저, 차원의 개념을 설명하고, 선형 변환과 행렬의 관계에 대해 알려 줘.

18. 고등학교 3학년인데 조건부 확률과 베이즈 정리의 개념이 이해하기 어려워. 실생활 예시와 함께 설명해 줄래?

19. 함수의 연속성과 일양 연속성의 차이를 설명하고, 연속 함수의 중요한 성질(최대·최소 정리, 중간값 정리)에 대해 알려 줘.

20. 고등학교 1학년인데 집합의 수학적 개념과 기수(Cardinal Number)의 의미가 헷갈려. 무한 집합의 특성과 함께 설명해 줄래?

21. 미분 가능한 함수의 테일러 전개와 맥클로린 급수의 차이점을 설명하고, $e^x$의 무한 급수 전개 과정을 보여 줘.

22. 고등학교 2학년인데 벡터의 성분 표현과 내적, 외적의 연산 법칙이 헷갈려. 삼차원 공간에서의 벡터 연산을 구체적인 예시와 함께 설명해 줘.

23. 확률 분포 중 이항 분포, 정규 분포, 포아송 분포의 특징과 적용 사례를 비교 설명해 줘.

24. 고등학교 3학년인데 미적분학의 기본 정리가 의미하는 바를 이해

하기 어려워. 부정적분과 정적분의 관계를 직관적으로 설명해 줘.

25. 군, 환, 체의 대수적 구조를 설명하고, 실수체, 복소수체, 유리수체의 특성을 비교해 줘.

26. 고등학교 1학년인데 로그 함수와 지수 함수의 그래프 특성과 상호 관계를 이해하기 어려워. 로그 방정식과 지수 방정식의 풀이 방법도 알려 줘.

27. 삼각 함수의 역함수(아크사인, 아크코사인, 아크탄젠트)의 정의역과 치역, 그래프 특성을 설명하고, 삼각 방정식 풀이에 어떻게 활용되는지 알려 줘.

28. 고등학교 2학년인데 공간 도형에서 이면각과 삼면각의 개념이 헷갈려. 구체적인 예시와 함께 설명해 주고, 정다면체의 특성도 알려 줘.

29. 수열의 점화식을 해결하는 다양한 방법(특성 방정식, 생성 함수 등)을 설명하고, 피보나치 수열의 일반항을 구하는 과정을 보여 줘.

30. 고등학교 3학년인데 통계적 추정과 검정의 개념이 이해하기 어려워. 신뢰 구간과 가설 검정의 원리를 실생활 예시와 함께 설명해 줄래?

31. 함수의 볼록성과 오목성의 정의와 판정법을 설명하고, 이것이 함수의 극값과 어떤 관계가 있는지 알려 줘.

32. 고등학교 1학년인데 수열의 귀납적 정의와 명시적 정의의 차이점이 헷갈려. 수열의 일반항을 구하는 다양한 방법을 예시와 함께 설명해 줄래?

33. 벡터의 선형 독립과 선형 종속의 개념을 설명하고, 행렬식을 이용해 이를 판별하는 방법을 알려 줘.

34. 고등학교 2학년인데 이차 곡선의 초점과 준선의 기하학적 의미가 이해하기 어려워. 포물선, 타원, 쌍곡선에서 이 요소들의 역할을 비교해 줘.

35. 미적분학에서 중요한 부등식(코시-슈바르츠 부등식, 삼각 부등식 등)의 내용과 증명, 그리고 응용 예시를 설명해 줘.

36. 고등학교 3학년인데 행렬의 대각화 과정과 그 활용이 이해하기 어려워. 고유값과 고유 벡터를 이용한 대각화 방법을 단계별로 설명해 줄래?

37. 복소수의 극형식과 오일러 공식을 설명하고, 이를 이용한 드무아브르의 정리와 응용 예시를 보여 줘.

38. 고등학교 1학년인데 함수의 합성과 역함수의 관계가 헷갈려. 합성함수의 미분법과 역함수의 미분법을 유도 과정과 함께 설명해 줘.

39. 미분 방정식의 분류(상미분 방정식, 편미분 방정식)와 해법, 그리고 물리학, 공학 등에서의 응용 사례를 설명해 줘.

40. 고등학교 2학년인데 공간 좌표에서 직선과 평면의 방정식이 헷갈려. 두 직선의 위치 관계, 직선과 평면의 위치 관계를 판별하는 방법도 알려 줘.

41. 수학적 논리와 증명 방법(직접 증명, 귀류법, 대우, 수학적 귀납법)의 특징과 적용 사례를 비교 설명해 줘.

42. 고등학교 3학년인데 표본 분포와 중심 극한 정리의 개념이 이해하기 어려워. 실생활에서의 적용 예시와 함께 설명해 줄래?

43. 푸리에 급수의 기본 개념과 주기 함수를 삼각 함수의 합으로 표현하는 원리를 설명해 줘.

44. 고등학교 1학년인데 이산 수학의 기초(명제, 집합, 관계, 함수)가 헷

갈려. 컴퓨터 과학과의 연관성도 설명해 줄래?

45. 다변수 함수의 편미분과 전미분의 개념, 그리고 경사 하강법 등 최적화 문제에의 응용을 설명해 줘.

46. 고등학교 2학년인데 행렬의 연산(덧셈, 뺄셈, 곱셈, 역행렬)이 헷갈려. 행렬식의 기하학적 의미와 함께 설명해 줄래?

47. 확률 과정의 기본 개념과 마르코프 체인, 포아송 과정 등의 예시를 설명해 줘.

48. 고등학교 3학년인데 미적분학의 응용 문제(최대·최소 문제, 관련 변화율 문제)를 푸는 전략이 헷갈려. 단계별 접근법을 알려 줘.

49. 수학사에서 중요한 미해결 문제들(리만 가설, P vs NP 문제 등)의 내용과 수학적 의미를 설명해 줘.

50. 고등학교 1학년인데 대학 수학(미적분학, 선형 대수학, 미분 방정식 등)을 미리 공부하고 싶어. 효과적인 학습 계획과 추천 자료를 알려 줘.


## 2장 영어 프롬프트 예시(50개) ─────

1. 영어 에세이 작성에서 서론, 본론, 결론의 구조를 효과적으로 구성하는 방법과 각 부분에 포함되어야 할 요소들을 설명해 줘.

2. 고등학교 1학년인데 영어 토론에서 설득력 있게 의견을 제시하는 표현과 반론하는 표현을 배우고 싶어. 다양한 예시와 함께 알려 줄래?

3. 영어의 가정법 과거 완료와 혼합 가정법을 구분하는 방법과 각각의 상황별 사용 예시를 설명해 줘.

4. 고등학교 2학년인데 영어 소설을 읽을 때 문학적 장치(은유, 직유, 상

징, 아이러니 등)를 파악하는 방법이 어려워. 각 장치의 특징과 분석 방법을 알려 줘.

5. 영어 에세이에서 인용문을 효과적으로 활용하는 방법과 다양한 인용 스타일(MLA, APA, Chicago)의 차이점을 설명해 줘.

6. 고등학교 3학년인데 학술적 영어 글쓰기에서 객관적인 어조를 유지하는 방법이 어려워. 주관적 표현과 객관적 표현의 차이와 예시를 알려 줄래?

7. 영어의 강조 구문(cleft sentence, 강조를 위한 도치 등)의 다양한 형태와 사용법을 예문과 함께 설명해 줘.

8. 고등학교 1학년인데 영어 발표를 준비하고 있어. 청중의 주의를 끌고 설득력 있는 발표를 위한 전략과 유용한 표현을 알려 줄래?

9. 영어의 관용어구와 속담을 문화적 맥락에서 이해하는 방법과 자주 사용되는 관용어구 20개의 의미와 사용 예시를 알려 줘.

10. 고등학교 2학년인데 영어 논설문을 분석하는 방법이 어려워. 저자의 주장, 근거, 반박 등을 파악하는 비판적 독해 전략을 알려 줘.

11. 영어 프레젠테이션에서 사용되는 시각 자료(그래프, 차트 등)를 설명하는 다양한 표현과 전문 용어를 알려 줘.

12. 고등학교 3학년인데 영어 인터뷰를 준비하고 있어. 자주 묻는 질문과 효과적인 답변 전략, 그리고 인터뷰 중 자신감을 유지하는 방법을 알려 줄래?

13. 영어의 전치사구, 분사구, 부정사구, 동명사구의 차이점과 각 구의 문장 내 기능을 예문과 함께 설명해 줘.

14. 고등학교 1학년인데 영어 독해 속도와 이해력을 높이고 싶어. 효과적인 스키밍(skimming)과 스캐닝(scanning) 기법과 연습 방법을 알

려 줄래?

15. 영어 논문을 읽고 요약하는 방법과 주요 내용을 파악하기 위한 전략을 설명해 줘.

16. 고등학교 2학년인데 영어 에세이에서 논리적 연결성을 유지하기 위한 다양한 연결어(transitions)와 그 사용법이 헷갈려. 목적별로 정리해 줄래?

17. 영어의 복합 관계절(complex relative clause)과 축약 관계절(reduced relative clause)의 구조와 사용법을 예문과 함께 설명해 줘.

18. 고등학교 3학년인데 대학 입시 영어 에세이를 준비하고 있어. 인상적인 자기소개서를 작성하기 위한 팁과 피해야 할 실수를 알려줄래?

19. 영어 문학 작품 분석에서 주제, 플롯, 인물, 배경, 문체를 효과적으로 분석하는 방법과 분석 에세이 작성 전략을 설명해 줘.

20. 고등학교 1학년인데 영어 듣기에서 연음, 축약, 동화 현상 등을 이해하기 어려워. 이런 발음 현상을 인식하고 훈련하는 방법을 알려줄래?

21. 영어의 담화 표지(discourse markers)와 화용론적 기능을 설명하고, 공식적/비공식적 상황에 따른 적절한 사용법을 알려 줘.

22. 고등학교 2학년인데 영어 토익, 토플, 아이엘츠 등 다양한 영어 시험의 특징과 준비 전략이 궁금해. 각 시험의 구성과 효과적인 학습법을 비교해 줄래?

23. 영어의 주제와 평언(theme and rheme), 정보 구조(information structure)의 개념과 효과적인 문장 구성 방법을 설명해 줘.

24. 고등학교 3학년인데 학술 영어에서 자주 사용되는 라틴어 표현

(e.g., i.e., etc., et al., vs. 등)의 의미와 올바른 사용법이 헷갈려. 정리해 줄래?

25. 영어 문장의 강세와 억양 패턴, 그리고 이것이 의미에 미치는 영향을 설명하고, 연습할 수 있는 방법을 알려 줘.

26. 고등학교 1학년인데 영어 문학 작품을 원문으로 읽고 싶어. 고등학생 수준에 적합한 영미 문학 작품 10권을 추천하고, 효과적인 독서 방법을 알려 줄래?

27. 영어의 어원학적 지식을 활용해 단어의 의미를 추론하는 방법과 주요 접두사, 접미사, 어근의 의미를 정리해 줘.

28. 고등학교 2학년인데 영어 토론에서 논리적 오류를 파악하고 반박하는 방법이 어려워. 주요 논리적 오류의 유형과 반박 전략을 알려 줄래?

29. 영어의 다양한 문체(학술적, 저널리즘, 문학적, 비즈니스 등)의 특징과 각 문체에 적합한 어휘, 문장 구조를 비교 설명해 줘.

30. 고등학교 3학년인데 영어 면접에서 자주 물어보는 개인적인 질문과 학업 관련 질문에 효과적으로 답변하는 방법을 알려 줄래?

31. 영어의 시제 체계와 상(aspect)의 개념을 설명하고, 특히 완료 시제와 진행 시제의 미묘한 의미 차이를 예문과 함께 알려 줘.

32. 고등학교 1학년인데 영어 단어장을 효과적으로 만드는 방법이 궁금해. 단어의 다양한 의미, 동의어, 반의어, 파생어 등을 포함한 체계적인 단어장 구성법을 알려 줄래?

33. 영어 학술 논문의 구조(초록, 서론, 방법, 결과, 논의, 결론)와 각 부분의 작성 방법을 설명해 줘.

34. 고등학교 2학년인데 영어 발음의 강세 규칙과 음절 구분 방법이

헷갈려. 영어 단어의 강세 패턴과 효과적인 발음 훈련 방법을 알려 줄래?

35. 영어의 수사적 장치(반복, 대구법, 설의법, 과장법 등)의 효과와 사용법을 문학 작품과 연설문의 예시와 함께 설명해 줘.

36. 고등학교 3학년인데 영어로 창의적 글쓰기(단편 소설, 시 등)를 하고 싶어. 영어 창작 글쓰기의 기본 원칙과 연습 방법을 알려 줘.

37. 영어 발표에서 질의응답 시간을 효과적으로 관리하는 방법과 예상치 못한 질문에 대처하는 전략을 알려 줘.

38. 고등학교 1학년인데 영어 뉴스와 다큐멘터리를 통해 시사 영어를 학습하고 싶어. 적절한 자료와 효과적인 학습 방법을 추천해 줘.

39. 영어의 문화적 함의와 내포된 의미(connotation)를 이해하는 방법과 문화적 맥락에 따른 단어 선택의 중요성을 설명해 줘.

40. 고등학교 2학년인데 영어 에세이에서 비유와 은유를 효과적으로 사용하는 방법이 궁금해. 인상적인 비유를 만드는 기법과 예시를 알려 줄래?

41. 영어 문헌 리뷰(literature review)의 목적과 구조, 그리고 효과적인 작성 방법을 학술적 예시와 함께 설명해 줘.

42. 고등학교 3학년인데 영어 이메일과 편지의 공식적/비공식적 형식과 표현이 헷갈려. 상황별 적절한 시작과 끝맺음 표현, 본문 구성 방법을 알려 줄래?

43. 영어의 언어 변이(방언, 사회적 변이, 역사적 변화 등)를 설명하고, 표준 영어와 비표준 영어의 차이와 사용 맥락을 알려 줘.

44. 고등학교 1학년인데 영어 단어의 다의성(polysemy)과 동음이의어(homonym)가 헷갈려. 맥락에 따른 의미 파악 전략과 예시를 알려

줄래?

45. 영어 비즈니스 커뮤니케이션의 기본 원칙과 상황별(회의, 협상, 프레젠테이션 등) 효과적인 표현을 알려 줘.

46. 고등학교 2학년인데 영어 독해에서 추론 질문과 함축적 의미를 파악하는 것이 어려워. 텍스트 분석과 비판적 독해 전략을 알려 줄래?

47. 영어의 문법적 메타포(grammatical metaphor)와 명사화(nominalization)의 개념을 설명하고, 학술 영어에서의 역할과 예시를 알려 줘.

48. 고등학교 3학년인데 다양한 영어 억양(영국식, 미국식, 호주식 등)의 특징과 차이점이 궁금해. 각 억양의 주요 특징과 인식 방법을 설명해 줄래?

49. 영어 텍스트의 응집성(cohesion)과 일관성(coherence)을 높이는 방법과 이를 평가하는 기준을 설명해 줘.

50. 고등학교 1학년인데 셰익스피어와 같은 고전 영문학의 언어적 특징과 현대 영어와의 차이점이 궁금해. 고전 작품을 읽을 때 도움이 되는 접근법도 알려 줄래.


**3장 사회 프롬프트 예시(50개)** ─────────

1. 국제 관계에서 현실주의, 자유주의, 구성주의 이론의 주요 가정과 관점 차이를 설명하고, 현대 국제 문제에 각 이론을 적용한 분석 사례를 들어 줘.

2. 고등학교 1학년인데 근대 국가의 형성 과정과 주권 개념의 발전을 이해하기 어려워. 베스트팔렌 조약부터 현대 국가 체제까지의 변화

를 설명해 줄래?

3. 자본주의, 사회주의, 공산주의의 경제적·정치적 특징을 비교하고, 20세기 이후 각 체제의 변화와 혼합 경제 체제의 등장 배경을 설명해 줘.

4. 고등학교 2학년인데 글로벌 거버넌스의 개념과 국제기구(UN, WTO, IMF 등)의 역할이 헷갈려. 국제기구의 의사 결정 구조와 한계점도 알려 줄래?

5. 냉전 시대의 주요 사건(트루먼 독트린, 마셜 플랜, 쿠바 미사일 위기 등)과 그 영향을 분석하고, 냉전 종식 이후 세계 질서의 변화를 설명해 줘.

6. 고등학교 3학년인데 한국 현대사에서 민주화 운동(4·19 혁명, 5·18 광주 민주화 운동, 6월 항쟁 등)의 전개 과정과 의의를 비교 분석하고 싶어. 자세히 설명해 줄래?

7. 세계화의 정치적·경제적·문화적·환경적 영향을 다양한 관점에서 분석하고, 반세계화 운동의 주장과 그 근거를 설명해 줘.

8. 고등학교 1학년인데 시민 불복종의 개념과 정당성 조건에 대해 알고 싶어. 역사적으로 중요한 시민 불복종 사례(간디, 마틴 루터 킹 등)와 그 영향을 설명해 줄래?

9. 현대 민주주의의 다양한 형태(직접 민주주의, 대의 민주주의, 심의 민주주의 등)를 비교하고, 각 형태의 장단점과 현대 사회에서의 적용 가능성을 분석해 줘.

10. 고등학교 2학년인데 근대 철학에서 계몽주의와 자유주의 사상의 발전 과정과 그것이 정치 제도에 미친 영향을 알고 싶어. 로크, 루소, 몽테스키외 등의 사상을 비교해 줄래?

11. 대량 학살과 인도에 반한 죄에 대한 국제법적 정의와 처벌 체계를 설명하고, 국제형사재판소(ICC)의 역할과 한계를 분석해 줘.

12. 고등학교 3학년인데 한국의 헌법 개정 역사와 각 개정의 주요 내용 및 배경을 알고 싶어. 현행 헌법의 특징과 개정 논의되는 쟁점도 설명해 줄래?

13. 환경 윤리의 주요 이론(인간 중심주의, 생태 중심주의, 동물 권리론 등)을 비교하고, 기후 변화와 같은 현대 환경 문제에 각 이론을 적용한 접근법을 설명해 줘.

14. 고등학교 1학년인데 조선 후기 실학 사상의 발전과 주요 실학자들(유형원, 정약용, 박지원 등)의 사상적 특징을 비교하고 싶어. 실학이 현대 한국 사회에 미친 영향도 알려 줄래?

15. 현대 사회의 불평등 구조를 분석하는 다양한 이론(기능주의, 갈등 이론, 교환 이론 등)을 설명하고, 각 이론에 기반한 불평등 해소 방안을 비교해 줘.

16. 고등학교 2학년인데 동아시아 국제 관계의 역사적 변화(중화 질서, 제국주의 시대, 냉전, 탈냉전)를 이해하고 싶어. 현대 동아시아 국제 관계의 주요 쟁점과 특징도 알려 줄래?

17. 정의론의 주요 관점(공리주의, 자유 지상주의, 평등주의, 공동체주의 등)을 비교하고, 롤스의 정의론과 노직의 정의론의 핵심 주장과 차이점을 설명해 줘.

18. 고등학교 3학년인데 한국 경제 발전 모델의 특징과 단계별 변화 과정을 알고 싶어. 발전 국가 모델의 장단점과 현대 한국 경제의 과제도 분석해 줄래?

19. 테러리즘의 정의와 유형, 역사적 변화를 설명하고, 테러와의 전쟁

이 국제법과 인권에 미친 영향을 비판적으로 분석해 줘.

20. 고등학교 1학년인데 한국의 전통 사상(유교, 불교, 도교, 무속)이 한국인의 가치관과 사회 구조에 미친 영향을 이해하고 싶어. 전통 사상과 현대 사회의 충돌과 조화 사례도 알려 줄래?

21. 인구 통계학적 변화(저출산, 고령화, 도시화 등)가 사회 제도(연금, 의료, 교육 등)에 미치는 영향을 분석하고, 이에 대한 다양한 정책적 대응을 비교해 줘.

22. 고등학교 2학년인데 동서양 철학의 인간관과 윤리관의 차이를 비교하고 싶어. 서양의 합리주의, 경험주의와 동양의 유교, 불교 윤리의 특징과 현대적 의미를 설명해 줄래?

23. 현대 국제 무역 체제의 발전 과정과 WTO, FTA 등의 역할을 설명하고, 보호무역주의와 자유무역주의 논쟁의 주요 쟁점을 분석해 줘.

24. 고등학교 3학년인데 한국의 정당 정치의 역사적 발전과 현재 정당 체제의 특징을 알고 싶어. 한국 정당 정치의 문제점과 개선 방안도 제시해 줄래?

25. 미디어의 발달이 민주주의와 정치 참여에 미친 영향을 분석하고, 가짜 뉴스와 에코 챔버 현상 등 현대 미디어 환경의 문제점과 해결 방안을 설명해 줘.

26. 고등학교 1학년인데 제국주의 시대의 식민 지배와 탈식민화 과정을 이해하고 싶어. 아시아·아프리카 지역의 탈식민화 이후 국가 형성 과정과 신식민주의의 영향도 설명해 줄래?

27. 종교와 정치의 관계에 대한 다양한 관점(정교 분리, 종교 국가, 세속주의 등)을 비교하고, 현대 사회에서 종교가 정치적 갈등과 통합에 미치는 영향을 분석해 줘.

28. 고등학교 2학년인데 한국 사회의 다문화주의 정책과 현실적 과제를 알고 싶어. 다양한 이민자 집단의 통합 사례와 문제점, 그리고 미래 전망을 분석해 줄래?

29. 현대 사회에서 젠더 불평등의 다양한 측면(임금 격차, 유리천장, 성별 고정 관념 등)을 분석하고, 이를 해소하기 위한 정책적·사회적 접근법을 비교해 줘.

30. 고등학교 3학년인데 한국의 노동 시장 구조와 비정규직 문제의 원인과 영향을 이해하고 싶어. 다른 국가의 노동 시장 정책과 비교하여 한국의 노동 문제 해결 방안을 제시해 줄래?

31. 인공지능과 자동화가 일자리와 경제 구조에 미치는 영향을 분석하고, 기본소득, 로봇세 등 미래 사회경제 정책 대안의 장단점을 비교해 줘.

32. 고등학교 1학년인데 고대 그리스 민주주의와 현대 민주주의의 차이점을 알고 싶어. 아테네 민주주의의 특징과 한계, 그리고 그것이 현대 민주주의 이론에 미친 영향을 설명해 줄래?

33. 난민 위기의 원인과 국제적 대응을 분석하고, 난민 수용에 대한 다양한 관점(인도주의적, 안보적, 경제적 접근)과 각국의 정책을 비교해 줘.

34. 고등학교 2학년인데 동아시아 유교 문화권의 공통점과 차이점(한국, 중국, 일본, 베트남)을 이해하고 싶어. 각국의 유교 수용과 변용 과정, 그리고 현대 사회에 미치는 영향을 비교해 줄래?

35. 국제 환경 거버넌스의 발전 과정과 주요 환경 협약(교토 의정서, 파리 협정 등)의 내용과 한계를 분석하고, 글로벌 환경 문제 해결을 위한 다양한 접근법을 비교해 줘.

36. 고등학교 3학년인데 한국의 외교 정책 변화(냉전기, 탈냉전기, 21세기)와 주요 외교 이슈(한미 동맹, 남북 관계, 동북아 협력 등)를 이해하고 싶어. 한국 외교의 도전과 과제도 분석해 줄래?

37. 현대 사회의 소비주의와 물질주의의 발전 과정과 영향을 분석하고, 대안적 생활 방식(미니멀리즘, 느린 삶, 공유 경제 등)의 철학적 기반과 실천 사례를 설명해 줘.

38. 고등학교 1학년인데 전쟁의 정당성에 대한 다양한 이론(정의로운 전쟁론, 현실주의, 평화주의 등)을 비교하고 싶어. 현대 전쟁과 갈등 사례에 이러한 이론을 적용한 분석도 알려 줄래?

39. 디지털 기술의 발전이 프라이버시, 표현의 자유, 정보 접근성 등 기본권에 미치는 영향을 분석하고, 디지털 시대의 인권 보호를 위한 법적·제도적 대응을 설명해 줘.

40. 고등학교 2학년인데 도시화의 역사적 과정과 현대 도시 문제(주택, 교통, 환경, 불평등 등)를 이해하고 싶어. 지속 가능한 도시 발전을 위한 다양한 도시 계획 이론과 사례를 비교해 줄래?

41. 복지국가의 유형(자유주의, 보수주의, 사회민주주의 모델)과 각 유형의 특징을 비교하고, 21세기 복지국가의 도전과 변화를 분석해 줘.

42. 고등학교 3학년인데 한국의 교육 제도의 역사적 발전과 현대 교육의 문제점을 이해하고 싶어. 한국 교육의 성과와 한계, 그리고 미래 교육 개혁 방향을 다른 국가와 비교하여 분석해 줄래?

43. 민족주의의 발생 배경과 유형(시민적 민족주의, 종족적 민족주의)을 설명하고, 20세기와 21세기 국제 관계에서 민족주의가 미친 영향을 분석해 줘.

44. 고등학교 1학년인데 서양 역사에서 르네상스, 종교개혁, 과학혁명

의 상호 관계와 근대 세계관 형성에 미친 영향을 이해하고 싶어.
각 사건의 주요 인물과 사상적 특징을 비교해 줄래?

45. 개발도상국의 경제 발전 전략(수입 대체 산업화, 수출 주도 성장 등)
을 비교하고, 성공 사례와 실패 사례의 요인을 분석해 줘.

46. 고등학교 2학년인데 근현대 한국 문학에 나타난 시대적 배경과
사회 의식의 변화를 이해하고 싶어. 주요 문학 작품을 통해 본 한
국 사회의 변화와 갈등을 분석해 줄래?

47. 글로벌 금융 위기(1997년 아시아 금융 위기, 2008년 글로벌 금융 위기
등)의 원인과 영향을 비교 분석하고, 위기 이후 국제 금융 질서의
변화를 설명해 줘.

48. 고등학교 3학년인데 한국의 지역 불균형 발전 문제의 역사적 배
경과 현황을 이해하고 싶어. 수도권 집중 현상의 원인과 영향, 그
리고 지역 균형 발전을 위한 정책적 대안을 분석해 줄래?

49. 인간 안보(human security)의 개념과 전통적 안보 개념과의 차이를
설명하고, 현대 국제 사회에서 인간 안보를 증진하기 위한 다양한
접근법과 과제를 분석해 줘.

50. 고등학교 1학년인데 국제 개발 협력의 역사와 주요 이론(근대화론,
종속이론, 지속 가능 발전 등)을 이해하고 싶어. 한국의 공적개발원
조(ODA) 정책의 특징과 과제도 분석해 줘.


**4장 과학 프롬프트 예시(50개)** ───────

1. 양자역학의 기본 원리(불확정성 원리, 파동-입자 이중성, 중첩 상태 등)
를 설명하고, 이것이 뉴턴 역학과 어떻게 다른지 비교해 줘.

2. 고등학교 1학년인데 DNA 복제, 전사, 번역 과정을 이해하기 어려

워. 각 단계의 효소와 분자적 메커니즘을 그림과 함께 설명해 줄래?

3. 상대성이론(특수 상대성 이론과 일반 상대성 이론)의 주요 개념과 이론적 예측, 그리고 이를 지지하는 실험적 증거들을 설명해 줘.

4. 고등학교 2학년인데 산화·환원 반응의 원리와 전기화학 전지의 작동 원리가 헷갈려. 갈바니 전지와 전기분해의 차이점과 실생활 응용 사례를 설명해 줄래?

5. 진화론의 현대적 종합(현대 종합설)의 주요 개념(자연 선택, 유전적 변이, 유전자 흐름, 유전적 부동 등)을 설명하고, 진화론에 대한 오해와 실제 과학적 견해를 비교해 줘.

6. 고등학교 3학년인데 열역학 법칙들(제1, 2, 3법칙)의 의미와 우주론적 함의를 이해하고 싶어. 엔트로피 개념과 열역학적 화살표의 의미도 설명해 줄래?

7. 뇌의 구조와 기능을 설명하고, 신경 전달 물질의 작용 원리와 주요 신경 전달 물질의 역할을 알려 줘.

8. 고등학교 1학년인데 주기율표의 원소 배열 원리와 원소의 주기적 성질(원자 반지름, 이온화 에너지, 전기 음성도 등)의 경향성이 이해하기 어려워. 전자 배치와 연관지어 설명해 줄래?

9. 기후 변화의 과학적 메커니즘(온실 효과, 피드백 루프 등)과 현재 관측되는 기후 변화의 증거, 그리고 미래 예측 모델의 원리와 한계를 설명해 줘.

10. 고등학교 2학년인데 유기 화합물의 작용기(알코올, 카르복실산, 에스테르 등)와 그 특성이 헷갈려. 각 작용기의 구조, 명명법, 화학적 성질을 비교하여 설명해 줄래?

11. 면역 체계의 구성 요소(선천적 면역과 적응 면역)와 작동 원리를 설명하고, 백신, 자가면역 질환, 알레르기의 면역학적 기전을 알려 줘.

12. 고등학교 3학년인데 파동 방정식과 전자기파의 특성이 이해하기 어려워. 맥스웰 방정식의 의미와 전자기파의 생성, 전파 원리를 설명해 줄래?

13. 지구의 지질학적 역사와 주요 시대별 특징(선캄브리아대, 고생대, 중생대, 신생대)을 설명하고, 각 시대의 주요 진화적 사건과 환경 변화를 알려 줘.

14. 고등학교 1학년인데 세포 호흡 과정(해당 작용, TCA 회로, 전자 전달계)의 단계별 반응과 에너지 수득량이 이해하기 어려워. ATP 생성 원리와 함께 설명해 줄래?

15. 우주의 기원과 진화에 대한 현대 우주론(빅뱅 이론, 인플레이션 이론 등)을 설명하고, 이를 지지하는 관측 증거와 현재 연구되고 있는 미해결 문제들을 알려 줘.

16. 고등학교 2학년인데 화학 평형과 르샤틀리에 원리의 적용이 헷갈려. 평형 상수와 평형 이동 요인(농도, 압력, 온도 변화)을 구체적인 반응 예시와 함께 설명해 줄래?

17. 유전자 발현 조절 메커니즘(전사 인자, 에피제네틱스, RNA 간섭 등)을 설명하고, 이것이 발생과 질병에 미치는 영향을 알려 줘.

18. 고등학교 3학년인데 특수 상대성이론의 시간 지연과 길이 수축 현상이 이해하기 어려워. 수학적 유도와 함께 로렌츠 변환의 물리적 의미를 설명해 줄래?

19. 생태계 서비스의 개념과 유형(공급, 조절, 문화, 지원 서비스)을 설명하고, 생태계 서비스의 경제적 가치 평가 방법과 그 한계를 알려 줘.

20. 고등학교 1학년인데 산과 염기의 세기와 완충 용액의 원리가 이해하기 어려워. pH 계산 방법과 적정 곡선의 해석 방법도 설명해 줄래?

21. 인공지능의 기본 원리(기계 학습, 신경망, 딥러닝 등)를 설명하고, 현재 AI 기술의 한계와 윤리적 과제를 알려 줘.

22. 고등학교 2학년인데 원운동과 단진자 운동의 역학적 원리가 헷갈려. 구심력, 원심력, 코리올리 힘의 개념과 관성 좌표계, 비관성 좌표계의 차이도 설명해 줄래?

23. 암의 발생 기전(발암 유전자, 종양 억제 유전자, 유전적 불안정성 등)과 현대 암 치료법(수술, 방사선 치료, 화학 요법, 면역 요법 등)의 원리와 한계를 설명해 줘.

24. 고등학교 3학년인데 양자역학의 슈뢰딩거 방정식과 파동 함수의 의미가 이해하기 어려워. 확률 해석과 관측 문제에 대한 다양한 해석(코펜하겐 해석, 다세계 해석 등)도 설명해 줄래?

25. 지구 시스템의 구성 요소(대기권, 수권, 지권, 생물권)와 이들 간의 상호작용을 설명하고, 인간 활동이 각 권역에 미치는 영향과 피드백 메커니즘을 알려 줘.

26. 고등학교 1학년인데 유전자 재조합 기술과 유전자 편집 기술(CRISPR-Cas9 등)의 원리와 차이점이 궁금해. 이 기술들의 윤리적·사회적 함의도 설명해 줄래?

27. 블랙홀의 형성 과정과 특성(사건의 지평선, 특이점, 호킹 복사 등)을 설명하고, 최근의 블랙홀 관측 성과(사건의 지평선 망원경 등)와 의의를 알려 줘.

28. 고등학교 2학년인데 열역학 과정(등온, 등압, 단열, 등적 과정)의 차

이와 각 과정에서의 열역학 제1법칙 적용이 혼란스러워. PV 다이어그램과 함께 설명해 줄래?

29. 신경과학의 관점에서 본 학습과 기억의 메커니즘(장기 강화, 시냅스 가소성 등)을 설명하고, 기억의 유형(선언적, 비선언적, 작업 기억 등)과 신경학적 기반을 알려 줘.

30. 고등학교 3학년인데 전자기 유도와 패러데이 법칙, 렌즈의 법칙의 원리가 이해하기 어려워. 발전기, 변압기, 인덕터의 작동 원리도 설명해 줄래?

31. 단백질 구조의 네 가지 수준(1차, 2차, 3차, 4차 구조)과 단백질 접힘의 원리, 그리고 잘못된 접힘이 유발하는 질병(알츠하이머, 파킨슨 등)의 메커니즘을 설명해 줘.

32. 고등학교 1학년인데 화학 결합(공유 결합, 이온 결합, 금속 결합, 수소 결합)의 특성과 분자 구조에 미치는 영향이 헷갈려. VSEPR 이론과 분자 궤도 이론도 설명해 줄래?

33. 항생제 내성의 발생 메커니즘과 진화적 원리를 설명하고, 슈퍼박테리아의 출현과 대응 전략을 알려 줘.

34. 고등학교 2학년인데 역학적 에너지 보존 법칙과 일·에너지 정리의 차이점과 적용 조건이 헷갈려. 보존력과 비보존력의 개념과 함께 설명해 줄래?

35. 생명의 기원에 관한 다양한 가설(원시 수프 이론, 심해 열수구 이론, 점토 이론, RNA 세계 가설 등)을 비교하고, 각 가설의 증거와 한계를 설명해 줘.

36. 고등학교 3학년인데 반도체의 작동 원리와 p-n 접합, 다이오드, 트랜지스터의 구조와 기능이 이해하기 어려워. 반도체 소자의 응

용 사례도 설명해 줄래?

37. 해양 생태계의 구조(영양 단계, 먹이 그물 등)와 해양 순환(표층 순환, 심층 순환)의 메커니즘을 설명하고, 기후 변화가 해양 생태계와 순환에 미치는 영향을 알려 줘.

38. 고등학교 1학년인데 분자 생물학 실험 기법(PCR, 전기영동, 염기서열 분석, 클로닝 등)의 원리와 응용 분야가 궁금해. 각 기법의 장단점도 비교해 줄래?

39. 암흑 물질과 암흑 에너지의 개념과 존재를 시사하는 관측 증거를 설명하고, 이들이 우주론에 미치는 영향과 현재 연구 동향을 알려 줘.

40. 고등학교 2학년인데 유체역학의 기본 원리(베르누이 방정식, 연속 방정식)와 응용(비행기 날개, 배의 부력 등)이 이해하기 어려워. 유체의 점성과 난류 현상도 설명해 줄래?

41. 유전체학과 프로테오믹스의 연구 방법과 의의를 설명하고, 개인 맞춤형 의학과 정밀 의료에 이들 분야가 기여하는 바를 알려 줘.

42. 고등학교 3학년인데 양자 터널링과 불확정성 원리의 수학적 표현과 물리적 의미가 이해하기 어려워. 이중 슬릿 실험과 관측 문제도 설명해 줄래?

43. 지구 자기장의 발생 원리(다이나모 이론)와 기능(우주 방사선 차단, 대기 보호 등)을 설명하고, 지자기 역전과 자기장 변화의 지구 환경적 영향을 알려 줘.

44. 고등학교 1학년인데 분자 간 상호작용(반데르발스 힘, 수소 결합, 이온-쌍극자 상호작용 등)의 종류와 강도가 헷갈려. 이 힘들이 물질의 물리적 성질에 미치는 영향도 설명해 줄래?

45. 줄기세포의 종류(배아 줄기세포, 성체 줄기세포, 유도 만능 줄기세포

등)와 특성을 비교하고, 재생 의학과 질병 치료에서의 응용 가능성과 윤리적 논쟁을 설명해 줘.

46. 고등학교 2학년인데 전자기파 스펙트럼의 영역(라디오파, 마이크로파, 적외선, 가시광선, 자외선, X선, 감마선)별 특성과 응용 분야가 궁금해. 각 영역의 파장, 에너지, 생성 방법도 비교해 줄래?

47. 지구의 탄소 순환과 질소 순환의 메커니즘을 설명하고, 인간 활동이 이들 생지화학적 순환에 미치는 영향과 그 결과를 알려 줘.

48. 고등학교 3학년인데 핵반응(핵분열과 핵융합)의 원리와 에너지 발생 메커니즘이 이해하기 어려워. 질량 결손과 결합 에너지의 개념, 그리고 핵에너지의 장단점도 설명해 줄래?

49. 나노기술의 기본 원리와 응용 분야(나노 재료, 나노 의학, 나노 전자공학 등)를 설명하고, 나노 스케일에서 발생하는 특수한 물리적·화학적 현상을 알려 줘.

50. 고등학교 1학년인데 생물 다양성의 세 가지 수준(유전적 다양성, 종 다양성, 생태계 다양성)과 측정 방법이 궁금해. 생물 다양성 손실의 원인과 보전 전략도 설명해 줄래?


이 프롬프트 예시들은 고등학생들이 AI를 활용하여 심화된 학습을 할 때 유용하게 사용할 수 있습니다. 각 프롬프트는 고등학교 교육과정의 심화 내용과 대학 입시를 준비하는 학생들의 니즈(Needs)를 반영하여 구성되었으며, 개념 이해, 문제 해결, 학습 방법 등 다양한 측면을 다루고 있습니다. 학생들은 이러한 프롬프트를 참고하여 자신의 학습 상황과 관심사에 맞는 질문을 만들어 볼 수 있습니다. "뭐든지 궁금한 것을 물어 보는 것이 프롬프트다."라는 것을 기억하시면 됩니다. 〈끝〉